国際政治モノ語り
グローバル政治経済学入門

佐藤幸男 編

法律文化社

　　　　は　し　が　き

　国際政治あるいは国際社会の「虚と実」を語るさい、「外交と軍人」を中心とした国際政治観にとって代わって、いまや「ブルジョワと野蛮人」言説が地球をとりまき始めている。国際政治あるいは国際社会とはいうまでもなく、ヨーロッパ諸国体制の歴史的経験のなかで「人間が築いた共同体の関係性」をさすが、いつの時代にあっても抑圧や差別、戦争、貧困、搾取などによる貧富の不平等は存在している。この矛盾に満ちた現世の光景に人びとは抵抗することもできず、社会に隠された構造を「権力」の観点から解明しようとしてきたのが近代の学知である。なかでも、冷戦構造のなかの言説空間のもとで胚胎した近代化理論はいまではしっかりと「民主化」言説に置換されている。それは国家が自律的な単位として、かつ一枚岩的な理解モデルとなりえているからにほかならない。しかも、近代世界は金融危機、恐慌、戦争、自然破壊を糧に飛躍的に発展し、国民国家や国境を超えて展開する経済あるいは資本の運動によって生き延びてきた。資本主義社会は豊かさを追い求めて、止めどない余剰をつくりだし、人間の生存そのものを危機に陥れ、環境問題を深刻化させたのである。この「豊かさ」をはき違えた貧しいまでの過剰と浪費は「欲望」の文化、「欲望」の政治化という近代性の構造によって支えられてきた。

　アナール学派の創始者であるフェルナン・ブローデルは、長期的な時間軸を用いて物質文明と経済と資本主義という三層構造によって生産と交換のメカニズムが有機的に連関していることを明らかにした。有名な『日常性の構造』は日常生活をなす衣食住や人口が世界規模で連鎖していることを鮮やかにしめしたが、本書の基本的視座は日常世界に宿るグローバル化の構造を「当事者性」の観点から接近し、交換による分配の問題を国際政治力学の視点から解き明かそうとする。二元論的秩序観や「視覚の優位」の虚構性を越えて、西欧近代の政治様式が立ち現れるプロセスのもとにある「根の世界」に寄り添い、当事者の声から物事の本質をつかもうと試みた。

　国際政治経済学の古典であるアルバート・ハーシュマンの『国力と外国貿易

の構造』をもちだすまでもなく、元来貿易が国際政治権力の源泉となるのは力と利害の格闘する場であるからにほかならない。くわえて、日常生活がこのシステムによって植民地化されることで歴史的時間軸の標準化に貢献してきていることを再確認しておこう。そのなかで人びとは困窮化し、諸権利を奪われ、悲惨な生活を強いられ、けっして人間としての尊厳や自立と自由、「いのち」は顧みられてはこなかったのである。

その世界のあり方、日本のあり方が問われているいま、歴史を主体的にきり拓いてきた「第三世界」の存在に眼を向けなければならない。誰もが知るように、1492年の秋、コロンブスが「新大陸」を発見したことが近代世界史における植民地主義の起点である。19世紀以降に構築された植民地支配はいまなお機能しつづけている。現代における資本と労働の新たなグローバルな編成のもとでは、かつての「先進/後進」の枠組みが融解しているかにみえるものの、植民地支配から連なるむき出しの暴力と社会の分断はグローバル経済のもとで第三世界に偏在し、この枠組みの再編・強化が著しくなっている。

ところで、「仕組み」や「からくり」を言い表す「ナッツ・アンド・ボルツ」（nuts & bolts）ということばをご存知であろうか。本書はまさに国際政治あるいは国際社会の基本的な仕組みや原理となるからくりを解き明かそうと編集された。グローバルな資本主義経済が地球全体を覆い尽くすなかで歪みとともに拡大する世界市場社会の仕組みを基軸に分析している。いいかえれば、西欧先進諸国がつくりだした大量消費社会モデルがより高度化し、かつ複雑な形で地球規模に拡大したものがグローバル経済であると把握し、世界市場社会における商品/「モノ」の生産―流通―消費の連鎖構造を説き明かそうとする。

ここで取りあつかう「モノ」の視点とは、すなわち「場」の問題でもあり、異なる場の結合のあり方や「場」（＝地域）の役割、資本主義経済の世界性や多面性、農業、工業、金融、貿易、消費の関係、グローバリゼイションにおける国家と社会的対立などからグローバルな権力関係や不平等の構造に接近すること、さらには問題克服のためのグローバルな市民社会の出現の有効性を考えることを基調としている。グローバリンクス（GlobaLinks）とも呼べる新たな世界政治の現実をどのような認識枠組みのもとで検討すべきかをまずはじめの［I

モノが語る世界」で論じる。Ⅱ以下では日常生活に宿るグローバル化の諸力を ヒトの移動、資源、食糧、衒示的商品、紛争鉱物などの産業主義的な近代世界 の相互性と再帰性の観点からそれぞれ分析している（第**3**章から**17**章）。最後の Ⅶでは国境を超えてグローバル化している世界をつかさどる思考原理(他者の苦 しみへの責任と連帯）を展望している。そして、各章には読者にわかりやすい ワードマップを設けた。いわば皆が知っている事実についてただ少し角度を変 えながら、現実に着想をえた物語からはじまるもうひとつ（オルタ）の国際関係学をめざ している。

　本書の構想は、2008年からはじまった「EUサブリージョンと東アジア」研究 会(代表：多賀秀敏早稲田大学社会科学総合学術院教授)での諸議論からうまれた。な かでも香川大学の宮島美花先生が提起された「誰が今の国際関係の「アクター」 なのか？」をめぐって交わされた若手研究者らの新鮮で活発な論戦に触発され ている。研究会メンバー諸氏による刺激的な諸報告にいつも感謝している。さ らに、グローバル経済に翻弄され、貧困の淵に追いやられ、天災・人災によっ て失われた人命や自然、これら取り返せないものを取り返すためにはどうした らよいのかを考える契機は、「3・11」大震災と原発事故後に訪れたメキシコ 体験にある。メキシコ革命100周年を迎えたメキシコで眼にした壁画運動の巨 匠シケイロスらの作品に胸を締め上げられるような衝動に駆られた。力動感あ ふれる作品群に打ち震え、民衆パワーに尋常ならざる感銘をもたらしてくれた ことも正直に記さねばなるまい。

　とはいえ、本書の編集構想から3年の歳月が過ぎてしまったことを執筆者の 皆さまと法律文化社編集部長の小西英央さんに心からお詫びしなければならな い。くわえて、本書が新しい（オルタ）国際関係学の構築に少しでも役立ちうることを願 い、ご尽力いただいた関係各位にたいして感謝を申し上げたい。

　　　　2011年4月

　　　　　　　　　　　　　　　　　　　　　　　　　　　佐藤　幸男

目次

はしがき

I　モノが語る世界

第1章　グローバル政治経済学入門 ──────── 佐藤幸男　5
　──大人の補習「モノが語る世界」
　1　はじめに（5）　2　近代の終わりとグローバル資本主義の出現──その経済変動と歴史（7）　3　モノが紡ぐ世界の構図（11）　4　国際政治の作法（13）　5　国際政治から世界政治へ──その知覚構造変革の道標（18）　6　おわりに（21）

第2章　国際開発政治入門 ──────── 栗田英幸　22
　──資源の呪い
　1　強制される資源開発（22）　2　「呪い」と化す資源とその処方箋（23）　3　処方箋の欠陥と開発への偏重（27）　4　本当に呪われているのは誰？（29）

II　ヒトが移動することの〈政治〉

第3章　帝国の支配構造 ──────── 大西吉之　38
　──オランダ領西インド植民地の奴隷制廃止と国際関係
　1　奴隷制廃止をめぐる解釈（38）　2　奴隷貿易廃止に向けたイギリスの国際的取り組み（43）　3　奴隷制廃止への道のり（46）

第4章　囚人の帝国 ―――――――――――――― 川村朋貴　51
　　　――インド流刑囚を事例にして
　　1　はじめに（51）　2　流刑囚の世界史（52）　3　インド流刑囚（56）　4　ペナン（59）　5　おわりに（63）

III　使うことの〈政治〉

第5章　石　油 ――――――――――――――― 妹尾裕彦　68
　　　――「資源の呪い」とその克服の方向性
　　1　産油国は「恵まれた国」なのか？（68）　2　「資源の呪い」――レント産業への偏重に伴う政治的・経済的歪み（71）　3　どうすれば良いのか？――石油収入の透明化と有効な活用に向けて（75）

第6章　自　動　車 ――――――――――――― 前田幸男　79
　　　――戦争・文化・環境を連動させる近代的矛盾の装置
　　1　なぜ石油なのか？（79）　2　規制と産業――乗用車とライト・トラックの区別（80）　3　軍・産・文化複合体（83）　4　二つの「エコ」をめぐる自動車業界の競争激化（87）　5　おわりに（89）

第7章　木　材 ――――――――――――――― 山口治男　91
　　　――違法な木材の流通と消費者の役割
　　1　「森林大国」日本と世界の木材（91）　2　持続可能な森林経営に向けて――FLEGと森林認証制度（94）　3　おわりに――遠くの森で（98）

Ⅳ　食べることの〈政治〉

第8章　マグロ ———————————————— 伊沢あらた　105
——移動する食料資源は誰のモノか？

1　マグロと日本人（105）　2　世界を巡る輸出された中古遠洋マグロ延縄漁船（107）　3　養殖マグロは資源を救うか？（113）

第9章　水 —————————————————— 千葉尚子　116
——水との共生を求めて

1　現代世界と水（116）　2　水のガバナンス（121）　3　水との共生（123）

第10章　米 —————————————————— 宮田敏之　127
——世界食糧危機と米の国際価格形成

1　不安定化する世界米市場——2007年から2008年の米価高騰（127）　2　どのように、タイの米輸出価格は決まるのか？（131）　3　米ビジネスと米価高騰（133）

第11章　コーヒー ——————————————— 辻村英之　138
——価格形成の政治経済論：南北問題からフェアトレードまで

1　植民地主義から新自由主義まで——南北問題運動の盛衰と国際コーヒー協定（138）　2　自由化にともなう価格形成の変遷——タンザニア・コーヒー産業の構造調整（142）　3　自由期における貿易価格の形成——投機家の影響（145）　4　産消共生のための価格形成——ポスト構造調整とフェアトレード（146）　5　むすび（148）

目次

V　身に纏うことの〈政治〉

第12章　アパレル ─────────────── 根岸秀行　154
──世界商品化をめぐる光と影

1　アパレルとは（154）　2　世界商品としてのアパレル（155）
3　現代アパレルの生産と流通（157）　4　中国アパレルをめぐる途上国と先進国（160）

第13章　象　　牙 ─────────── 清野比咲子・石原明子　165
──地域住民と消費者にかかるゾウの将来

1　象牙利用の歴史（165）　2　国際ルールにもとづく象牙取引（168）　3　日本の消費者の役割（172）

第14章　ダイヤモンド ───────────── 吉田敦　175
──輝きの裏に隠された真実

1　ダイヤモンドをめぐる紛争（175）　2　「貧困のダイヤモンド」を掘り続ける鉱夫たち（177）　3　ダイヤモンドの国際流通経路──原石がダイヤモンドに変わるまで（181）

VI　開発することの〈政治〉

第15章　資源開発をめぐる争い ───────── 藤本義彦　190
──コンゴ紛争とあなたのケイタイの関係は？

1　現代紛争の構造（191）　2　天然資源開発を巡る争い（195）
3　グローバル化と武力紛争（198）

第16章 兵　　器 ──────────────── 榎本珠良　200
　──善と悪の二項対立を超えて
　　1　兵器の国際的規制をめぐって（200）　　2　通常兵器移転の国際的規制の歴史（201）　　3　通常兵器移転規制と統治──19世紀末と現代（206）

第17章 鉱 山 開 発 ──────────────── 栗田英幸　211
　──エコカーから誰が見えますか？
　　1　負の側面としての鉱業（211）　　2　グレーゾーンを暴力へと転換するグローカルネットワーク（213）　　3　もうひとつのグローカルネットワーク（217）

Ⅶ　世界を語る〈政治〉

第18章 グローバル視界からのアフリカ ─────── 藤本義彦　228
　──すべての人は地球上のどこかに住む権利がある
　　1　アフリカの現状（229）　　2　最後の巨大市場・アフリカ（231）　　3　アフリカでの消費拡大（235）　　4　アフリカ経済の課題と展望（238）

第19章 歴史学のグローバル化 ─────────── 德橋曜　242
　──グローバルヒストリーをめぐって
　　1　モノと歴史（242）　　2　前近代におけるモノと交易ネットワーク（246）　　3　域圏の連関としてのグローバルヒストリー（249）

　　索　　引

「ワードマップ」目次

I モノが語る世界

オリエンタリズム (1)　　環境影響評価 (1)　　近代性の構造 (1)　　ケネス・ポメランツの「大分岐」（great divergence）論 (2)　　国際商品 (2)　　国際標準 (2)　　国連ミレニアム開発目標（MDGs＝Millennium Development Goals）(2)　　コスモポリタニズム (2)　　ゾンビー・エコノミックス (2)　　知的財産権（TRIPS）(2)　　天然資源と内戦 (3)　　トランスナショナルな管理階級 (3)　　ハーマン・ディリーの3原則 (3)　　ポスト開発論 (3)　　モラル・エコノミー (4)

II ヒトが移動することの〈政治〉

移民の世紀 (35)　　映画『アメイジング・グレイス』(35)　　国際労働力移動 (35)　　社会運動としての移民 (36)　　植民地責任論 (36)　　人種主義、人種差別、排外主義、および関連する不寛容に反対する世界会議 (36)　　人身取引 (36)　　大西洋奴隷貿易 (36)　　覇権（ヘゲモニー）国家 (37)

III 使うことの〈政治〉

OPEC（Organization of the Petroleum Exporting Countries）(65)　　COP10 (65)　　COP15 (65)　　コモンズの思想 (66)　　持続可能な森林経営 (66)　　フォーディズム（Fordism）(66)　　ネオ・フォーディズム（Neo-Fordism）(66)　　トヨティズム（Toyotism）(66)　　ジャスト・イン・タイム方式（JIT方式）(67)　　埋蔵量 (67)　　メジャー (67)　　湾岸協力会議 (67)

IV 食べることの〈政治〉

一次産品・南北問題 (101)　　ガバナンス (101)　　構造調整政策 (101)　　国際商品協定・国際コーヒー協定 (102)　　国連水の権利

宣言（102）　食料自給率と日本の農業（102）　世界農地争奪（102）　地域漁業管理機関（103）　農産物輸出と地球環境問題（103）　ハイドロポリティクス（103）　ブルー・ゴールド（103）　便宜置籍（103）　緑の革命（104）

V　身に纏うことの〈政治〉

インフォーマル部門（151）　国際制度（151）　債務奴隷（151）　産業構造調整（151）　世界商品化（152）　ダイヤモンド産業とユダヤ人（152）　WTO体制（152）　低賃金（婦女子）労働（152）　底辺に向けた競争（底辺への競争）（152）　デビアス社（153）　ファストファッション（153）　ワシントン条約（153）　ワシントン条約締約国会議（153）

VI　開発することの〈政治〉

開発と安全保障との結合（security-development nexus）（187）　企業の社会的責任（CSR）（187）　クラスター弾（187）　先住民／採取産業（188）　戦争の民営化（188）　対人地雷（188）　破綻国家（188）　パトロン・クライアント関係（189）　武器貿易条約（ATT）（189）　ポストコロニアリズム（189）　ロボット革命と21世紀戦争（189）

VII　世界を語る〈政治〉

近代化（223）　近代世界システム論（223）　グローバルシティとスラム（223）　国際商業史（224）　国民国家（nation state）（224）　三角貿易（224）　児童労働（224）　市民社会論（225）　十字軍国家（225）　接続される歴史（connected history）（225）　第三世界（225）　多文化主義（multiculturalism）（226）　ディアスポラ論（226）　帝国（226）　人間安全保障（226）　BOPビジネス

目　次

(226)　ミレニアム開発目標（MDGs）(227)　ランドラッシュ
(227)

I　モノが語る世界

---- ワードマップ ----

オリエンタリズム

　エドワード・サイードによって解明された西洋中心主義史観の構造にねざしたオリエント（東洋）の表象はつねに二分法的な原則、他者性の構築、非対称性対抗概念を全体化させ、転倒させる力学作用をもっていることをしめしている。たとえば、日本の高等学校世界史教科書では「有力な文明世界」にヨーロッパ世界をおき、他の「文明世界」にイスラーム世界、東アジア世界などの地域世界をおいているように、ヨーロッパ世界が他の諸国家よりも優位であり、実質的に世界を動かしてきたと理解させることが象徴的であろう。　　　　　　（佐藤幸男）

環境影響評価

　環境および社会への深刻な影響が予測される開発プロジェクトに対して、調査を通してその影響を予測すると同時に対処方法を提案することが、今やほとんどの国で義務づけられている。国や地方政府は、この環境影響評価を見て開発の是非を判断し、開発許可後にはその遵守と定期的な報告を開発主体に対して義務づける。　　　　　　　　　　（栗田英幸）

近代性の構造

　社会思想史家の今村仁司は名著『近代性の構造』のなかで「近代」を近代として特徴づけるのは、資本主義の経済体制や民主主義の政治体制であり、世俗的な文化や生活スタイルなど近代ヨーロッパがうみだした理念や制度のなかにある①「知の自然観」が機械論的世界像であり、②前望的時間意識であり、③対自関係における計算・計量中心の理性観であり、④対他関係にあっては物化された合理性が重視され、⑤対自然関係においては、その労働観同様に技術によって合理化・物質化することとしている。（佐藤幸男）

ケネス・ポメランツの「大分岐」(great divergence) 論

18世紀から19世紀前半にかけて世界貿易が拡大し、国境を超えたモノの移動が増加した決定的要因とはなにかを探求するなかで、ポメランツは18世紀後半における西ヨーロッパと中国での人口増加と資源不足に起因するとし、西欧世界のみが土地収奪逓減の法則から免れて海外進出しえたからであるとした。（佐藤幸男）

国際商品

一次産品（primary commodity）とは違い、国際的に取引される商品が国際規格や製品差別が価格差別に連動した商品であること、その商品が成熟した国際市場で取引される商品であることをさす。
（佐藤幸男）

国際標準

生産の効率化、取引の単純化、量産化、環境保全等のために国家レベルの規格を制定して統治の道具として利用し、権威の象徴となってきたもの。度量衡をはじめ安全基準などがそれである。（佐藤幸男）

国連ミレニアム開発目標（MDGs = Millennium Development Goals）

国連は2000年9月の総会で2015年までに、極度の貧困の半減と飢餓の撲滅、普遍的初等教育の達成、ジェンダー平等の推進と女性の地位向上、幼児死亡率の削減、妊産婦の健康改善、HIV/エイズ、マラリアその他の疾病の蔓延防止、環境の持続可能性の確保などを柱とする開発＝発展プログラムを採択した。（佐藤幸男）

コスモポリタニズム

起源は、ストア派にまで遡ることができるが、通常18世紀のカント平和論において普遍主義的思想として前面に打ち出された考え方である。世界（コスモス）全体をひとつのポリス（コスモポリス）と考え、その市民（コスモポリテース）として生きることに意義を見いだそうとするものである。（佐藤幸男）

ゾンビー・エコノミックス

豪州の経済学者ジョン・クイッギンが米国の主流の新古典派経済学を総称し、揶揄したもの。その特徴は、①20世紀の世界経済史を大恐慌―大平穏―大停滞の波動循環とみること、②効率的市場仮説のもと経済成長至上主義による市場至上主義を最適値としていること、③動的確率的一般均衡原理を重視したマクロ経済分析に偏っていること、④トリックル・ダウン経済への信仰による豊かさがすべての人びとを助けるとすること、⑤私有化・民営化による効率化重視が政府の果たすべき機能であると主張することである。（佐藤幸男）

知的財産権（TRIPS）

知的所有権は21世紀の「石油」と呼ばれるように、商標と特許の絶えまない競

争が展開している。ときとしてその競争は個人の自由を侵害し、専横的な貿易システムの世界的な確立に大いに貢献しようとして画策がおこなわれることがある。

（佐藤幸男）

天然資源と内戦

天然資源は多くの内戦の発生要因および長期化要因となっている。それらプロセスは国によって異なり、また複合的であるが、1）天然資源の利益可能性がエリートの欲望をあおり立てること、2）天然資源利益の局部集中化や資源管理方法に伴う権威主義化が国民の不満を蓄積させること、3）天然資源の多くが中央政府の管理困難な周辺部であることから、内戦との連関がしばしば説明される。

（栗田英幸）

トランスナショナルな管理階級

国民経済活動の越境化、国際化にともなってさまざまな場面で取引や交渉などが相互ネットワークを多用して調整されることが多い。日本を問わず政策決定過程における軍産官複合体に代表されるような政官業学の癒着（日本の原子力行政を牛耳る『原子力村』がその好例である）がグローバル資本主義内の支配的な行為主体であることが明らかになった。グローバルガバナンスの論陣もまた、トランスナショナルな諸委員会の存在を重視している。この問題に着目したのがカナダ・ヨーク大学のスティーブン・ギルである。ちなみに2010年米アカデミー賞ドキュメンタリー賞を受賞した『インサイド・ジョブ』は2008年のリーマンブラザーズの経営破綻（リーマンショック）をはじめとする金融危機の実像に迫っている。「軍産官複合体」のごとく、米国経済政策に政界、学界、民間が癒着して一連の金融危機をつくりだした仕組みを暴いた作品である。

（佐藤幸男）

ハーマン・デイリーの3原則

かつてローマクラブは1972年『成長の限界』を明らかにしたが、1992年には『限界を超えて』を著した。そのなかで、持続可能な発展のための資源・環境保全原則として名付けられた。第1に、再生可能な資源の消費ペースが再生ペースを上回らないこと、第2に、再生不可能な資源の消費ペースは代替再生資源開発のペースを超えてはならないこと、第3に、汚染排出量は環境の吸収能力を上回ってはいけないこと。これらをもって「自覚的でエシィカル（道徳的）な消費者」となるべくの意識向上をめざす。別言すれば、わきまえるべき限度と倫理的な消費態度をさし、気候変動や資源節約に合致する福祉モデルである。その事例は、ロンドンに2009年オープンした「ピープルズ・スーパーマーケット」がある。

（佐藤幸男）

ポスト開発論

従来の開発学が経済成長に偏重してき

たことへの批判は、近年ますます強くなってきており、社会開発や人間開発等、多様性を反映したものへとシフトしてきている。また、開発概念そのものが外部者による介入・操作を前提としており、本来多様であるはずの自発的な発展を阻害するとの主張や資本主義そのものへの懐疑も根強く、オルタナティブとして内発的発展論、脱成長論、脱開発論、地元学等が積極的に議論されている。

(栗田英幸)

モラル・エコノミー

強欲な資本主義経済が引き起こす民衆暴動において稀少なものを需要と供給の関係のもとで効果的に配分しようとする経済倫理であり、従来の規範とは異なる生存維持のための経済行動をさしている。経済史家ジェームズ・スコットによる解明。

(佐藤幸男)

第1章

グローバル政治経済学入門
──大人の補習「モノが語る世界」

佐藤　幸男

1　はじめに

　歴史的な転換点に立たされている世界の実情を知るためには相応の想像力と洞察力が必要である。たとえば、ひとたび宇宙に飛び立つ宇宙飛行士が目撃する世界はひとつの惑星にすぎず、また国境に遮られたところでもない。そればかりか世界は広大であり、さまざまな人びとや文化によって彩られた場所であることは容易に理解できよう。しかしいま、世界でくり広げられている国際政治あるいは国際社会という場に足を踏みいれるとそう単純でもなさそうである。その理解のために、世界のなかの国際政治を旅することからはじめようか。旅に誘うのは、そこに豊かな人びとが紡ぐ文化が共生し、共鳴しあう世界に魅了されてのことかもしれない。世界のなかの「アフリカ」を想像してみたことがあるだろうか。アフリカは、16世紀以降に本格化する大西洋奴隷貿易によって世界に引きずりだされ、「暗黒大陸」と差別的に称されつつも、いまやその血筋からアメリカ大統領を輩出するまでになった。

　それはアフリカばかりではない。アフリカをはじめとする非ヨーロッパ世界の人びとにとって、世界への扉をこじ開けられた旅は、およそ400年もの永きにわたってつづく過酷なものであった。海洋を舞台にヒト・モノ・カネ・情報が移動するなかで人びとは離散を繰り返し、トラウマが堆積する海洋空間のもとで歴史は展開した。まるで歴史がうまれるのは海洋世界であるかのように、アフリカ起源を文化とする音楽や踊りは、世界中に足跡を残している。

さらに、この旅が片道切符で終わらなかったのは、多層的な海洋ネットワークが構築されるなかで文化変容という適応と進化と拡張の契機ともなったからであると、アフリカ経済史家の北川勝彦は述べている（「移行期のインド洋経済圏におけるアフリカ人の移動」橋本征治編『海の回廊と文化の出会い』関西大学出版部、2009年、101-133ページ）。中南米からはトウモロコシやジャガイモなどの食物がもたらされ、こんにちではそれがアフリカの人びとにとってかけがえのない主食になっているように、この世界を旅すればアフリカのみならず、巡りめぐる日常の世界に舞い降りてくるグローバルな循環の輪に身をおいていることを悟るのである。

　現在、グローバリゼーションとよばれる時代の潮流はまさに国家間の距離を縮め、人びととの交流を活性化させながら、世界をひとつの共同体と見立てて多種多様な民族・文化の共生をはかる試みを生んでいる。たとえば、2005年の年間世界交通量が120億人で、世界総人口の2倍の人びとが移動したといわれる（『ロンドン・タイムズ』2005年4月22日）のは、取引が世界的な規模で拡大する過程そのものが、競争の世界的な拡大過程であることを意味しているからにちがいない。

　つまるところ、それはヒト、モノ、情報や文化ばかりが国境や地域の枠を超えて行き交うのではない。国家内部と外部あるいは公共的利益と私的利益との分離が不能となることで近代主権国家そのものも変容が生じている。いいかえるならば、近代社会のほころび状態が生まれたのである。

　だから地球環境問題のひずみが、まずは辺境の小さな村に高波となって押し寄せるのとおなじように、国際経済の破綻もまた、最初に名もなき路上の片隅にいる人びととの頭上にあらわれる。

　本章では、国際社会におけるグローバリゼイションの動態を商品、統治（ガバナンス）、開発の諸側面から検討し、発展神話の仮面を剥ぐべく、グローバル化は世界をほんとうに豊かにするのかについて考えをめぐらしてみたい。

2　近代の終わりとグローバル資本主義の出現
――その経済変動と歴史

　現代はいかなる時代なのかと問われれば、それは大きな世界的規模での構造的な転換過程における移行的混乱＝トランジションと名付けることができよう。文化人類学者のアパドゥライは『グローバリゼーションと暴力』（藤倉達郎訳、世界思想社、2010年）のなかで、国家の揺らぎに着目しながら、グローバル化という現象をつぎのように特徴づけている。第1に、世界各地でエスニックな要因による殺りくと、民間人を巻き込むテロや軍事力の行使が恒常化していること、第2に、不確実な社会における集団的な恐怖や不安全が生まれ、アイデンティティをめぐる戦いが先鋭化したこと、第3に、グローバル企業は脊椎型システムの国家が保障してきた秩序に依存しつつ、それから離れた統制を試みる細胞型ネットワークに繋がることで、容易に国境を超えようとすることで社会環境と人間・組織の双方の変化が起きていることである。

　かくもグローバリゼーションは、世界の人びとの日常生活を左右し、その暮らしに忍びかかろうとしている。ゴーギャンのメッセージではないが、この宇宙船地球号はどこにむかっているのだろうか。グローバリゼーションがもたらす新たな社会の可能性を視野に入れるためにもその歴史を鳥瞰しつつ検討し、解読していかなければならない。モノ（資源）の流れからそれを探ってみれば歴然であろう。

　経済学者の岩井克人によれば、かつてヴェニスの商人は、海をはるか隔てた中国やインドやペルシヤまでの航海をして絹やコショウや絨毯を安く買い、ヨーロッパに持ち帰って高く売りさばく商業資本主義の体現者であり、地理的に離れたふたつの国のあいだの価格の差異を媒介にして利潤をうみ出す方法を経済学は抹殺することからはじまったという。この交易と都市と貨幣のシステムの普遍化である「西欧近代」は、世界の一体化を通じて人びとの生と思考とを強固なまでにむすびつけた。だからこそモノが語るとは、生産―流通―消費を体系と見なしながら、その間文化性や間世界的な対話のなかにあらわれる世

界の情景をしめすことなのである。これは、地域の諸文化の「同時性」や「同等性」に配慮しながら西半球が保護している思想、とくに一方通行的な発展の思想から距離をとり、諸文化の複数性を擁護しようとする。

だが、周知のように、西欧近代を支えた原理は、変化を絶えず増殖させることで作動するシステムを飼い馴らし、世界人口の2割にすぎない一握りの人びと（あるときにはこれを「先進国」と呼び）が残りの8割を占める人びと（ときにはこれを「途上国」と呼ぶ）から資源を安く買い、高い製品を売る資本主義のシステムを稼動させてきた。この近代化レースは、400年間うまく機能し、「適者生存」ならぬ「冨者生存」の原理となる「豊かさ」を伝播することになったが、いまや2割が8割を搾取するこのシステムが経済のグローバル化によって延命できなくなっている。

グローバル資本主義の歴史は、ヨーロッパ文明よりもはるかに長い歴史をもつ。それは、質の高い文化をもつ他の諸文明が近代文明に飲み込まれ、進化／プログレスが普遍的倫理であるからのような幻想にとりつかれた物語であるともいえる。「臨床の知」の騎手ともいえるエコノミストの水野和夫は、現出のグローバル経済は世界経済の「辺境」におかれてきた57億の人びとが豊かさを追求する時代の表象であり、長期的な歴史的観点に立つ必要性を論じている。かれの立論を敷衍すると、ドイツの政治哲学者カール・シュミットの『陸と海と』依拠しながら世界の歴史は「陸と海のたたかい」であり、中世を通じて〈陸〉の時代が続いたのち、英国そしてそののち米国の台頭によって〈海〉の時代が到来したというのである。

20世紀はこの意味では「海と空」の時代となったが、21世紀はふたたび〈陸〉の時代を迎えようとしているというのである。〈海〉の時代とはいうまでもなく、利益の追求を最大のミッションとするグローバル資本に支えられ、可能な限り環境規制の緩やかな地域を選んで資本を投下し、特定の国が規制を強化しても地球全体の効果を薄めるようにしてきた。こうした資本主義経済が16世紀以来世界を地球的規模で包含し、その中心と半周辺、周辺への不均等分化と外延的延長と内包的な凝縮の長期的な交代が近代の歴史枠組みをつくり、資本主義支配の構造として「帝国」を構築してきた（これを「近代世界システム」とい

う)。

　この「資本＝国家＝国民」の利害が一致するかぎりにおいて資本主義経済は永続しえたが、資本（金融）が国家と国民を見放すことで、近代の奔流をなした価値体系が破壊しつくすという新たな局面が創出したのである。資本支配が肥大化した市場を席捲する、いわば世界を所有しようとする暴力的な経済の論理が跋扈する世界となったのである。資源が戦争を呼び寄せるのもグローバル経済と無縁ではないのはそのためである。まるであたかも採掘の政治経済学が戦争システムに依存しているかのようである。グローバル経済のもとで展開される天然資源をめぐる内戦の多発はその証左であろう。

　そればかりか、眼も眩むようなまでに押し広がっている貧富の格差は所得水準の格差という不平等性と相まって国家間のみならず、各国内における格差構造を多様化させてきている（図表1参照）。いまや経済成長を口実にもちこんだ「開発」は、人びとの生活と文化を破壊し、世界の貧困と格差を拡大しているのである。しかも、資本と国家＝国民との離反は、金融資本主義が世界を振り回した2000年代に顕在化した。その顕著なものが世界都市といわれるグローバル・シティである。グローバルな資本の流れを調整し、コントロールする場所としての世界都市ではより一層社会階層の再編が深化し、都市空間の再編現象が頭を擡げてきたのである。

　したがって、グローバル資本主義経済の出現は世界システムの危機的様相と映じる。それとともに、これまで成長を不可欠としてきた近代社会が行きついたさきの危機であるからこそ、近代的価値の変容が迫られているのである（水野和夫［2009］「近代の終焉と脱"近代"経済学」『現代思想』第37巻第10号、64-77ページは必見である）。「一杯の紅茶の向こうに世界が見える」ゆえんもここにある。しかも、グローバル経済＝地球規模の経済成長を推進している新自由主義思想は、アカデミズムとりわけ経済学のなかで支配的になり、体制科学と化した。

　この経済学の体制的科学としての制度化は、またアメリカの知的覇権によって支えられ、資本による自由と秩序形成をもたらしたのである。そして、こんにち資本の活動領域が地球的規模に拡大し、金融経済化による世界資本主義が行き詰まりをみせると、アメリカの覇権も崩壊を余儀なくされた。資源争奪に

I　モノが語る世界

図表1　所得水準と貧富の格差の相関図（人口3000万人以上の国）

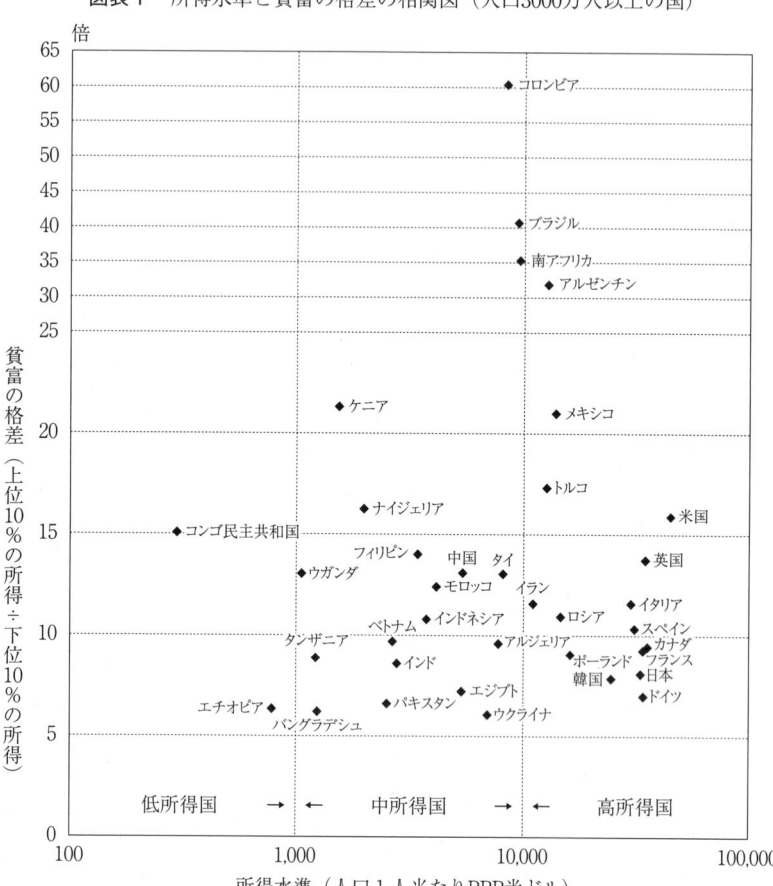

注：ここで「貧富の格差」とは富裕層上位10％の所得を貧困層下位10％の所得で割った倍率であり、全く平等であれば、1になる。国により所得でなく消費で格差を測っている場合がある。所得水準や人口のデータは2007年であるが貧富の格差は調査年が多年次にわたっている。日本については原資料が1993年調査に基づく古い値（4.5倍）なので、ここでは2004年全国消費実態調査（総務省統計局）による算出結果（総世帯、可処分所得ベース）を使用した。なお、貧富格差算出の元となっている所得調査、家計調査は国により調査方法も調査対象も異なり厳密な比較には適さないという前提で見る必要がある。所得水準については、世界銀行定義（2008年）では、高所得国は1人当たりGNI（国民総所得）が11,906ドル以上、低所得国は975ドル以下、その中間が中所得国である。
出典：UNDP, *Human Development Report 2009*（付属統計表）

見られる強欲＝欲望を搔立ててやまない資本主義の歴史的転回のなかで、「人間」を中心にすえ、われわれがいかにして新しい社会を展望できるかを問うさまざまな試みが、また世界各地から呼び起こっている現実を直視する必要がある。なぜなら、自然と大地と人間という根源を忘却して経済的安楽さを追求してきた〈近代〉という時代の歴史的な限界が露呈しはじめているからである。

3　モノが紡ぐ世界の構図

　近代世界におけるフランスの啓蒙思想家たちは「商業」による平和というヴィジョンを掲げていた。それは『百科全書』にも記されたように、商業が商品の交換によって成立する相互依存の秩序であり、商業の発展が異なる地域、異なる国の人びとを結びあわせ、平和をもたらすものと解釈したのである。これは商品交換が本来相互に対称であるべき交易をつうじて等価に交換されると解され、交換する交易対象品に基準を与える機能を貨幣に担わせたことで貨幣のシステムは世界流通の歴史に深く刻印されるものとなった。
　しかし、だからといってそれはかつて特権商人らによっておこなわれた遠隔地貿易によって、蓄積された商業資本が産業資本に転化する経済活動に単純に移行したわけではないのである。資本主義経済様式についてマルクスは『資本論』冒頭で社会的富は商品の巨大な塊としてあらわれることに注目することから論をはじめているように、商品交換が貨幣に代替することで次第とモノのかたちを脱ぎ捨てて経済の実体から遠ざけられていく資本の論理に注目した。
　しかもそれはモノの移動や輸送システムと連結しながら国家と市場の関係に見えざる手として介在することとなったのである。資本主義的な均質な世界の追求とは裏腹に、資本と賃労働関係の世界的な規模での転回が地理的な不均等発展を促す結果となった。遠隔地はもとより地域間交易という伝統的な区分が消滅し、生活様式の絶えざる創造的破壊を繰り返してきた。いまでは、その強固な連結をグローバル・バリュ・チェーン（GVC：global value chains）と呼ぶように、日常生活が国際貿易のネットワークに深く絡め取られた様相を呈している。

I モノが語る世界

「底辺への競争（race to the bottom）」とか「競争的な規制緩和（competitive deregulation）」といった言説は、グローバル化した世界経済のもとで、市場原理を貫徹させ、南の底辺社会における過剰生産による勝者なき競争によって疲弊する途上国経済の弱体化をも象徴している。

こうした貿易の論理にたいして関曠野は地域的自給という論理で対峙する必要を説いている（「貿易の論理　自給の論理」山崎農業研究所編『自給再考』農村漁村文化協会、2008年、23-36ページ）。飢餓と過剰消費とが併存する世界で約14億人の貧困層が1日1.25ドル以下で生活している現実を国際社会は傍観し、歴史の忘却のかなたに放逐してきた。市場を通じた競争を原動力とする近代化のプロセスから脱落する多くの人びとは、グローバル経済によって引き起こされる問題から眼を背けられてきた。それはなによりも成長のための成長を優先し、不公正な貿易、債務と援助条件に歯止めが効かなかったからである。

その端的な事例を、ホーネガーの『茶の世界史』（白水社、2010年）は指摘している。それは、西欧世界が交易を急襲略奪の穏健な代替策と決めつけ、戦争のない貿易は存在せず、貿易のない戦争も存在しないと嘯いてきたことである。それは「人間はなにを食べて生きているのか」の図表に端的に示される食の分布をみればあきらかであろう。肉食文化圏とでも呼ぶことができるのはヨーロッパとその植民地として発展した大洋州と米州であり、近年成長著しい中国がそれに加わろうとしている。これに比して米食文化圏を構成する東アジアやイスラム諸国での穀物シェアは高く、豆類消費では雑穀地帯を有するアフリカの消費水準が高いのである。

こうした食文化の偏在は、エコロジカルフットプリント（ある国の人間が生活レベルを維持するうえで必要な農地や海、森林などの合計面積でしめす）指標に移し替えてみるとその不均質性は歴然である。

「食」をめぐる戦争をフード・ウォーズと呼ぶように、食料の質、安全性、栄養、食品貿易、食料供給における企業支配、食料不足と安全保障の欠如、飢餓と過剰摂取の共存、食料生産をめぐるかつてない環境破壊、人口の偏在と食料主権の不在など、これらすべての視点に共通するのは生産主義パラダイムに立脚した議論であり、その限界は明らかである。

そもそも貿易依存度という近代的指標は、分母にその国の国内総生産(GDP)、分子に輸出額と輸入額の合計をとった数値で、その国の国民経済がどの程度貿易を通じた外との交流によって支えられているかを示しているが、他方における過剰な投資と輸入の裏側で深化する貧困の罠を生む市場経済に従属する政治は、文明と野蛮という単純な二項対立的世界観を普遍主義という名のもとで語るにすぎないのである。

　くわえて、この普遍主義は人種主義（レイシズム）を帯同させて、西欧の「神の前の平等」という観念のもと、キリスト教徒ではない「他者」に否定的な属性を付与しながら、西欧近代による植民地支配を正当化し、白人至上主義と表裏一体化したのはいうまでもないことであった。この「他者」排除の論理は人種差別に置き換えられ、特定のエスニック集団の排斥へと連動していくことになる。そればかりか、中村敏子によれば、この普遍主義は女性の差異化を根底にすえた家父長制と根を一にしている（「政治思想史からみた「ジェンダー」の意味」『創文』第531号、2010年6月、23-26ページ）のである。

　そして、この普遍主義は人間の活動を市場経済の論理と骨絡みとして「ヨーロッパ的普遍主義」を構築し、非西欧世界に強制している。この普遍主義はこんにちでは西欧文明の優位性、市場の科学的真理、人権の擁護と民主主義にほかならないとウォラスティンはいう（山下範久訳『ヨーロッパ的普遍主義』明石書店、2008年）のである。かくして、世界はこの普遍主義の名のもとに世界を動かそうとする意思決定が作動することで、権力とカネが支配する陰謀まがいのパワーゲームが転回されているに違いないと思い込むことになる。

4　国際政治の作法

　近代ヨーロッパ国際秩序は国家間社会にすぎない。それゆえ、その国際社会は未成熟な自然状態のもとにあって、社会的自己形成の可能性を追求しながら、新たな秩序の構築に向かわねばならないと説かれてきた。だが、グローバル化は、政治・経済・社会・文化のすべてを根本から変える総合的なプロセスであることから、近代の基本原理そのものを再考しなければならなくしてい

る。400年間におよぶ資本主義の世界支配は、裏返せばアフリカの植民地支配400年の歴史であり、資本主義的な生活様式や個人主義的な行動様式をアフリカの人びとに強い、社会に埋めこまれていた共同体の仕組みを周辺化（マージナル化）し、アフリカ大陸の天然資源や鉱物資源を略奪し、アフリカの人びとの社会的権利を否定し、自然資源を破壊してきたのである。

そして、現在では地球温暖化問題に象徴されるように、気候さえも商取引の対象となろうとしているのである。いわば、時代は世界的規模での南北の社会的関係の新たな配置・編成替えのときを迎えたといえるのである。しかし、従来からの惰性に引きずられることで思考停止状態に陥っているのが〈学〉としての国際政治である。資本主義市場経済の根本原理である経済成長中心主義を支える国際政治構造をとりあげて考えてみよう。

私たち消費者と商品との関係性は効率性を重んじ、進化しつづける技術とそれに連結した貿易システムにささえられている。それゆえに、このシステムを持続させるためにも経済成長が不可欠となる。つまりは成長のための成長がガン細胞の増殖にも似て地球的な規模での支配ネットワークとしてはり巡らされた国際社会なのである。

1995年に設立された世界貿易機関（WTO）は、貿易と投資のさらなる自由を謳い、規制緩和＝善となる前提に立ってますます先進国クラブの「強者の論理」を補強しようとした。ここにウォーラーステインが指摘するように国際政治の文法＝論理構成の特質が明らかになる。それは、1、近代化の速度を適切な政策によって制御可能なものであり、2、この近代化の速度は制御する責任主体は国家が基本的に負っていると考えるパラダイムによって立っているのである。これをかれは開発至上主義（developmentalism）と名づけて、「リベラリズムのジオカルチュア」が世界認識の枠組みの基礎であることを明らかにした（山下範久［2009］「グローバリズム、リージョナリズム、ローカリズム」篠田武司・西口清勝・松下冽編『グローバル化とリージョナリズム』御茶の水書房、15章）。

いわば、資本主義的発展形態が理想の開発モデルであり、その発展は一連の市場の法則にのっとって自然に展開するとする近代化の認識である。マイケル・ゴールドマン『緑の帝国』（山口富子監訳、京都大学学術出版会、2008年）はこ

の点について明確な分析をおこなっている必見の研究書ともいえる。それは20世紀型資本主義の神髄である際限のない欲望がもたらす惨禍とその帰結として世界の悲惨の源泉をみごとに暴きだしている。とかく国際政治あるいは国際社会は「虚実皮膜の世界」であるにもからわらず、国際政治知は戦争を違法化し、集団的安全保障体制を制度化すれば平和が実現できるといった発想、すなわち国際問題への法律家的・道徳家的アナロジーで見据えたうえで、国際政治の本質を権力闘争の場として描くか、あるいは国家が国力を用いて国益を追求する過程と捉えて分析し、個々の国家の国民、領土、政体を所与のものとし、アナキー（無秩序）、ハイラーキー（階層）、立憲的（コンスティチュショナル）という３つの次元で論じることを常としてきたのである（石田淳［2010］「国際関係論はいかなる意味においてアメリカの社会科学か」『国際政治』第160号、152-165ページ）。

しかし、こうした〈学〉としての国際政治の単純化は価値中立とは別物となり、激変する世界を後追いするかたちになり、茫漠たる「危機」や「脅威」について論じることで、規制科学（regulatory science）の色合いを深めることとなる。科学史家の米本昌平によれば、規制科学とは政策決定に有用な科学的知見を産出し、政策論争が収束に向かうのを支援することを通じて統治機能の一端を担うものであるとしている（「自然科学と国際政治の融合としての地球環境問題」『科学』第80巻第10号、2010年10月、1037-1043ページ）。

そして、通常国際政治秩序は、下図のように二国間関係に還元されることで「帝国」的な行動秩序を基本形とするのである。しかし、国際秩序の歴史的構造の基本要素は生産の社会関係、国家の形態を規定する市民社会との複合的関係、そして国家がおかれた外的環境、すなわち問題群を規定する国際環境が弁証法的に相互作用しあう連関関係であることを主張したのがカナダの国際政治学者ロバート・コックスである。

もちろん、ここでいう「生産」とは、物質的な商品の生産と消費にともなう日常の行動に限定されることなく、現在の資本主義的社会秩序のヘゲモニーを継続するために必要な知識、モラル、制度の生産と再生産を包含するものをさしている。しかも、その政治は、むしろ資本主義経済のグローバル化に対応した国家の政策や実践が世界経済の必要性に応じて調整されるプロセスなのであ

る。この「国家の国際化」はグローバルな資本主義経済の拡大に対応する構造変革、つまりは生産の国際化と密接に結びつくことで、国家の形態と世界の秩序構造に影響を与えることから、資本主義経済のグローバルな支配的主体と政府高官とが国境を超えて連結する不明瞭な集団によって相互調整される。これを「トランスナショナルな管理階級」と名づけ、官僚機構への埋め込み度合いと知識の共有度とによって「知識共同体」が形成されるとしている。

だからこそ、こんにちグローバル化した国際政治あるいは国際社会は、社会的不平等を強化・拡大し、人間と自然の搾取が顕在化することで強制を前面に押し出しながら、政府通貫的なネットワークを作動させる仕組みをつくりだしたのである。くわえて、看過できないのは、国家中心的で法則定立的な社会科学を戦後リードしてきたアメリカが、その知的覇権を強化するための進歩の観念に基づく優位性と、ナショナルな領域空間に固執するアメリカ流社会科学とが深く結びついたことである。いわば、知識のアメリカ化に固執することで、国際政治の文法は、第1に、発展する国家の手本はアメリカであり、第2に、国家が発展の基軸であり、第3に、発展は普遍的であるという観念を醸成することとなった（小野寺広幸［2010］「国家と空間の政治学」『法学新報』第116巻第11・12号、145-183ページ）。

このナショナルな空間的枠組みは社会科学の範となり、しかも国際政治が輸出学問として普及した最たる事例であろう。だからこそ、コックスのような国際秩序の歴史構造にまで視野が及ばず、グローバル化によって引き起こされた空間の変容に認識が及ばないのである。グローバリゼイションは、多型的な空間変容をつよく意識させる。そ

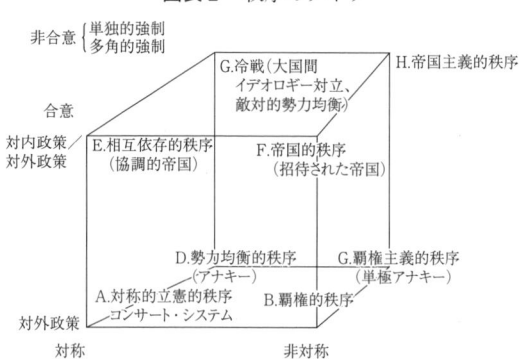

図表2　秩序のタイプ

出典：山本吉宣［2009］「帝国的な国際秩序」『青山国際政経論集』第79号、58ページ

れはアイデンティティであったり、「場所」であったり、「商品」であったり、スケールやネットワークといったものから、主権と国境の意味の相対化を空間的転回として理解しようとする。なによりも、それはグローバル資本主義経済のもとで、政治と経済生活の組織化が固定化されずに、つねに組み替えられるプロセスが進行していることをさしているからである。

　国際社会の制度を稼動させるうえで大国が主導的な役割を果たし、軍事力以外にも特別の権利と義務を負っていることを前提に「国際社会」が論じられてきた。大国が担う「特別の権利と義務」とは影響力や利益、責任圏域の管理、共同統治によって全体の勢力均衡を維持することである。

　しかし、その大国は国力の大小よりも国際社会における知識共同体が醸成するある種の規範や価値の実現の度合いに左右される。その意味では諸国家や国民を超えて諸世代に広がる便益を貯えて財としての「公共財」を供給するための統治、つまりは共有される目標を追求するためのルールや体系が必要となる。これをガバナンスというが、グローバル資本主義経済を支える貿易システムは、その基本構造を外延的に拡張するために大国間の協調行動を基底にすえた市場におけるグローバル・スタンダード論の登場や「標準化」などによる、事実上のガバナンスによる管理・運営の仕組みを携えている。

　経済規制の国際的調和の一例には投資の自由化を促進させる貿易関連の知的財産権（TRIPS）をはじめとした管理統制のありかたがある。しかも、それを下支えするものとして、たとえば、国際資源循環レジームとかフード・レジームといった国際制度が存在し、ガバナンスに普遍性を供与しようとしている。これらガバナンスからみたレジームは、国際的なルールや規範にもとづいて諸主体の行動を制御し、協力関係や秩序をつくりだし、目的を達成するための制度的枠組みなのである。

　しかし、そこで見落としてはならないのは道義的権威としての正統性を国際法規範に求め、それを前提とした国際法遵守論や米国国際法にみる「文明の基準」論が援用される傾向にあることである。それはグローバルな資本主義が自由主義経済を主軸とした国際秩序と福祉国家を前提とした国内秩序の並存を可能としてきた20世紀に「埋め込まれた自由主義」の所産にほかならないことに

起因している。

　竹内雅俊は主権の平等という価値規範とは裏腹に、アメリカ国際法言説は国家の範疇化の基準として「文明の基準」が採用され、階層（帝国）的な国際秩序観に立脚したリベラル思想を前面に出していると指摘している。それは別言すれば、ウエストファリア型国際秩序を正当化する国際社会観が国際政治と共鳴し、学知を形成することで成立しているのである（竹内雅俊［2009］「いわゆる「米国国際法」言説と「文明の基準」論に関する一考察」『法学新報』第116巻第3・4号、429-454ページ）。この西欧的地勢を定型化することによってたつ学知の限界は明らかであろう。

　この視角からは、足立眞理子がいうところのグローバリゼイションによる再生産領域のグローバル化が可視化されないのである。すなわち、グローバリゼーションの展開過程は、商品や資本の地球規模での取引関係にとどまらず、不可避な人間の国際移動を生成していると同時に、それが契機となって、ジェンダー再配置、再定義化をともない、人間の性＝生までも支配しようとしているのである（足立眞理子［2008］「蝶つがいを外せ」『現代思想』第36巻第10号、166-171ページ）。

　グローバル資本主義経済はいわば大量生産モデルをより一層拡張しようとする力学をもって生産設備と市場を結びつけ、金融市場に誘導されながらかつての植民地―帝国主義的な構造を引き継ぎ、軍事力と法の力の後ろ楯をえて世界の経済的統治を可能と考えたことに代わりはない。製造業の地理的分散とグローバルな協働、ジャストインタイム方式の生産とコンテナ輸送方式配送システム、消費サイクルの加速と過剰蓄積された資本の金融部門への注入などの背後には、グローバルメディアの急速な発展もあることをつけくわえておこう。

5　国際政治から世界政治へ——その知覚構造変革の道標

　ともあれ、経済危機と環境危機という双子の危機を抱え、天然資源獲得のための競争が激化している現代の世界の行き着く先は、ジム・クレイスの『隔離小屋』（渡辺佐智江訳、白水社、2010年）というディストピア小説によってみごと

に描き出されている。それは、かつて栄光をほこったアメリカの崩壊と、富と繁栄が築かれた土地を人びとが見捨てていく姿である。

　西欧文明に端を発し、地球上を覆いつくした市場原理主義は、資本主義経済が産み落としたものである。人びとの欲望を目覚めさせ、著しい経済成長を可能とする代償として地球規模での環境破壊と貧困に代表される不平等や不正義をもたらした。この国際的な不平等秩序の歴史的・政治的淵源は、帝国主義、植民地主義、そして新植民地主義によっておおかた説明することができよう。国際関係は植民地関係、搾取、第三世界の資源収奪などによって〈組織化され〉、あるいは〈制度化される〉ことで不平等なものとなった。そればかりか、過酷なまでに利益のみを追求した非人道的法体系は巨大軍事産業と多国籍企業、それに環境破壊を附随させながら国際的な不平等秩序に貢献してきている。そして、こんにちグローバルな規模での不平等はその規模をさらに拡大させ、貧困や暴力を産みだしつづけている。

　われわれに深く浸透している市場志向の精神ないし経済主義的な時代精神に注意を向けるとき、南北間格差を戦略的援助と「開発＝近代化」によって代替しようとする思考そのものが無効であることを悟らねばなるまい。それは〈北〉が資金と技術を提供し、〈南〉が安い土地と労働力を提供するという図式に置換されているからである。

　しかもこの図式は、〈南〉を一連の単線的な発展段階に落し込むことで、発展格差を前提とした西側の非対称的優位が担保された階梯的秩序構造を前提としているのである。くわえて、〈南・北〉という方位がさししめす世界は、国境によって区分され、領有すべき領土と植民地、市場としての世界を支配し、人びとを組織し関係づけることで成り立つ近代世界像の所産である。

　そこには、〈北〉世界の自己破壊的な豊かさ、すなわちグローバルな貧困と来るべき環境破壊によって生起する環境危機の背後にはたえず不平等な貿易が世界の不平等を、世界の不平等が不平等な貿易をつくりだす構造があるもたらす政治的・経済的な帰結が不問に付されている。国際社会は2000年にミレニアム開発目標（MDGs）を定めたにもかかわらず実現不可能となっているのである。

　まずなによりも「経済成長」や「開発」という行為そのものが植民地主義の

外皮を纏った学知の系譜に内蔵され、国際社会の言説空間の構造と共鳴することで「普遍性」を帯びていることに注意を喚起しなければなるまい(佐藤幸男・峯田史郎［2010］「「南北問題」をほ・ぐ・す」佐藤幸男・前田幸男編『世界政治を思想する（Ⅰ）』国際書院、89-115ページ)。さらにくわえて、J・H・ヴァンダーミーヤ／I・ペルファクトは『生物多様性〈喪失〉の真実』(新島義昭訳、みすず書房、2010年)で南北関係が豊かさと貧しさとに分離され、固定化させる誘因が熱帯林の破壊であったとしている。国連地球生きもの会議（COP10）では、生物資源や遺伝資源が産み出す利益、つまりは年間50兆円ともいわれるこの配分をめぐって南北が鋭く対立したことは記憶に生々しい。他面では、自然環境を死守せんとするユートピアニズムの正義が次第と論理倒錯を起こして、やがては、自然環境自体を壊すエコ・テロリズムの暴力をもいとわぬ振る舞いに遭遇する(シー・シェパードという海洋生物保護団体の活動が好例である)のである。

とはいえ、経済成長からの脱皮を思考することはもはや避けて通れないのもたしかである。フランスの経済学者セルジュ・ラトゥーシュは「ポスト開発」と「脱成長」のパノラマをみごとに描きだしている（中野佳裕訳『経済成長なき社会発展は可能か？』作品社、2010年）が、そのための行動規範をどのように構成することができようか。生産と消費の関係から脱却する図式を人間の心性の内に働きかける構想力が必要となる。

グローバル化は、たしかに「地球はひとつ」であるという実体をみごとに可視化させてくれることになった。コスモポリタニズムという思考方法の核心は、すべての人間が基本的人権を享受する資格をもち、すべての人間が他の人間の権利を尊重する義務を有するといった理念に支えられ、国境という道徳的障壁を超えながら、現実を是正していくことにある。グローバルな正義あるいは世界公益といったモラム・ミニマムの構想に希望の政治詩学を見いだす以外に方法はない。

その手始めに、岡野内正は開発倫理を問いながら、ベーシックインカムに基づく「地球人手当て」の理論化を提案している（「地球人手当の理論序説」『社会志林』第57巻第1・2号、2010年9月、15-40ページ）。これは生活保障や市民手当として世界の貧困層に無条件で「地球人手当」を提供し、配分するシステムの構

築の提案である。これは国民国家システムとして秩序化が図られてきた世界的な秩序が揺らぎ、新たな秩序像を模索しなければならないことを示している。

　第二次世界大戦から冷戦をへて21世紀における政治を主導する原理として世界大に拡大し、覇権的な位置を占めているデモクラシーを再構築していくためにも、このコスモポリタニズムとナショナリズムの相克が必要である。ナショナリズムは、民衆の進歩的な思想と運動を包摂するが、他方では他者への反動的な拡張主義や国家主義と通底する側面をもっている特異なスペクトラムなのである（中村平治［2009］「ナショナリズム＝自己矛盾体論」『歴史評論』第716号、82-92ページ）。それゆえに、当面は単一の領域性に制限されたシチズンシップだけでなく、複数の領域性に制限されたシチズンシップを同時に獲得できる自由を拡大することである。いわば多重市民権の創出と拡大がその第一歩となるのである。世界政治学とはまさにそうした視座にほかならないのである。

6　おわりに

　グローバリゼイションが顕在化するなかで国民国家の枠組みが揺らぎ、民主主義の理念が戦争をけん引し、自由と平等の理想が人間を孤立させ、貧しさと豊かさに分極化していくかにみえる現代世界にあって、モノがつながりあうことによって社会が形作られてきた。その一方で価値観が流動化の一途をたどっている。他方では不安や安全が強調され、リスク社会の到来を予兆させる時代となった。時代の転換期をもっとも象徴するこの現象の根底には、いずれも「近代」が創出した世界観が臨界に達し、いまやその視座転回を求める時代の水脈がある。その典型は〈知〉の体系にも示されている。

　「成長イデオロギー」とその「リスク」を共有することが含意され、絶えざる「国民国家」化に大きく貢献してきた国際政治も人類の精神史に大きく烙印された進歩思想にその原型があった。しかし、世界秩序の変容はいやがうえにもわれわれに自由と平等、民主主義の再考を求め、市民社会の自己転回を強化しようとしている。本書はこうした世界全体に通底する問題系への導きの糸をめざしている。

第2章

国際開発政治入門
―― 資源の呪い

栗田　英幸

1　強制される資源開発

「資源の呪い（Resource Curse）」という言葉を聞いたことがあるだろうか。天然資源（以下、資源）は、これまで経済成長の原動力として信じられてきた。事実、資源の豊かな国（以下、資源国）では、資源の開発が常に開発戦略の中心に位置付けられ、国家プロジェクトとして積極的に推し進められてきている。しかし、とくに1970年代以降、資源国の経済パフォーマンスは非資源国のそれと比べて悪化していることが明らかになり、さらに、豊富な資源が社会不安の原因となり、容易に紛争へと悪化させてしまう脆弱性にも分析の目が向けられるようになってきた。実際、資源の乏しい東アジア諸国が著しい経済成長を遂げたのと対照的に、資源の豊かなアフリカ諸国やラテンアメリカ諸国、一部の東南アジア諸国は、いまだに政治経済不安や国内での分裂、紛争を抱えている。このような資源の豊かさと社会の豊かさとの間に生じる負の相関関係が、「資源の呪い」である。

「資源の呪い」というディレンマを無理に解決せずに「呪い」のまま放置しておき、資源国も資源に依存しない開発を目指すという選択肢は、グローバルレベルでの資源供給の不足・不安と資源価格の高騰を不可避とするため、世界資本主義システムの危機を招かざるを得ない。加えて、既に資源産業に大きく依存している資源国にとっても、資源産業依存からの脱却は多大な痛みを伴うため、政治的に実施が著しく困難である。したがって、上記の選択は、とくに

このシステムの恩恵に与る中心諸国にとって、受け入れることができない。資源国が資源を安定的に開発・供給しつつ、「呪い」を克服する処方箋が必要とされるのである。

しかし、そのような処方箋が見つけられない場合はどうなるのだろうか。実は、現在の資源開発の状況がそれにあたる。膨大な研究蓄積にもかかわらず、また、数多くの部分的成功例の獲得にもかかわらず、そこで得られた知見や提案される処方箋は、未だ総合的かつ現実的に「呪い」を克服できるレベルにはほど遠い。そして、不十分な処方箋と資源開発が、中心諸国から押し付けられ、資源諸国の政治家によって受容されているのである。

以下、本章では、「資源の呪い」研究の蓄積から資源開発と豊かさとの矛盾について整理した後、不十分な処方箋でしかないにもかかわらず、その処方箋とともに資源開発が資源諸国に押し付けられている状況を描き出していく。この作業を通して、資源諸国の法制度ではなく、私たちを取り巻くグローバルな社会構造こそが、「呪い」の源泉であることを説明したい。

2 「呪い」と化す資源とその処方箋

資源産業への依存の帰結としての「資源の呪い」は実に多様である。資源諸国が陥っている状況は、社会を不安定化させるありとあらゆる現象が資源産業への依存故に生じ得ることを物語っている。それらすべてを網羅することは不可能であるが、資源産業への依存とその負の帰結との連関は、その因果関係から大きく3つの領域に分類できる。

脱工業化と権威主義

「資源の呪い」研究の中心ともいうべき領域は、工業化こそが経済成長や民主化の強力な推進力であることを前提としつつも、その工業化に資源産業が大きな貢献を行い得るはず、もしくは、貢献させねばならないとの認識を共有する。したがって、「呪い」の分析は、工業化および民主化を阻害する資源産業の負の側面に注目し、そのメカニズムと克服方法の解明に焦点が当てられる。

まずは工業と資源産業との違いについて説明しよう。資源産業は、価格の乱高下からの自己防衛として雇用を柔軟化、不安定化させざるを得ず、その雇用も極一部の高賃金の技術労働者と大部分の単純労働者を生み出すに過ぎない。そして、このような雇用需要は、一部の高度な教育を受けたエリートと教育水準の低い大衆という周辺諸国に顕著な二極化した社会構造を固定化しようとする傾向を作り出してしまう。他方、工業依存構造は、教育を受けた大量の労働者を不可欠とし、また、工場や企業の中での学習効果 (Learning by Doing) も高い。このため、工業化は、貧しい人たちへの教育の普及と中産階級の創出、ひいては、貧富格差の是正や民主化の大きなインセンティブを作り出す。

上記のような資源産業の負の効果は、もし、資源産業の活性化とその巨額の利益が工業を刺激し、よりスピーディーな工業化の拡大につながるのであれば、工業化の正の効果によって打ち消し得る。しかし、資源産業の拡大を手放しで容認すると、「オランダ病」と呼ばれる脱工業化現象に見舞われてしまう。資源産業への経済資源の集中が工業製品の輸入圧力を強め、国内向けおよび輸出向けの工業を弱体化させてしまうのである。

さらに、資源産業への依存によって不可避的に生じる税収の高い振れは、長期的・計画的な公的資金の利用を阻害する。短期的、短絡的な公的資金の運用からは、短期的、短絡的な政策しか生み出されず、民主的な議論を欠いた不透明かつ権威主義的な政治構造が作り出されるしかない。結果として、利己主義的な政治や汚職が入り込む大きな余地を作り出すこととなるのである。そして、公的資金の私的な運用が可能な社会環境は、公共政策による公共利益の創出よりも票を金で買うパトロネージ政治こそを効果的な戦略として政治家に認識させる。第Ⅲ部で詳述される鉱山開発、ダイヤモンド、石油といったさまざまな鉱物資源の事例およびアフリカの低迷・混乱や中東での民衆不満の爆発は、まさにその典型である。

大規模な環境破壊

資源産業は、大規模な環境変化・破壊を不可避とするが、この環境の変化・破壊を十分に予測し、修復し、保全するまでに自然科学は発達しておらず、大

勢の被害住民の生活を十分に改善し得る知識は社会科学にもない。資源の枯渇化と辺境化は、脆弱な自然環境へと資源産業の立地場所を押しやっているが、脆弱な自然環境は、変化に対する不可逆性が強く、環境変化・破壊の影響予測の不可能性を高める。さらに、環境変化・破壊の場所が辺境国・地域であることは、一般的に画一的な民主制度に基づく自然管理が機能し難いことを意味する。なぜなら、多くの場合、欧米から移植された民主的な環境管理制度は、市民教育を受けた自由に発言できる市民の存在を前提としており、密接な人間関係に発言が大きく規定され、かつ、資源開発企業の存在感が顕著な地方には上手く適応しないからである。したがって、適切な監視と違反時の効果的な行動も十分に実行されない。

　辺境での大規模な環境変化・破壊は、自然に依存する生活手段の大規模な減少や喪失を伴う。したがって、やはり大規模な生活手段創出のためのプロジェクトが実施されなければならない。しかし、移転を伴う大規模な生活手段の新たな創出は、非常に困難であり、大きな矛盾を抱えている。膨大な努力と金額が既に開発やその援助として注がれてきたにもかかわらず、失業の蔓延と脆弱な市場に苛まれている周辺諸国の現状そのものが、十分な生活手段創出の困難性を端的に示している。この至難の業を成功させる秘訣として、参加型開発を前提としたプロジェクトに対する住民のオーナシップ（当事者意識に基づいた積極的な参加）が重要視されているが、被害補償としてのプロジェクトは被害住民の姿勢を受動的にせざるを得ない。被害住民にとって、新たな生活手段を開発主体から受け取ることは、当然の権利だからである。

持ち出しやすさ

　一部の希少かつ持ち運びやすい資源は、マフィアや反政府組織の資金源として、また、国境を越えた隣国の資金源として利用されることが容易であり、紛争の源泉ともなっている。ダイヤモンド等の宝石類、レアメタル、麻薬、希少動植物、木材等が監視の目をくぐり抜けて流出し、その利益が紛争や摩擦、犯罪に油を注ぐ。第14章でも取り上げるダイヤモンドはその特徴が特に顕著であり、近年、ハリウッド映画「ブラッド・ダイヤモンド」で「紛争のダイヤモン

ド」としての一面がクローズアップされた。

　これら資源に共通するのは、資源の辺境地域における偏在性と持ち出しやすさであり、国家の資源管理が行き届かない場合に紛争の原因となり易い。同じ辺境部でもナミビアのダイヤモンドは隠れようのない海岸に偏在しているために不法な採取が困難であるが、アンゴラのダイヤモンドは広大な低木林に覆われており、マフィアや反政府組織にとって格好の目隠しを提供している。

脱工業化・権威主義化への処方箋

　上記3つの領域における「資源の呪い」現象に対して、数多くの処方箋が提示されている。脱工業化および権威主義との連関に関しては、大きく2つの方向から対処される。ひとつは、不安定な収入への対処であり、ブーム時の膨大な資源収入を不況時のために取り置くための制度的な工夫、もしくは、一時的な巨額の収入への構造的依存を作り出さない「賢い」利用方法が提案される。一般的なのは、ブーム時の収入の一部を価格低迷時のために基金として積み上げておく基金制度の構築および資源収入を教育や工業化へと積極的に振り向けることである。

　しかし、政権の維持を目的とする政治の論理は、とくに権威主義的な傾向の強い周辺諸国において、短期的な利益に固執する強い傾向を生み出す。したがって、運営および収入の適切な分配を可能とするための前提条件として、国民および国際社会の監視が重要となる。そのためには、財政に関する手続きと決定過程の透明性構築が必要不可欠であり、海外援助等を通じた、それら改革のための国際圧力が効果的であるとされる。

環境破壊への処方箋

　環境変化・破壊に伴う環境問題や生活破壊、人権問題への対処では、事前の調査と予測被害・予測外被害への対応の充実、それらへの住民参加の徹底が中心となる。

　社会環境影響評価が条件化されるとともに、定期的な監視と予測外への被害対処としての基金の創出も義務化されることとなった。さらに、近年では、被

害補償のための地方政府や被害住民への利益分配率の上昇も著しい。そして、これら監視と分配利益利用の実効性を高めるために必要不可欠な要素として、被害を受ける自治体や住民の参加が位置づけられているのである。監視における参加は、これまで中央政府や企業にとって無視が容易であった現地で発生する多様な問題、とくに社会的弱者であることの多い地域住民の被害および懸念の声をプロジェクトに反映しやすくする。また、利益分配への参加は、被害克服もしくは生活向上のための生活手段創出・改善プロジェクトの成功に不可欠な被害住民の積極的なプロジェクトへの参加姿勢を作り出す。とくに、先住民族等の文化的マイノリティの生活を守る上で、多様な文化的権利を尊重する特別な法律を新たに制定する国も少なくない。

　法制度が急速に改善されてきたとはいえ、周辺諸国では未だに法制度そのものや実施能力に大きな不安がつきまとう。この限界を克服する上で重要視されるのが、周辺国以上に厳しい基準を持つ自主規制に基づいた多国籍企業の積極的な介入・支援である。

紛争への処方箋

　紛争が、不安定かつ貧しい政治経済やマイノリティへの差別、それ故の政府に対する不満を基盤とする以上、上述の対処は、解決のための前提条件として重要である。しかし、それらは予防でしかない。紛争が継続している国や地域では、資源と紛争との連関を断つために、「反政府」武装組織への収入源となっている資源を監視し、市場から閉め出す工夫として、第14章で詳述されるダイヤモンドにおけるキンバリープロセスが注目されている。

3　処方箋の欠陥と開発への偏重

不十分な処方箋

　多くの報告書や論文では、先述のような処方箋が、「『資源の呪い』は克服できるはず」という力強いメッセージとともに提示されている。そして、それら言説によって、資源開発を原動力に据えた開発戦略が、国際社会および周辺資

I モノが語る世界

源諸国で未だに支持され続け、資源開発も拡大の一途をたどっている。

しかし、これら処方箋は、単に法律を整備すれば事足りるような簡単なものではない。既に非民主的、権威主義的な社会構造を支持基盤としている政権に、透明で民主的かつ経済合理的（＝公共利益に関して効率的）な手続きを求めなければならず、くわえて、適切な監視を行う上で、プロジェクトの評価や被害把握に関して専門的な能力を有する行政職員が十分な人数いなければならない。また、これまで軽視もしくは蔑視してきた教育水準の低い農漁民や先住民族を積極的な参加主体として認識し得るだけの行政職員や政治家、そして、住民自身の「常識」の変化が不可欠となる。

さらに、非民主的な制度に依拠した政権や社会構造に民主的な制度作りを求めることは、「まな板の魚に包丁を持たせる」に等しい。したがって、強力な影響力を有する第三者による積極的な監視とインセンティブ作りが重要となる。そして、この第三者として重要な役割を期待されているのが、資源開発に不可欠な海外投融資主体としての多国籍企業、公的な国際援助機関である。高い技術力とモラルによって、開発現場で不足する技術を補い、専門家を育て、住民を教育・訓練し、また、環境や住民を汚職や「無知」から、そして、資源開発と非民主化との悪しきリンクから守るのである。

ここに落とし穴が存在する。膨大なコストを要する中心諸国の高い技術とモラルは、決して無前提に機能するものではない。住民やNGO等の厳しい監視やそれらからの批判に敏感な民主制度が存在して、初めて機能するのである。したがって、「資源の呪い」によって民主制度の機能が既に阻害され、中心諸国の民主制度からも切り離されている周辺資源諸国の内部においては、多国籍企業や公的な国際援助機関の技術とモラルを刺激するインセンティブも低くならざるを得ない。他方で、多国籍企業が利益最大化こそを第一の目的として活動しているのはもちろんのこと、援助を目的としている国際機関でさえも、その内部では多国籍企業のサポートや大規模プロジェクトの円滑な実施こそを業績として位置づけている。さらに、公的な国際援助機関は、中心諸国政府の政治的意志を代弁する機関でもあるため、中心諸国の経済活動の基盤である資源の自国への安定的供給が絶えず政治的重要課題として認識される。したがって、

開発プロジェクトに大きな不確定要素や深刻な問題が存在していたとしても、それらを軽視もしくは無視してプロジェクトを推し進めようとする傾向が生じざるを得ないのである。

優先される開発

制度の構築には非常に長い時間が必要であり、国際援助機関や多国籍企業がそこに介入したとしてもなお、マクロ経済管理、汚職回避、環境・人権管理等、資源の開発には慎重かつ毅然とした姿勢が要求される。しかし、円滑かつ大規模な資源開発に過度に依存している周辺諸国政府や国際援助機関および多国籍企業に、そのインセンティブが十分備わっていようはずもない。この結果、相も変わらず、軽率かつ楽観的な資源開発は今なお世界中で継続されており、したがって、「資源の呪い」も猛威をふるい続けている。

実際、「資源の呪い」やそれに付随する多様で深刻な被害が世界中で報告され、多くのメディアやNGO、研究者等から安易な資源開発に批判が寄せられてきたにもかかわらず、アジア諸国やBRICsの需要増大に刺激された資源開発は活発化し続け、生産量も拡大の一途をたどっている。これは、周辺諸国の政府がプロジェクトを受け入れた結果であるだけでなく、国際援助機関や多国籍企業が卓越した政治経済力を利用して、プロジェクトを推進した結果に他ならない。

4　本当に呪われているのは誰？

切り離された周辺資源諸国

世界資本主義システムの中心から発せられる「資源の呪い」に関する主要な言説は、呪われた対象を周辺資源諸国に限定し、その解消を外部の監視・管理および支援によって目指そうとするものである。それは、とりもなおさず、「呪い」をもたらすメカニズムを世界資本主義システムの中心諸国から切り離されたものと認識し、そのメカニズムと直接関係しないと見なされる、もしくは、よりましであると見なされる外部主体に望みを託し、メスを渡すことに他なら

ない。そこでは、現在にいたるまで、外部主体こそが資源開発の最大の受益主体であり、多国籍企業による生産の持続的かつ円滑な拡大を支持してきた事実は完全に無視されている。

中心国に規定された資源開発

「資源の呪い」の中心を占める鉱物資源に関して、20世紀以降の資源開発の歴史を鑑みるならば、中心諸国において拡大し続ける資源需要への安定供給こそが、周辺諸国において資源政策の主要な規定要因であり続けてきた。1900年前後から始まる植民地への多国籍企業の積極的な進出は、植民地政策の枠組みの中で宗主国へ安定的に資源を供給するために、開発に関する巨大な権限の企業への容認を伴うものであった。この枠組みは、多くの植民地が独立した後も1960年代まで維持され、とくに、特定資源の世界市場を独占していたメジャーズと呼ばれる巨大な多国籍企業は、巨大な政治経済力を利用して、時に開発に非協力的な周辺諸国政府を倒すほどの影響力を有していた。

こうしたメジャーズを通した中心諸国への従属に対して、周辺諸国政府は国連の場を中心として団結・反対し、周辺国政府の資源収入を最大化するため、ナショナリズム色の強い政策へと資源政策を転換させることに成功した。しかしながら、多くの周辺諸国で精製・製錬施設の建設こそ行ったものの、最終消費市場および資金、技術を中心諸国に依存する構造は残り続ける。さらに、メジャーズによってコントロールされていた資源の安定した高価格ブームは終わりを告げ、体力のない周辺諸国の企業および政府は資源価格の激しい乱高下に振り回され、累積債務の急増と世界銀行を中心とした国際援助機関への依存を強めることとなった。あからさまな中心諸国政府や多国籍企業からの介入から解放されたものの、資源開発に関する資金や技術に関する支援、そして、開発一般への融資やその返済を通して、国際援助からの間接的な介入が資源開発の在り方を規定するようになったのである。

1990年代以降になると、累積債務に押しつぶされた周辺諸国の資源産業は、国際援助機関の強力な要請の下、再び多国籍企業を開発主体として受入れざるを得なくなる。持続可能な開発が理念として位置づけられ、一方で環境および

人権の保護やコミュニティ開発に配慮しつつも、他方で経済効果的かつ市場動向に敏感な資源開発の枠組みが、実質的に国際援助機関によって草案され、押しつけられていったのである。この持続可能な開発の枠組みは、2000年以降になると「資源の呪い」研究とも結びつけられ、その研究成果としての前節で述べた不十分な処方箋が、やはり国際援助機関によって押しつけられてきている。

呪いの源泉としてのディレンマ

これまでの周辺諸国・地域での資源開発の歴史は、不規則かつ持続的拡大を示す市場動向に対して、柔軟かつ円滑に対応できる大規模かつスピーディーな資源開発を目指すものであった。そして、こうした大規模かつスピーディーな資源開発を何よりも重視する社会構造こそが、「資源の呪い」の主要因のひとつであり続け、克服を困難にしてきたことは間違いない。民主制度が機能し易いように開発のスピードを落とすなり、規模を縮小するという選択肢は実質的に資源諸国に与えられていないのである。大規模かつスピーディーな資源開発に伴う問題、言い換えるならば、市場原理の下で生じる資源開発の矛盾が、周辺諸国・地域に押しつけられていると言える。このことを考慮に入れた上で、「資源の呪い」の処方箋を再度吟味するならば、それは、呪われた主体としての周辺資源国の体力や技術を向上させるのみに限定し、呪っている当の主体である国際援助機関や中心消費国、多国籍企業の行為を無視した、部分的な対処でしかない。そして、呪われた主体の対応能力の強化は、多くの場合、資源開発の遅延や拒否のような供給の不安定化という、呪っている諸主体にとってより高い優先順位を有する円滑な資源開発と真っ向から衝突する。したがって、処方箋は骨抜きとならざるを得ないのである。

ここで誤解してならないのは、国際援助機関や中心消費国、多国籍企業が環境や人権、貧困に全く無頓着な訳ではない点である。とくに、近年の環境、人権、貧困等への市民社会の意識の高まりは、多大な費用と労力をそれら主体に捻出させるようになってきた。問題は、市場を不安定化させない範囲内で、企業利益を得られる範囲内で、資源開発に伴う環境、人権、貧困に関する問題の

十分な解決をなし得ないディレンマにこそある。

　上記のディレンマは、周辺諸国・地域の人々の生活を市場へと依存させてきたグローバリゼーションの進展とともに、解決を困難にさせてきている。なぜなら、市場の不安定化は、中心諸国・地域の人々の生活のみならず、脆弱な市場環境に依存する周辺諸国・地域の人々の生活をこそ振り回すからである。資源開発のスピードを遅らせずに「資源の呪い」を解決するという野心的な挑戦は、豊かな中心諸国・地域の生活だけでなく、貧しい周辺諸国・地域の生活を守るためにも、必要不可欠な試みとして位置づけられるのである。

　市場原理を利用した周辺諸国・地域の開発は、そこに住む人々を世界資本主義システムへと組み込んでいく過程である。それは、世界資本主義システムのディレンマを周辺諸国・地域もが共有することに他ならない。しかし、中心―周辺の間に横たわる政治経済的な格差は、そのディレンマへの対応能力の格差として現れ、結果として、ディレンマを中心諸国・地域に都合の良いものへと変形させる。利益と被害は分離され、受益者としての中心諸国・地域、受苦者としての周辺諸国・地域という図式が作り出されるのである。この点を考慮に入れるならば、呪われているのは、資源諸国のみに限定されるのではなく、市場とそれに伴う分断された分業によって受益―受苦を分離・固定しようとする世界資本主義システムそのものであるといえよう。

　そして、このような世界資本主義システムのメカニズムが顕著に表れている領域が、資源開発の領域であり、「資源の呪い」なのである。

〈コラム〉　国際援助機関のガイドライン

　世界銀行やアジア開発銀行、各国の輸出入銀行等、日本では国際協力銀行やJICAが、国際援助機関として積極的な役割を担うべく、投融資や贈与に関するガイドラインを策定・改善してきている。

　筆者は、国際協力銀行やJICAのプロジェクトがもたらしている被害に関して、ガイドラインに言及しながら、解決のための交渉に従事してきた。ガイドラインが理念どおりに解釈されるのであれば、問題はかなり改善されたか、予防できたであろう。しかし、解決・改善に向けたガイドラインの履行は、企業や現地政治

家・官僚との「友好な」関係に阻まれて、いつも不十分極まりないものとなっている。企業の円滑な開発・操業を阻害できるだけの影響力を住民や住民の声を代弁するNGOが持ち得ない限り、そして、その余地をガイドラインが実質的に保証しない限り、ガイドラインを通してプロジェクトを住民利益に転換することはできない。

〈ファーザーリーディング〉

栗田英幸『グローカルネットワーク 資源開発のディレンマと開発暴力からの脱却を目指して』晃洋書房、2005年
　天然資源は、世界資本主義システムに組み込まれてより現在に至るまで、利益の源泉であると同時に摩擦の源泉でもあった。開発を巡り激化する地域住民・NGOと多国籍企業間の摩擦。そして、「持続可能な開発」制度の導入は、火に油を注ぐ行為と化している。鉱物資源の開発を取り巻いて、グローバル／ナショナル／ローカルレベルにおいて複雑かつ重層的に張り巡らされたグローカルネットワークの史的展開から、摩擦の本質としての開発主義およびグローカルネットワーク内の地域住民の位置づけを明らかにし、摩擦克服の方向性を提示する。

栗田英幸「「資源の呪い」のオルタナティブ」中村則弘・栗田英幸編著『等身大のグローバリゼーション オルタナティブを求めて』明石書店、2008年
　「資源の呪い」理論に関する膨大な研究蓄積を整理し、処方箋として提示される適切なマクロ経済管理だけでは、問題の解決に不十分であるのみならず、安易な開発の促進が「資源の呪い」をさらに悪化させかねないことを指摘する。さまざまな「資源の呪い」現象の因果関係は、民主制度の変質にひとつの結節点を持つ。近年の資源論やコモンズ論、参加型開発論の理論も適切な資源管理と住民の資源利益獲得にグローカルかつ民主的な資源管理が不可欠であることに言及している。しかし、民主的な合意形成は、膨大な人数の合意者を必要とし、大規模な生活の改変を余儀なくさせる大規模な資源開発に適さない。言い換えるならば、円滑かつ早急な合意形成は、民主制度を形骸化し、権威主義的な決定に依存しなければならないのである。

映画「ブラッド・ダイヤモンド」ワーナーブラザーズ、2006年
　シオラレオネを舞台に、ダイヤモンドと紛争との関係およびその暴力性が、象徴的な3人の登場人物——ダイヤモンドの密売人、ジャーナリスト、紛争の被害者——を通して描かれる。実話に基づいているといわれており、映画の至る所に、紛争のダイヤモンドやその背後に存在する中心諸国との過去・現在の関係への批判が隠されている。

II ヒトが移動することの〈政治〉

ワードマップ

移民の世紀

「移民の世紀」とは、資本主義世界経済の進展と国民国家の形成によって特徴づけられる19世紀を指すのが一般的である。19世紀のヨーロッパでは、人口の急増と近代交通機関の発達によって大規模な人口移動が起こった。ヨーロッパの大都市への人口集中が加速するのと同時に、多くの人びとが自由移民として南北アメリカ大陸やオーストラリアや南アフリカに渡った。他方、ヨーロッパ植民地での奴隷制廃止に伴って、新たな植民地労働力として登場したのが英領インドや中国南部で調達された年季契約労働者であった。彼らの多くは、主として植民地経済を支える大農園・鉱山の開発や鉄道建設のために、東南アジア、アフリカ、カリブ海、オーストラリア、南太平洋等へ向かった。 (川村朋貴)

映画『アメイジング・グレイス』

牧師のジョン・ニュートンが作詞した同名の賛美歌をもとに、18-19世紀英国の政治家ウィリアム・ウィルバーフォースが奴隷貿易廃止法案を提出するまでを描いた映画が2011年に公開された。奴隷船マダガスカル号上で奴隷貿易の過酷で非人道的な現実を直視することを訴える姿は圧巻である。 (佐藤幸男)

国際労働力移動

国境を超えて人びとが移動するのには理由がある。住み慣れた土地を離れて「移動」する人びとのうち「植民」として各地に向かった人びとと、占領や植民地化の結果故郷を離れざるを得なくなった人びとと、冷戦下で国境を越えた人びとと、生活や職のために移動する人びとが20世紀後半から急増している。こうした国際労働力移動の特徴は、南北格差を背景に「貧しい国」から「豊かな国」へ出稼ぎ

II　ヒトが移動することの〈政治〉

者として移動することをいう（日本では「外国人労働者」と呼んでいる）。この労働力移動には「難民」「人身売買」などが必然的に含まれる。　　　（佐藤幸男）

社会運動としての移民

グローバリゼイションの進展過程で再生産される構造的暴力によって人びとの「生」が脅かされている。国家による移動手段の独占はパスポートやIDカードといった書類管理を通じて合法化された。ボローニャ大のサンドロ・メッツァードラは資本主義経済の「労働のモビリティ」という観点から移民を「社会運動」と捉え、国際分業を統治する需要と供給のみならず、自律的な空間創出手段であるとしている。そこでは移民を敵、非安全、リスクとして排除しようとする規範意識による「セキュリタイゼーション」とは異なるアプローチを試みている。
　　　　　　　　　　　　（佐藤幸男）

植民地責任論

「植民地責任」とは、永原陽子の研究グループが提示した造語である。同書では「植民地主義および奴隷貿易・奴隷制の「罪」と「責任」を問う動きとそれをめぐる議論」を「植民地責任」論と名付けた。つまり、今日まで続く脱植民地化プロセスのなかで、旧植民地領有諸国の過去の責任を追及し、謝罪や補償などの対応を求める主張や、そうした主張・認識の広まりを反映した議論を意味する（永

原陽子編『「植民地責任」論』青木書店、2009年）。　　　　　　　　（大西吉之）

人種主義、人種差別、排外主義、および関連する不寛容に反対する世界会議

国連の主催により、南アフリカ共和国のダーバンにて2001年8月31日から9日間に渡って開催された会議。採択された宣言には、テーマに関連した現状への認識や非難、各種提言のほか、欧米諸国が関わった歴史的過去に対する言及がある。大西洋奴隷貿易への非難のほか、植民地主義が人種主義や人種差別、排外主義などをもたらし、アフリカ、アジア系人民が現在も被害を受けていると指摘するなど、この種の国際会議としては異例の内容であったとされる。　（大西吉之）

人身取引

国連薬物犯罪事務所（UNODC）は、人身取引のグローバル・パタンを解明し、その地域分布や人の獲得、移送そして搾取の連続的な密売買過程を公表した。137ヶ国で約3000万人の女性と子供が現代の奴隷制のごとき環境下におかれ、性的搾取や強制労働を強いられていることが報告されている。2011年ナイジェリアで人身売買のための子供を出産させる「出産工場」が摘発された。　（佐藤幸男）

大西洋奴隷貿易

大西洋を舞台に15世紀半ばから19世紀半ばにかけてアフリカ人を売買した奴隷

貿易。いわゆるコロンブスの新大陸発見を契機に、ヨーロッパ諸国によるカリブ海地域・アメリカ両大陸の植民地化が進んだが、プランテーションの開発、拡大によって大きな労働力需要が生じるとともに、アフリカから黒人を購入し各国植民地で販売する奴隷貿易が大規模に展開した。アフリカでの奴隷狩り、過酷な船旅および労働、総計1000万人を超える「輸出」規模など、あまりに非人道的な有様は、現在も政治的、社会的、学術的に重要なテーマであり続けている。

（大西吉之）

覇権（ヘゲモニー）国家

　覇権（ヘゲモニー）とは、ある単一の支配的国家が、もっぱら自国の国益追求のために遂行でき、同時に、安全保障制度や自由貿易体制や国際通貨制度等のような「国際公共財」の提供によって他国家も利益が得られるような方向に国際体系全体を指導するときに生まれる。そのような立場にある国家を覇権国家と呼ぶ。覇権を掌握した国家は、権力と説得力を行使しながら無秩序になりがちな国際関係に一定のルールを押し付けることができ、他の諸国家もその恩恵を受けることができる。

（川村朋貴）

第3章

帝国の支配構造
―― オランダ領西インド植民地の奴隷制廃止と国際関係

大西　吉之

1　奴隷制廃止をめぐる解釈

　2010年1月12日にハイチを襲った大規模地震は、そもそも貧弱だった行政機能を一瞬で麻痺させたほか、犠牲者が22万人以上と言われる甚大な人的被害をもたらした。こうした悲劇の背後には、貧困率が国民の8割に達するほか、絶えざる政情不安に脅かされてきた「西半球の最貧国」の現状があり、カリブの旧植民地が奴隷解放の後に辿ってきた道のりの厳しさを感じる。高校世界史では、かつてアメリカ大陸やカリブ海諸島に展開した奴隷制とその廃止について学ぶが、繁栄とはほど遠い諸地域の状況を見るにつけ、はたして奴隷制廃止とは「人道主義の勝利」と呼ぶべき偉業であったのか、改めて考え込まざるを得ない。奴隷制廃止とは、なぜ、どのように進められ、何をもたらしていったのだろうか。

　こうした疑問に向き合うきっかけとして、本稿では、奴隷という動産、すなわち「モノ」扱いされた人間を題材に、ヨーロッパ諸国が奴隷貿易および奴隷制の廃止に踏み出した時代を扱う。廃止の過程を追うことで、奴隷解放という美しい「人道主義の勝利」に隠された実情の一端を明らかにできるだろう。また、この政治決定には、大国イギリスが確立した国際的規範が大きな影響を及ぼしており、当時における国際関係の諸相が浮かび上がってこよう。ここでは、とくに小国オランダに光を当てる。同国の事例から国際関係論の歴史学的奥行きや、遠い過去におけるグローバルな地域関係についても、一定の知見が

得られるだろう。

　コロンブスの「新大陸発見」以降、スペインはアメリカ大陸やカリブ海諸島（これらの地域は当時「西インド」と呼ばれた）に広大な勢力圏を確立した。同時期にポルトガルも現在のブラジルに相当する地域を確保した。17世紀には、イギリス、フランス、オランダといった新興国が、イベリア両国の領域に割り込む形で植民地を次々と立ち上げていった。各国領地のプランテーションでは、アフリカから運ばれた奴隷たちの手で、砂糖、コーヒー、綿花などの換金作物が生産された。こうして西インドは、重要な農産物の生産地として、アフリカ人奴隷を売り込む市場として、また本国の輸出市場として、ヨーロッパ各国の経済発展に大きな影響を与えた。イギリスの場合、1770年代前半の時点で西インド（西アフリカを含む）との取引が貿易総額の5割を占めた。オランダの主要貿易都市アムステルダムでは、1790年時点で西インド物産が総輸出入額の5割を超えていた。フランスも、1788年のデータで西インド物産が輸入総額の約4割、輸出総額の3割以上を占めた。

　西インドの富の源泉たる砂糖やコーヒー、綿花を生産した人々は、アフリカから運ばれた大勢の奴隷である。奴隷貿易の最盛期に当たる18世紀には、死亡率が十数％を超える過酷な船旅を経て、600万人を超えるアフリカ人が西インドに「輸入」された。西インド植民地がかくも大勢の労働者を必要とした理由は、奴隷制プランテーションの発展と過酷な労働による死亡率の高さにあった。アフリカ現地での非情な奴隷狩りに始まり、自殺や病死、反抗者への残酷な懲罰が横行した奴隷船、補充を前提とした文字通り殺人的な労働環境は、我々にとって、まったく聞くに堪えないものであった。

　奴隷貿易の主役は、イギリス人、フランス人、ポルトガル人であった。なかでもイギリスは18世紀後期に奴隷貿易全体の5割以上を占め、最大のシェアを誇った。2割弱のフランスやポルトガルがその後に続き、オランダは5％程度に過ぎなかった。イギリスは、それまで奴隷の労働力および売買を大きな経済的支柱にしていたにもかかわらず、早期に奴隷貿易廃止を決議し（1807年）、1833年には奴隷制まで廃止したことになる（発効は翌年）。これは、どのように理解すべきなのであろうか。

II　ヒトが移動することの〈政治〉

　西インドの奴隷貿易および奴隷制の廃止については、これまでイギリス史を中心に多くの研究が積み重ねられてきた。議論の焦点は、奴隷制プランテーション経済の衰退を説くマルクス主義的見解にあった。歴史家E・ウィリアムズによれば、19世紀にヨーロッパ各国が奴隷制廃止に向かった要因のひとつは、カリブ海地域の奴隷制が本国経済にとって以前のような重要性を持たなくなった点にあった。同地域の「奴隷制経済が、依然として一八世紀的形態をとって」おり、「生産の利潤がしだいに低下」したため、19世紀には「いずれの植民地でも、その経済は破産していた」のである（E・ウィリアムズ著、川北稔訳『コロンブスからカストロまで』）。そこでは、産業資本主義の進展とは対照的な奴隷制の衰退がイメージされていた。イギリス領植民地については、北アメリカ植民地の独立（1776年）がプランテーション経済の衰退につながったと主張した。彼はまた、奴隷制廃止における人道主義の役割が「誇張」されてきたと論じ、イギリス奴隷貿易廃止論者の言動が、いかに経済的動機に左右されていたかを示した（同著『資本主義と奴隷制』を参照）。

　こうした経済要因説に対して、現在の通説は、奴隷制プランテーション経済の長期的な「衰退」を否定し、経済合理性に反した廃止運動の高まりを重視する。貿易統計やプランテーション関連史料をもとにした研究によれば、イギリス領西インド植民地において奴隷労働力の効率性は低下しておらず、北アメリカ植民地の独立以降もプランテーション経済は衰えるどころか、むしろ繁栄のさなかにあったという。奴隷貿易の廃止は、本国の重荷となった植民地経済に引導を渡したというより、さらなる発展の可能性を閉ざしたのである。資本主義経済の発展は、奴隷制経済の衰退を招来した直接的要因ではなかったが、反奴隷主義を受容するイギリスの社会的状況を生み出した。そのなかで、キリスト教的信念によって奴隷貿易・奴隷制を糾弾する人々と、奴隷労働力の非効率性を説く経済学者や支持者たちが、共闘することになった。こうしたイギリスの反奴隷主義はエリートや中産層のほか、貧しい労働者層によって支えられた。

　オランダもまた、イギリスを始め、フランス、デンマーク、ポルトガル、ブラジルなどとともに、西インド植民地の奴隷貿易と奴隷制を廃止した。ただ

し、オランダの場合、奴隷貿易の廃止（1814年）はともかく、奴隷制の廃止（1863年）がイギリス（1833年）や、フランス、デンマーク（ともに1848年）などと比べて大幅に遅れた。オランダ領西インド植民地の奴隷貿易と奴隷制は、なぜこうしたタイミングで廃止されたのだろうか。

　残念ながら、イギリス史で提示された諸解釈は、オランダの事情に当てはまらない。第1に、プランテーション経済の盛衰は、奴隷制廃止とそのタイミングを説明しない。南米北部沿岸に位置するスリナム植民地は、当時のオランダ西インド領土として唯一プランテーション経済を展開させていた。同地ではコーヒーや綿生産こそ衰退したが、砂糖生産部門は1810年頃から1862年までに奴隷数と生産高がほぼ2倍に増加した。同部門は中規模ながらカリブ海地域でもっとも生産的であり、技術的にも進んでいた。30年代には収益性が落ち込むが、それは生産施設の近代化（水力から蒸気力への転換）にかかったコストが原因であった。施設の近代化は50年代に始まる拡大と収益性の改善につながった。こうしたプランテーション経済の発展を中断したのが、奴隷制の廃止である。オランダの奴隷制廃止は、経済的利益に反するタイミングで決定されたというほかない。

　第2に、オランダには反奴隷制運動を推進する社会的状況がみられなかった。この国の中産層や労働者層は、そうした運動を展開しなかったのである。奴隷制の議論はオランダ議会内部の討論に限られており、奴隷制を支持する西インド関係者のロビー活動も、これに対抗する世論らしき声も、ごく限られていた。オランダではイギリスと異なり、外国産砂糖を閉め出す高関税など法的な優遇措置で保護された西インド関係者と、彼らの権益に対する反発、という構図がなかった。スリナムの植民地物産は、つねにオランダ市場で国際競争に晒されていた。

　奴隷貿易の廃止についても、オランダが積極的であったわけではない。イギリスが自国の奴隷貿易廃止に踏み出そうとしていた頃は、オランダにとって経済不振にあえぐ国難の時代であった。そうしたなか、識者たちは奴隷貿易に対して倫理的な反発を表明しながらも、それを必要悪と見なした。ともあれ、遠く離れた奴隷制プランテーションに対するオランダ社会の態度は、総じて保守

的というか、無関心に近いものがあった。

　こうした小国が奴隷貿易の廃止を決定した原因は、イギリスの外圧にあった。オランダは、イギリスに占領された西インド植民地を返還してもらう条件として、奴隷貿易の廃止を受け入れるほかなかったのである。ここで、オランダ史の流れと同国をとりまく国際情勢について簡単に整理しておこう。17世紀にヨーロッパ経済の要として繁栄したオランダ共和国も、18世紀以降はイギリスやフランスといった大国に追い上げられ、経済力および国際的地位の相対的低下に直面した。とりわけ18世紀末は、経済停滞と政治危機が深刻化し、1795年にはフランス革命軍の侵攻によってフランスの属国となった（バターフ共和国）。フランスと敵対するイギリスはこれに反発してオランダに宣戦布告し、オランダ植民地の多くを占領した。その際にスリナムを含む西インド植民地が、すべてイギリスの手に落ちた。

　オランダは、その後もフランス帝国の一翼を担い、戦争による大きな経済的打撃を被ったが、ナポレオンが敗退した結果、フランスの支配下からのがれて独立国として再出発する。それが、1814年5月のパリ講和条約によるオランダ王国の成立である。同年8月のロンドン条約によって、オランダ領西インドのほとんどがオランダに返還された。この条約には、植民地返還の条件として、奴隷貿易の廃止を記した特別条項が含まれていた。こうしてオランダは奴隷貿易を禁止した。もっとも、実質的な廃止はそれ以前にさかのぼる。オランダ領西インド植民地は、イギリスの占領期に、奴隷貿易を禁止するイギリスの命令（1806年）に服したほか、1814年6月にはオランダ議会が、イギリス公使の要請によって自国諸港の奴隷貿易を非合法化したからである。このように、オランダの奴隷貿易廃止にはイギリスの強い働きかけがあった。その後もイギリスは、活発な対外活動を通じて、オランダを含むヨーロッパ各国の奴隷貿易を押さえ込んでいく。こうした国際関係を考慮しなければ、オランダの奴隷貿易・奴隷制廃止の経緯とそのタイミングを理解することは難しい。そこで次節では、イギリス主導による奴隷密貿易の取り締まりと、拘留した船舶を裁いた2箇国共同裁判所の活動について説明する。

第3章　帝国の支配構造

2　奴隷貿易廃止に向けたイギリスの国際的取り組み

　イギリスは自国の奴隷貿易を廃止した後、西インドの奴隷貿易に終止符を打つべく、関連各国に対する働きかけを活発化させた。ナポレオン失脚後のヨーロッパ国際秩序が話し合われたウィーン会議（1814～15年）では、参加国のうち奴隷貿易と深い関わりのあったフランス、スペイン、ポルトガルに対して同貿易の非合法化を促したが、いずれも乗り気薄であった。しかし、会議中にナポレオンがエルベ島を脱出すると、イギリスの助力を必要としたフランスは、イギリスの歓心を買うため奴隷貿易の廃止に踏み切った（1815年）。またイギリス代表は、会議参加国を説得して「アフリカ奴隷貿易の名称で知られる取引は、人道と普遍的倫理に反する」との宣言に署名させた。イギリス以外に奴隷貿易の根絶に積極的な国はなかったが、国際政治の場で反奴隷主義を認めさせた意義は大きかった。

　イギリスは、こうした新たな国際規範を背景に国ごとの交渉を推し進めた。その活動は次の三点に要約される。奴隷貿易の非合法化、続いて、奴隷密貿易が疑われる船舶に対する強制調査権の相互承認、そして拘留した船を裁く共同裁判所の設置である。各国との条約締結および取り締まりの徹底は、奴隷貿易への関与度が高い国ほど難航した。交渉相手国は、条約内容に何のメリットも見いだせなかったからである。イギリス船による奴隷貿易はすでに消滅していたため、摘発の対象はもっぱら自国の船舶に限られてしまうほか、強制調査権の相互承認も共同裁判所の設立も、イギリス側に余計な権限を与えるだけであった。

　ここで、1811～40年のデータを用いて主だった国の輸入奴隷人数を計算すると、各国の割合は、上からブラジル（1822年にポルトガルから独立）の63.5％、スペイン領の27.7％、フランス領の6.4％となる。続いて1817～43年のデータから、西インドに奴隷を運んだ船舶を国別にみると、ポルトガル船の66.1％、ブラジル船の15.6％、スペイン船の13.8％、フランス船の2.1％となった。オランダ船は0.3％であった。

Ⅱ　ヒトが移動することの〈政治〉

　以上から奴隷貿易と関係の深かった国々はスペイン、ポルトガルとブラジルであったことがわかる。実際、これらは、イギリスの圧力にもかかわらず、自国船の取り締まりをなかなか徹底しなかった。1820年代半ばまでに、イギリス、フランス、オランダの西インド植民地や、スペインから独立した南アメリカ諸国、合衆国南部の奴隷貿易はほぼみられなくなったが、アフリカからブラジルに向かう奴隷密貿易はさらに30年間ほど続き、キューバやプエルトリコといったスペイン領植民地向けは、1860年代まで根絶できなかった。
　オランダの対応は、これらに比べると積極的といえるものであった。1818年5月に結ばれた2国間条約では、1814年のロンドン条約に続いて（改めて）奴隷貿易を廃止し、イギリスもしくはオランダ船の奴隷密貿易を取り締まる合同パトロール艦隊の編成と、共同裁判所の設置を定めた。こうした条約の締結自体は、外交権を有する国王の専任事項であり、議会で審議されることはなかったが、同条約がオランダ人奴隷商人を起訴できるようオランダの刑法改正を求めたため、議会は奴隷貿易について議論した。そこでは、廃止に対する原則的な反対論は聞かれなかった。それどころか、廃止を「キリスト教理念のもっとも美しき勝利」と呼び、ウィレム1世を「大陸で初めて奴隷貿易を廃止した君主」と称える議員もいた。
　議会で賛美の声が聞かれる一方、世論の反応は皆無に近かった。西インド植民地の奴隷輸入は既にイギリスの手で非合法化され、本国の奴隷貿易事業も、英仏戦争のあおりを受けて崩壊していた。奴隷貿易の廃止は、こうしたオランダの現状を変えるものではなかった。実際、オランダとイギリスがパラマリボ（オランダ領スリナムの都市）とフリータウン（アフリカ西部にあるイギリス領シエラレオネの海港）に設立した共同裁判所では、審議される件数が非常に少なく、あってもオランダ船に偽装された外国船であることが多かった。共同裁判所制度が機能していた時期にあたる1819〜45年に関係各国の共同裁判所が扱った件数のうち、イギリス・オランダ共同裁判所の占める割合は数％に過ぎない。密貿易全体に占めるオランダの割合は、ごく小さなものであった。
　2箇国共同裁判所の職務は、奴隷貿易の疑いで拘留された自国の船舶に判決を下し、有罪の場合はただちに船舶を没収し、奴隷を解放することであった。

なお、同裁判所は、有罪とされた船の所有者、船長、船員に対する裁判権を持たなかったので、彼らは母国の司法当局に受け渡され、その国の法律で裁かれた。無罪の場合は、船舶と奴隷を所有者の元に返した。各国の共同裁判所は1871年までにすべて解散したが、それまでに合計600隻以上の船舶に有罪判決が下り、8万人もの奴隷が解放された。

　こうした成果は、主としてイギリスによるものであった。というのも、疑わしい船舶を検査し、拘留する業務はもっぱらイギリス海軍が担当したほか、2箇国共同裁判所の裁判官と調停委員は本来、両国がそれぞれ1名ずつを任命するはずであったのに、シエラレオネでは往々にして設立後わずか数年でイギリス側の人員のみとなったからである。同地は健康を害しやすく、後任が探しにくい不人気な任務であった。しかし、原因はそれだけではない。この職務は、イギリス側の期待と圧力のなかで、奴隷貿易に従事する自国船の罪を問い、船舶と奴隷を没収することである。つまり、同国人の反感を買ってでも、反奴隷主義という新たな国際規範に従うか、あるいは大国イギリスに抵抗するよりほかに選択肢のない、つらい仕事であった。

　フリータウン（シエラレオネ）のイギリス・オランダ共同裁判所に最初のオランダ人裁判官として赴任したファン・シルテマは、熱帯地域の行政経験者であり、本国が期待する人物であった。しかし、彼はオランダの法律にそぐわない裁判方式を認めなかったり、黒人たちを「乗客」と主張する船長の言い分を支持したりして、イギリス側の怒りを買った。オランダ植民地省はこうした状況を憂慮し、イギリス人のやり方に従うよう指示したが、ファン・シルテマは職務を放棄し、無断で帰国してしまった。こうしてオランダ側は、自分の役割をわきまえた調停委員のみとなった。その後、オランダ人担当者は1人きりとなり、さらに1828年以後は後任が途切れて、イギリス側の裁判官と調停委員が裁判を取り仕切った。

　ファン・シルテマは、いささか特異な人物であったが、オランダ本国はイギリス側の方針に従う意向を示した。その従順さは、大規模な奴隷貿易に従事したポルトガルやブラジル、スペインの態度とは対照的であった。これらの国はイギリスに非協力的であり、共同裁判所でも、そうした国の裁判官がイギリス

Ⅱ　ヒトが移動することの〈政治〉

人裁判官の判断にしばしば異議を唱えた。

　奴隷密貿易対策に消極的な国に対して、イギリスは強硬な手段をとった。イギリスは、ポルトガルとの新たな反奴隷貿易条約の締結に失敗すると、1839年にパーマーストン法を可決して、ポルトガルの国旗を掲げた疑わしい船を調査・拿捕する権限をイギリス海軍に与えた。さらに同法は、拘留したポルトガル船を裁く権限をイギリス海事裁判所に付与した。単独主義への転換である。こうしてイギリスは、ポルトガルが1842年に譲歩するまで200隻前後を拿捕し、その半数以上に対して有罪判決を下した。ポルトガルが効果的な反奴隷貿易条約を結び、奴隷貿易を海賊行為とする法を公布した後に、イギリスはポルトガル船に対するパーマーストン法の適用を見合わせた。その後もイギリスは、非協力的なブラジルに対して同様の措置を取り、共同裁判所からイギリス海事裁判所主体の活動へと重心を移した。2箇国共同裁判所では、イギリスと相手国の権限が同等であり、イギリス側の意向が通りにくかったためである。共同裁判所は、無用の長物と化していった。

　以上の概観から、オランダの置かれていた状況が理解できよう。奴隷貿易廃止に関するオランダの対応からは、大国イギリスの意向を尊重せざるを得ない小国としての立場と、奴隷貿易から手を引いた国であるがゆえの無関心さが読み取れる。オランダは反奴隷主義的な熱意を抱くことなく、イギリスの提唱する国際規範に従うことになった。とはいえ、反奴隷主義は貿易の廃止に留まらなかった。イギリスの運動は、やがて奴隷制度そのものの廃止へと発展した。1834年にイギリス領西インド植民地の奴隷が解放され、奴隷所有者に補償金が支払われた。それ以後、奴隷制廃止が次第に国際的な潮流となるなか、オランダの対応は「積極的」とは言い難いものであった。次節では、スリナム植民地を中心に、奴隷制廃止に向けたオランダの取り組みについて説明する。

3　奴隷制廃止への道のり

　オランダの政府関係者がスリナムの奴隷制廃止を検討した理由は、人道主義的な規範や国際的圧力というより、奴隷労働力の減少による植民地存続の危機

にあった。1844年に植民地相J・C・バウトが国王に提出した秘密報告書のなかで、彼はスリナムの奴隷制廃止を提言した。「奴隷解放はスリナムにとって……必要な方策であり、さもなければスリナムは崩壊を免れないでしょう。なぜなら、労働者が減少しているからです。奴隷解放の後、スリナムの生産量は減るでしょうが、最終的には完全な崩壊を免れるでしょう。つまり、解放はスリナムを救う唯一の手段なのです」。

　バウトは植民地省の統計データを用いて、奴隷人口の急減を確認していた。スリナム植民地では奴隷貿易の廃止後も、法の穴をついて奴隷が不正に輸入されていた。しかし、イギリスの圧力のもとで奴隷の登録制が導入されると(1826年)、スリナムの非合法な奴隷輸入はほぼ完全に途絶えた。プランテーションの労働は、奴隷の命を奪う過酷なものであった。奴隷の流入が不可能になった今、奴隷制の存続は叶わず、自由労働者による生産体制を導入するほかない。それが提言の意味であった。彼の意見には、イギリスの奴隷制廃止が影響している。スリナムの西側には、1814年5月のパリ講和条約でイギリスに割譲したガイアナ植民地があり、1834年に奴隷が解放されていた。

　加えて、1848年におけるフランスの奴隷制廃止は、オランダに大きな衝撃を与えた。同年の2月革命によって成立した共和政府が、「文明国」の義務として奴隷を即時解放し、所有者に補償金を支給したのである。スリナム植民地の東側には以前からフランス領のケイエンヌ植民地があり、スリナムは、奴隷制を禁止した英仏の領地に挟まれる形となった。周囲の植民地で奴隷が解放された後に、スリナムだけがアフリカ人労働者に奴隷制を強制し続けることは、もはや不可能であった。スリナムの奴隷は、自身の解放について不安を募らせるようになり、1841年と1857年には植民地のほぼ全域で反乱が発生した。その後も反乱は増加し、オランダの西インド関係者にとって、問題はもはや奴隷制が廃止されるかどうかではなく、いつ、どのような形で実行されるか、という点にあった。

　1848年は、オランダの政治体制が民主化された年でもあった。憲法が改正され、議会制民主主義が確立した。同年、暫定政権の臨時植民地相J・C・レイクは、フランスその他の奴隷制廃止に感銘を受け、また植民地の奴隷反乱を恐れ

て、奴隷制の即時廃止を提案した。しかし、暫定政権は彼の計画と（奴隷所有者への補償金にあてる）巨額の国債発行を拒絶した。オランダが奴隷解放に踏み切れない最大の理由は、深刻な財政赤字にあった。「モノ」である奴隷を解放するには所有者に支払う補償金が必要であり、プランターたちの関心も、その金額に注がれていた。しかし、国にそうした余裕はなかった。1840年代の負債額は、国民1人当たりでイギリスの2倍、フランスの10倍に相当した。

オランダ政府は、当面の対応として、1851年に奴隷の処遇改善を定めた法律を制定した。しかし、これは今後の奴隷解放を意味するものではなかったため、反奴隷主義を掲げる議員らの批判を浴びた。廃止を支持する人々の主張は実を結び、1853年に元植民地相 J・C・バウトを議長とする国家委員会が設置された。同委員会は、奴隷自身を除く関係者や関連資料から情報を集めて議論した上、1855年に奴隷制の今後に関する報告書を提出した。

報告書は、さらなる処遇改善を求めたほか、奴隷制の廃止を提言した。しかし、「廃止」の内容は、奴隷にとって大変厳しかった。国家は奴隷所有者に補助金を支給するものの、解放に伴う費用は、奴隷自身が可能な限り国家に弁済することになっていた。また、黒人奴隷は、解放後も10年間にわたって国家の管理下に置かれ、プランテーション労働を強制されるのである。曰く、文明度が低く、怠惰に流される野蛮な黒人を労働に従事させて、文化的な価値観を教え、労働の習慣をつけさせる義務がある。それには、国家による強制が最適であるとの主張であった。委員会は「解放」という言葉すら使わなかった。「この用語によって、黒人は、自分勝手に通常の労働もせず無為に時を過ごし、自分の欲求に従い、望みさえすれば、文明社会の枠から出て森で暮らせる権利を得たと理解するから」であった。スリナムの黒人住民にとって、こうした理由付けは、強制労働の存続を正当化する言い訳でしかなかった。

この報告書にもとづいて政府は5つの法案を提出したが、下院はいずれも否決した。奴隷、奴隷所有者、本国経済、財政上の利害が相反した他、政府案を支持する多数派と人道主義的な反対派が対立した。様々な議論の結果、政府は、1862年の最終決定までに、奴隷に費用を負担させるとの案を撤回した。その他の点は（解放される奴隷に与えられる権利が若干広がったものの）原則的に報告

書と変わりなく、奴隷所有者への補償、国家主導の奴隷解放とその後10年間の国家管理が決定した。

　政府が費用の負担を決断するに至った背景には、オランダ植民地政庁がジャワ島（現在はインドネシアに属する）を中心に実施した耕作制度、いわゆる強制栽培制度の「成功」があった。これは赤字に苦しむ植民地財政の健全化を目的に1830年から導入された制度で、現地の支配層を通じて住民にコーヒーやサトウキビといった換金作物を栽培させ、それを政庁が評価した（不当に低い）価格で独占的に買い上げるものであった。本国は作物の販売から莫大な利益を上げ、その純益は、1850年代には国庫歳入の30％に相当するほどであった。国は大いに潤い、奴隷制廃止に伴う多額の支出も可能になった。

　一般に、強制栽培制度は現地の米不足や飢饉、農民の疲弊をもたらし、経済発展の道をふさいだと言われているが、近年の研究によれば、ジャワ島住民が被った厄災には地域差がみられ、地域や社会層によっては物質的繁栄をもたらしたという。とはいえ、オランダ政庁は、住民に対して作物栽培や、灌漑工事、橋・道路などのインフラ整備に無償労働の提供を強いた。そうした住民の不自由労働に立脚した生産体制こそ、西インドの奴隷制廃止を実現した重要な要因であった。

　最後に本論の要点をまとめて、締めくくりとしよう。奴隷貿易廃止の国際的進展におけるイギリスの影響力は圧倒的であった。国際会議における合意形成や２ケ国間条約を通じた奴隷貿易の非合法化と摘発手段の確立のほか、時に単独主義的な実力行使も厭わないイギリスの対外政策は、オランダの反奴隷政策を考える上で決して欠かすことのできない要素であった。国際関係は、現在のみならず、遠い過去を理解する上でも重要な役割を担うものといえよう。オランダ政府は終始、植民地経済の維持を目標としており、一部の議員を除いて人道主義に共感していたわけではなかった。しかし、イギリス、フランスといった先行する大国の決定が選択の幅を狭めた結果、ほかならぬ奴隷制の廃止が、スリナム植民地を存続させる唯一の手段として残されたのである。もっとも、オランダ政府が提示した「解放」は、奴隷を大いに落胆させるものであった。奴隷身分はなくなったとしても、奴隷として担わされてきた経済的役割には何の

変わりもなかったからである。奴隷制廃止の大きな障害であった財政問題は、皮肉なことに東南アジアでの不自由労働が解決した。そもそも西インドの奴隷制は、ヨーロッパ、アフリカ、カリブ海地域にまたがるグローバルなシステムの一部であったが、スリナム植民地に訪れた終焉もまた、ジャワ島という遠隔地における農民たちの苦悩が関わっていたのである。

〈ファーザーリーディング〉

川北稔『砂糖の世界史』岩波書店、1996年
　西インド奴隷プランテーションの主力産品であった砂糖を題材として、近代西洋史を俯瞰した一般向けの好著。

池本幸三・布留川正博・下山晃『近代世界と奴隷制　大西洋システムの中で』人文書院、1995年
　西インドの奴隷制について複数の専門家たちが多面的に語っている。専門書ながら読みやすい。

大橋厚子「強制栽培制度」池端雪浦編『変わる東南アジア史像』山川出版社、1994年
　かつてオランダ領であったインドネシアで展開した「強制栽培制度」について専門家が研究動向を簡潔、明快に説明したもの。

Gert Oostindie (ed.), *Fifty years later: Antislavery, Capitalism and Modernity in the Dutch Orbit,* Leiden: KITLV Press, 1995.
　オランダ領西インド植民地の奴隷制廃止をテーマとした英文の論文集。

第4章

囚人の帝国
―― インド流刑囚を事例にして

川村　朋貴

1　はじめに

　本章の目的は、19世紀の覇権国家イギリスがグローバル帝国を形成する過程において、流刑囚の役割がいかに重要であったかという点を再評価することにある。

　流刑囚に関する諸研究では、元来、流刑囚たちは犯罪人生に歩むように命を授かった「犯罪階級」として見なされる傾向にあり、幼少期から犯罪の訓練を受けた「異質な階級」から集められた「常習的かつ専門的犯罪者」であると解釈されてきた (A. G. L. Shaw [1966] *Convicts and the Colonies: A Study of Penal Transportation from Great Britain and Ireland to Australia and Other Parts of the British Empire*, London: Faber and Faber)。しかし、近年の研究成果として、流刑囚そのものへの見方を大きく変える修正主義的視点が提起され、とりわけオーストラリア史を再解釈する手がかりとして注目されている。オーストラリア史家のステファン・ニコラスらは、オーストラリアへ送られた囚人たちが「ごく普通のイギリスとアイルランドの労働者階級の男女であった」ことを明らかにし、本国イギリスの労働市場での自由契約労働者のように雇われていた事実を強調する (Stephen Nicholas ed. [1988] *Convict Workers: Reinterpreting Australia's past*, Cambridge: Cambridge University Press)。つまりこの主張は、オーストラリアに強制移送された流刑囚たちが、拡大する植民地経済に有益かつ重要な技術をもたらす若くて有能かつ生産的な移民労働者であったことを意味する。ニコラス

らは、そうした流刑囚たちを「囚人労働者 convict workers」と定義した上で、彼らをイギリスの植民地に移動させる囚人制度とは、19世紀の世界各地に存在したひとつの労働システムであったと主張しているのである。

そこで本章では、上述のニコラスらの研究成果を踏まえて、英領インドからインド洋周辺の英領植民地へと強制的に移送されたインド人の流刑囚を考察の対象とする。英領植民地の具体例として、1786年から急速な植民地開発が進められたペナンを取り上げる。英領インドで流刑制度が考案された18世紀末から19世紀半ばにかけてのインド人流刑囚たちの流れと諸活動を、グローバルな労働力移動の一事例として理解すると同時に、インド洋世界におけるイギリス帝国の拡大過程のなかで素描してみたい。

2　流刑囚の世界史

周知のように、19世紀初頭から20世紀初頭にかけての1世紀ほどの時代は、前例のないほどの大量の移民が、移動先の国家や社会の形成、ひいては資本主義世界経済の発展に重要な労働力となったという意味で、一般的に「移民の世紀」と呼ばれている。「移民の世紀」における人間の移動を図表1で概観してみよう。

「移民の世紀」で最も特徴的な人間の移動は、大西洋を越えたヨーロッパ諸国から北アメリカ大陸への流れ（矢印①）であった。彼らの主要目的地は、いうまでもなくアメリカ合衆国である。すでに18世紀以来、170万人のイギリス人やドイツ人がアメリカに移住したと推定されているが、ナポレオン戦争終了（1815年）後、さらに1840年代の飢饉によって、イギリス、ドイツ、アイルランド、スカンジナビア諸国からの移民が合衆国に移住した。南北戦争後、1880年以降になると、ロシア、オーストリア＝ハンガリー、イタリアを移民送り出し国とする「新移民」が北米移住に加わったのである。同時期においては、ラテンアメリカを主要目的地としたヨーロッパ移民（矢印②）も増加した。1880年代以降の特徴について付け加えるならば、（矢印⑨）で示すようなヨーロッパロシアのロシア人（主として貧しい農民）も、帝政末期ロシアの移住・入植政策に奨

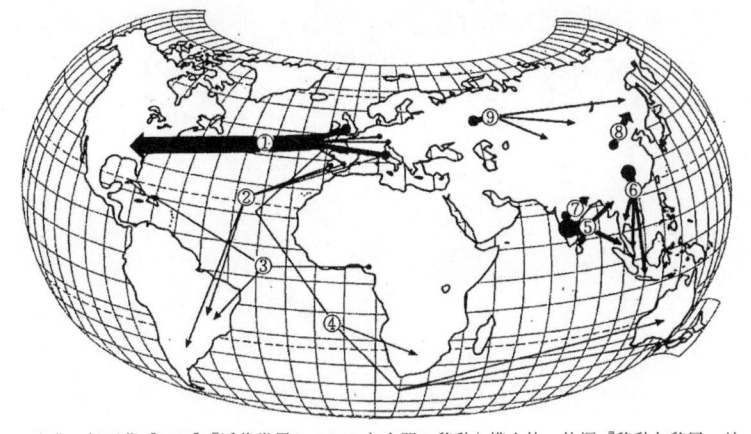

図表1　国際労働力移動の主な流れ（1820〜1940年）

出典：杉原薫［1999］「近代世界システムと人間の移動」樺山紘一他編『移動と移民　地域を結ぶダイナミズム』（岩波講座世界歴史第19巻）岩波書店、11ページ

励されて、ウラル山脈の東側に広がる広大なアジアロシア（中央アジアやシベリア）に自発的に（時には強制的に）移住していた（青木恭子［2007］「ウラルを越えた人びと　帝政末期ロシアの移住民の出身地をめぐって」土肥恒之編『地域の比較社会史　ヨーロッパとロシア』日本エディタースクール出版部、317-366ページ）。

　他方、「移民の世紀」において、アフリカ人奴隷の強制移動の流れ（矢印③）が、イギリス植民地での奴隷貿易の停止（1807年）と奴隷制度の廃止（1834年）によって制限され、奴隷労働力を基盤とした各植民地において労働力不足が深刻な問題となった。それを補完するのに新たに登場するのが、年季契約で雇用されたインド人（矢印⑤）や中国人の出稼ぎ労働者（矢印⑥）であった。このインド人と中国人の年季契約労働者の動向は、「移民の世紀」を特徴づける極めて重要な要素のひとつである。その流れをより具体的に示したものが図表2である。

　図表2が示すように、インド人の出稼ぎ労働者は、インド国内での移動（図表1の矢印⑦）を伴いながら、セイロン、ビルマ、マレー半島、南アフリカ、モーリシャス、西インド諸島、フィジーなどに向かった。彼らの遠隔地移動は、オーストラリア、ニュージーランド、南アフリカのような白人定住植民地への

II　ヒトが移動することの〈政治〉

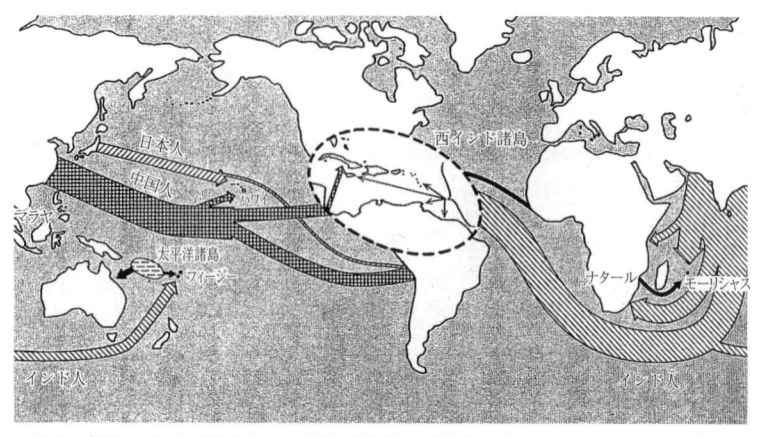

図表2　海外年季契約移民（1834〜1919年）

出典：脇村孝平［1999］「インド人年季契約制は奴隷制の再来であったのか」樺山紘一他編『移動と移民　地域を結ぶダイナミズム』（岩波講座世界歴史第19巻）岩波書店、151ページ

　ヨーロッパ自由移民の流れ（**図表1**の矢印④）と同様に、イギリス帝国主義の拡大に深く関係づけられていたといえる。中国人の場合も、その移動範囲はグローバルであった。彼らは、19世紀半ばから東南アジア、ペルー、カリブ海諸島、南アフリカ、ハワイ、オーストラリアなどに向かい、より具体的にいえば、セイロンでは茶栽培、マレー半島ではゴム栽培・スズ採掘、カリブ海・中南アメリカ・モーリシャス諸島・ハワイ諸島・南太平洋諸島ではサトウキビ栽培と砂糖生産、オーストラリアや北アメリカや南アフリカでは金・ダイヤモンドの採掘に従事していたのである。
　本章で注目する「囚人労働者」としての流刑囚たちの移動も、実にグローバルであった。**図表3**によると、1787年から1920年において膨大な数の囚人労働者が移動していたが、その最も重要な流れのひとつは、イギリスからニュー・サウス・ウェールズ、ヴァン・デーメンズ・ランド、ヴィクトリア、ウェスト・オーストラリアといったオーストラリア大陸への移動であったことが理解できる。イギリスからの囚人は、比較的数は少ないが、バミューダやジブラルタルなどの英領植民地にも移送されていた。とはいえ、ヨーロッパ諸国のなか

でイギリスだけが囚人の海外遠隔地への強制移動を行なっていたわけではなかったことも、また事実である。ヨーロッパロシアからシベリアへの囚人移送は、その規模で他を圧倒していた。その歴史はすでに16世紀後半から始まり、17世紀半ばからウラル以東への流刑はロシア刑罰制度の重要な一部となっていた。18世紀においては、スペインが囚人を北アフリカやカリブ海（プエルトリコやキューバ）へ、フランスも囚人の植民地移送を行なっていた。図表3で明らかなように、フランスは、19世紀半ば以降、ニューカレドニアや仏

図表3　囚人労働者の強制移動（1787～1920年）

移送期間	送出地	移動先	移民総数（人）
1787～1825年	インド	スマトラ（ベンクーレン）	4,000～6,000
1788～1840年	イギリス	ニュー・サウス・ウェールズ	80,000
1790～1860年	インド	海峡植民地	15,000
1801～1852年	イギリス	ヴァン・デーメンズ・ランド（タスマニア）	67,000～69,000
1815～1837年	インド	モーリシャス	1,500
1820～1920年	ヨーロッパロシア	シベリア	916,000（1823～98年）1,000,000（1870～1920年）
1824～1863年	イギリス	バミューダ	9,000
1842～1875年	イギリス	ジブラルタル	9,000
1846～1850年	イギリス	ニュー・サウス・ウェールズとヴィクトリア	3,000
1847～1856年	香港	海峡植民地	?
1849～1873年	セイロン	マラッカ	1,000～1,500
1850～1868年	イギリス	ウェスト・オーストラリア	9,700
1854～1920年	フランス	仏領ギニア	?
1858～1920年	インド	アンダマン諸島	11,373（1906～18年）
1865～1897年	フランス	ニューカレドニア	24,000

出典：Stephen Nicholas ed. [1988] *Convict Workers: Reinterpreting Australia's past*, Cambridge: Cambridge University Press, p. 30；モーリシャスに関しては、Clare Anderson [2000] *Convicts in the Indian Ocean: Transportation from South Asia to Mauritius, 1815-53*, London: Macmillan Press Ltd., p. 6 より作成

領ギニア（あるいはアルジェリア）に囚人を移送するようになった。カイエンヌを中心とする仏領ギニアは1854年に流刑地として仏領となり、1930年代まで流刑囚の移送はギニアの労働力不足を解消する重要な手段となっていた。流刑囚たちはとりわけ公共事業の労働力として利用され、農業・森林開発に貢献していた。

　かくして、「囚人労働者」の強制移動は、自由移民や年季契約労働者の遠隔地移動と同様に、「移民の世紀」における国際労働力移動の大きな流れのひとつとして位置づけることができる。ヨーロッパ諸国から南北アメリカ大陸やオーストラリアへのヨーロッパ自由移民、あるいはインド人や中国人で構成された

年季契約労働者にもっぱら関心を集中させる移民史研究は、やはり大きく是正される必要があろう。

3 インド流刑囚

英領インドにおいて、ベンガル管区から海外流刑地へインド人囚人を移送する計画は、ヘースティングス（在任1772～85年）やコーンウォリス（在任1786～93年）総督時代の一連の司法改革とともに持ち上がった。この司法改革は、「法の支配」を柱とするウィッグ流の思想に基づきながら、「他者」としてのインドの「東方専制主義」を改善しようとするイギリスの「文明化計画」のひとつであった(Clare Anderson [2000] *Convicts in the Indian Ocean: Transportation from South Asia to Mauritius, 1815-53*, London: Macmillan Press Ltd.)。流刑囚の刑期は7年、14年および終身であったが、その75％が終身刑に処されていたという見解もある。流刑の囚人としては、強盗、詐欺、文書偽造、「職業毒物使用professional poisoning」、殺人などを犯した者が大半であった。

インドの場合、流刑が特に効率的かつ有効な刑罰になったのは、カーストを基本とした厳格な位階社会に深く関係していたからである。というのは、流刑に処された囚人たちは、移送船上にいる間は、飲用・調理用の容器を区別するというカーストの戒律を維持することが難しくなり、流刑による移送は極めて汚れた状況のなかで強行される。それゆえに流刑は非常に恐れられたのである。

1773年以降、流刑に処された囚人は、東インド会社が支配する西スマトラのベンクーレンに移送されることになった（Anand A. Yang [2003] "Indian Convicts Workers in Southeast Asia in the Late Eighteenth and Early Nineteenth Centuries", *Journal of World History*, Vol. 14, No. 2, pp. 179-208）。図表3によると、1787～1825年の間に、4000～6000人の流刑囚がベンクーレンに移送された。にもかかわらず、ベンガルでは囚人数の増加と刑務所の慢性的不足が理由となって、ベンクーレン以外にも流刑地の建設が求められていた。そこで、マレー半島のケダ王国から譲渡されたばかりのペナン（プリンス・オブ・ウェールズ島）が、英領イ

ンドの囚人の新たな流刑地として注目されるようになった。後述するように、公共事業の労働力として最初のインド人囚人が、1790年までにフランシス・ライトによって植民地化が進められるペナンの地を踏んだ。それに加えて、1793年からの4年間、アンダマン諸島において第3の東南アジア流刑植民地の建設が試みられた。約300人のインド人囚人たちが開墾・耕作・公共事業での労働のためにアンダマン諸島に移送されたが、病気で彼らのほとんどが死亡したために、この試みが失敗に終わった。

　その一方で、南インド洋のマダガスカル島の東方約800キロメートルの沖に浮かぶモーリシャスにも、英領インドから囚人が送られるようになった。16世紀末、その小さな島に最初にたどり着いたオランダ人は、それをモーリシャスと名づけた。17世紀半ばよりモーリシャス島の植民地化が試みられたが、失敗に終わった。その後、モーリシャス島は1721年からフランスの植民地となり、イル・ド・フランス（Ile de France）と呼ばれるようになった。1810年にはイギリスがその島を占領し、1814年に英領となると同時にモーリシャスと改名した。1810年、元ペナン総督であったロバート・ファーカル（在任1810～23年）が総督としてモーリシャスに赴任するやいなや、急拡大する砂糖プランテーションと公共事業での労働力不足に対応するために、ベンガル総督にモーリシャスへの流刑囚の供給を要求した。後述するように、ファーカルが総督に就いていたペナンでは、1790年以来、公共事業の労働者としてインド人流刑囚を受け入れていた経験があった。そして1816年、587名のベンガルからの囚人がモーリシャスに到着した。1821年からセイロンからの囚人も始められた。ベンガルからの囚人移送は1820年代まで続き、1826年からはボンベイからモーリシャスにインド人囚人が送られるようになった。モーリシャスへのインド流刑囚の移送は最終的に1837年に停止されたが、図表3で示されるように、1815～37年の間で約1,500人に上った。

　とはいえ、図表3で明らかなように、インド流刑囚の主要な流刑先は東南アジアの英領植民地、すなわちペナン、マラッカ、シンガポールで構成された「海峡植民地」であり、その流れはインド政庁の基本政策の結果でもあった。1826年に海峡植民地として統合された3つの英領植民地は、それぞれに1790年から

Ⅱ　ヒトが移動することの〈政治〉

1860年にいたるまでインド亜大陸から約15,000人の流刑囚を受け入れ（**図表3**を参照）、いうまでもなくインド囚人の流刑地として重要な役割をもっていた。財政収入が逼迫する海峡植民地政庁は、植民地の公共基盤整備のために、モーリシャス植民地と同様、非常に安価な労働力として確保できるインド人流刑囚に強く依存していた。移送された囚人たちは、たとえばシンガポールでは、道路、橋、運河、防波堤、埠頭、桟橋などの建設・修繕、教会や官庁などの公共施設の建設、レンガの製造、電灯の設置などに従事していた。1840年代後半になると、海峡植民地（おもにシンガポール）は、非常に激しい反発があったにもかかわらず、1842年に英領となった香港からの中国人流刑者も受け入れるようになった（1856年に移送停止）。シンガポールが、オーストラリアのシドニー沖に喩えられて、「インドのボタニー湾」と呼ばれるゆえんである（Kernial Singh Sandhu [1969] *Indians in Malaya: Some Aspects of their Immigration and Settlement (1786-1957)*, Cambridge: Cambridge University Press）。

　宮本隆史の研究が明らかにするように、海峡植民地の流刑監獄制度には等級制度と仮出獄制度という大きな特徴があった。それらの特徴は、土木工事や森林開拓のための労働力として期待されたインド流刑囚たちの管理統制のために整備された諸規則であり、シンガポールの建設者として有名なラッフルズがベンクーレンの準知事時代に制定したベンクーレン規定（1818年頃の制定）に起源をもつとされる。この規定でラッフルズが導入したのは、第1クラスは監獄外での居住を許された囚人、第2クラスは一般の囚人、第3クラスは行ないの悪い囚人、という形で囚人たちを管理する3等級制であった。この等級制度は、行ないの善悪で囚人を振り分け、最も行ないの良い者には仮出獄の恩典を与えるというものであった。ここにおいて、勤勉な労働者を生み出すという企図と、囚人を「社会の有用な成員」へ「矯正」するという企図とを同時に達成されるものとして定式化されたのである（宮本隆史［2007］「植民地統治と監獄制度19世紀中葉の海峡植民地における囚人の管理」『南アジア研究』第19号、7-29ページ）。ベンクーレン規定を基礎に、等級制がさらに細かく6等級に整備された囚人管理システムが1845年に制定されたバターワース規定であった。それは以下の内容であった。

第1クラス：監獄外での居住を許された囚人
第2クラス：囚人官吏（convict peon）及び病院と公共機関において働く囚人（女性も含む）
第3クラス：市街地の外で道路や公共の工事に携わる囚人
第4クラス：新規で送られてきた囚人、および他のクラスより降格された囚人もしくは第5クラスより昇格された囚人
第5クラス：逃亡を防ぐために通常の警戒以上のものを必要とする反則者などのような、上位のクラスより降格された囚人。もしくは、その流刑元の管区より特別な指示がなされている囚人
第6クラス：第2クラスに含まれない女性および傷病者・老齢者

バターワース規定は、行ないの良い囚人に看守の役割を担わせ、他の囚人の監督にあたらせる囚人看守制度も付け加えられ、海峡植民地で流刑監獄制度が廃止される1873年まで効力をもった。

以上のことから、自由移民、年季契約労働者、ヨーロッパ人流刑者と同様に、インド人流刑者が果たしていた囚人労働者としての帝国的役割が浮かび上がってくるであろう。次節では、具体的にペナンでのインド人流刑囚たちの諸活動に注目する。

4　ペナン

マレー半島とスマトラ島の間に位置するマラッカ海峡は、古くから東西交流を成立させる重要な国際海上ルートのひとつに数えられてきた。18世紀半ば以降、インド亜大陸のベンガルの植民地を進め始めたイギリス東インド会社とその従属パートナーであるイギリス私商人たちは、東南アジアや中国とのアジア商業活動を拡大させようとした。しかしイギリス勢力は、その拡大するアジア貿易を保護するための中継基地としての役割、あるいはオランダ領のバタヴィアのような海峡物産（錫や香辛料）の収集センターとしての機能をもつ植民地をマラッカ海峡に持っていなかった。東インド会社はバタヴィアやマラッカに拠点を置くオランダ勢力に対抗し、クダ王国から譲渡されたペナン島（1786年）

とウェズリー州 (1800年) を足がかりに東南アジア世界に勢力を拡大させていった。さらに、大陸ヨーロッパで起こったフランス革命戦争の結果、オランダ本国がフランスの支配下に堕ちるのを機に、1795年に東インド会社はマラッカをはじめとする蘭領東インド各地を占領した（マラッカは1818年にオランダに再占領されたが、1824年の英蘭条約によってマラッカはスマトラ島のベンクーレンと交換されると同時に英領となった——筆者注）。かくして、1805年、マラッカ海峡に拡大しつつあったイギリス東インド会社の支配領域はインド第4番目の管区として規定され、その中核をペナンに置くことが決定されたのである。

ペナンは、マラッカと同様に、その建設直後からマラッカ海峡を取り巻く海上貿易の発展に支えられる港湾都市として特徴づけられる。前述したライトをはじめとしてペナンに赴任した初期の総督たちは、ジョージタウンに来航した船舶のさまざまな情報を記録し、ベンガル政庁に報告していた。その報告書によると、初期ペナンへの来航船の総数は、記録をとり始めた1786年ではわずか85隻にすぎなかったのが、1802年になると3,569隻に激増していて、ペナン貿易の繁栄ぶりがうかがえよう。その繁栄の最大理由は、オランダの保護貿易主義に対抗して、東インド商人であったライトがより多くの商人や貿易商を引きつけるために自由貿易原則を採用した（1786〜1801年）からだと考えられる。その結果、来航する船舶の国籍は、イギリス船が圧倒的に多いとはいえ、実に多様であり、ポルトガルやオランダといった他のヨーロッパ船、インド船や小型マレー船を含むアジア船がペナンに入港していた。それらの出港地の情報も報告書には記されていて、それによると、ペナンと親密な貿易関係をもった港市は、マラッカ海峡（ペディル、クダ、マラッカ、アチェ、セランゴール）、インド亜大陸（ベンガル、ボンベイ、マドラス、ナゴル）、ベンガル湾東海岸（ジャンク・セイロン、ラングーン、ペグー）、東アジア（中国、マカオ、シャム）であったことが理解できる。

自由貿易港としてのペナンは、イギリス支配という新たな庇護のもとで富を求めた商人や労働者を周辺諸地域から引き付ける大きな魅力をもっていた。1786年の占領時点では158人のマレー人が住んでいたにすぎないペナン島であったが、東インド会社による人口調査の結果によると、1788年にはその人口

は1,283人に増え、1810年になると13,885人に急激に膨れ上がっている。そこでの人口構成を見ると、ヨーロッパ人の比率は極めて低く、そのかなりの部分をペナン周辺地域から移動してきたインド人、マレー人、中国人が占めていた。それまで人間がほとんど住んでいなかった小さな島では、イギリス支配が始まった当初から移民人口の著しい増加とともに、多民族的複合社会の形成が進んでいたといえる。このような都市人口の増加は、同時に、土地配分、治安維持、インフラ整備などの行政問題を生じさせた。

　1786年7月、ペナン島の植民地化に着手し始めた東インド商人のフランシス・ライトは、その拠点となるジョージタウンの建設を計画した。ライトは、上陸地点周辺のジャングルを伐採し、海岸近くに築いたコーンウォリス要塞から内陸に伸びる2本の主要幹線道路（Light StreetとBeach Street）を中心にした植民地都市づくりを進めた。さらに2本の幹線道路（Pitt StreetとChulia Street）が、Light StreetとBeach Streetに連結されて大きなスクエアを作るように建設された。そのスクエア内にはグリッド状の区画を作るように道路も徐々に建設され、さまざまな公共施設、市場、商店等が建ち並ぶジョージタウンの中心市街地となっていった。ライトは、ペナン占領直後、Light Streetの端に井戸を掘ったとはいえ、それ以外の都市生活基盤を整備することはなかった。住民の多くは、火災の危険性が高いアタップ（ヤシの葉）で作った住居で生活し、港の近くの排水の悪い沼地に集住していた。そのような不衛生な生活環境は常に熱帯病やさまざまな疾病の温床となり、多くの住民がマラリアの犠牲（ライトもその犠牲者の一人である——筆者注）となっていた。ペナンは自由港であったがゆえに、ペナン政庁は都市基盤整備の財源として関税には頼ることはできず、その代わりに導入された家屋や商店への課税やジョージタウンでの宅地料・住宅賃貸料も住民には非常に評判が悪かった。

　1800年、ペナン総督のジョージ・リース（在任1800～04年）は、都市住民の生活に影響を与える社会・経済的問題を解消するための組織、いわゆる査定委員会The Committees of Assessorsを創設した。その委員会の主要な目的は個々の課税査定額を決定することであったが、道路や排水システムの計画・資金調達・建設・管理運営を審議・決定する役割も持ち合わせていた。その第1回目

Ⅱ　ヒトが移動することの〈政治〉

の会合で主要街路の建設や商業地区の生活改善策が協議されたが、何より重要な点は、安価な労働力としてインド人流刑囚の利用が決定されたことであった。そしてこの時、130人の流刑囚たちがインド亜大陸からペナンに移送された。リースはまた、安全で新鮮な飲料水の供給システムも構築しようと試み、さらに250～300人の囚人労働者の供給をベンガル政庁に要請した。この計画によって、川の水を引いて作った大きな貯水池から水道管を通して飲料水が、日常的に都市住民や船舶に供給されるようになったのである。水問題はリースの後任総督のファーカル（在位1804～05年）に引き継がれた。彼は島の奥地の滝からジョージタウンへ新鮮な水を供給する水道網を構築した。この場合にもインドから流刑囚たちが労働者として利用され、その結果、1805年までにはペナンにおける囚人数は772人に増加した。こうして、ペナンはすでにインド囚人の流刑植民地のひとつとなっていたのである。

　ファーカルの関心は、道路や橋の建設による内陸開発、とりわけジョージタ

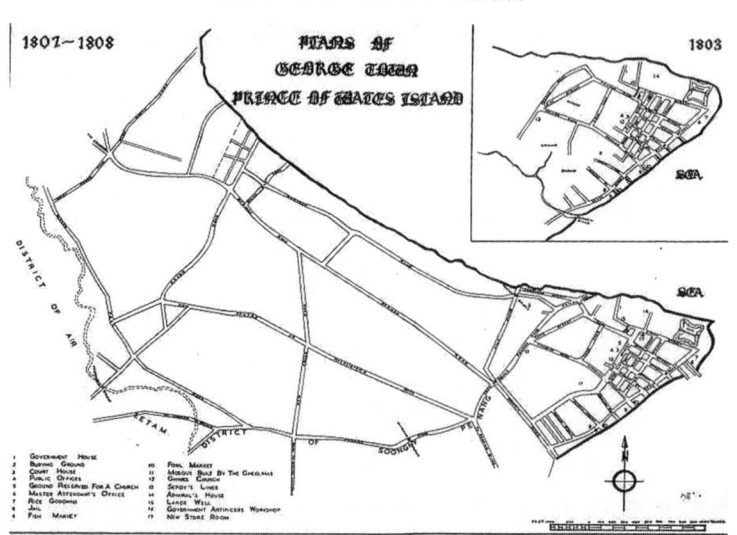

図表4　ジョージタウンの道路網

出典：City Council of Georgetown [1966] *Penang: Past and Present 1786-1963: A Historical Account of the City of George Town since 1786*, Penang: Ganesh Printing Works, 挿絵

ウンから内陸部への交通網の整備にも向けられた。**図表4**で示すように、1803年時点での道路網はジョージタウンの港周辺地区に限定されていたが、その5年後にはジョージタウンとその後背地を直線的に連結する形で建設されていたのである。ファーカルの内陸開発には、蘭領東インド植民地のような香辛料の生産地としてペナンを開発するという1790年代末以来の東インド会社の統治政策が反映し、イギリス私商人や華僑との共同事業としてさまざまな試みが続けられてきたという背景があった。このインフラ建設はペナン経済にとってきわめて重要であり、道路は島内で最も肥沃な作物栽培地、コショウ、クローブ、ナツメグといった香辛料の生産地に伸びるように計画されたのである。内陸部は沼地や湿地も多く、道路や橋を建設することは困難を極めた。雨季での降雨と洪水に備え、道路の建設はその両端に排水の溝を作りながら進められた。ペナンの場合でも、そうした重労働はインドから移送されてきた囚人労働者に割り当てられたのである。

　ペナンのインド流刑囚たちの労働は、インフラの建設や整備のような公共事業を中心に割り当てられたが、実のところ、非常に多様な部門、たとえば各種公共機関、軍隊、病院、倉庫、私邸における清掃人や召使いなどの苦汗労働で多く利用されていた。さらに沼地・街路・林道の清掃もまた、彼らに課された重要な業務であった。以上のことから、ペナンの植民地化にとってインド流刑囚の存在意義は決して小さなものではなかったことを、われわれは改めて認識する必要があろう。

5　おわりに

　本稿で検証したように、流刑囚たちの強制移動は、自由移民や年季契約労働者に匹敵する「労働力」としてのグローバルな移動の流れをつくっていた。囚人を植民地の「労働力」として最大限に有効活用したのは、19世紀においてグローバル帝国を建設したイギリスであった。その代表例には、オーストラリア植民地のイギリス人流刑囚以外にも、とりわけ英領インドからインド洋周辺の英領植民地に移送されたインド人流刑囚たちの存在が挙げられよう。海峡植民

地の都市基盤建設は、まさに彼らの苦役の賜物であった。彼らは、他にもさまざまな職務に就いていた事実から、建設段階におけるペナンやシンガポールの労働力不足を補完する重要な役割をもっていたのである。囚人労働者の存在なしにイギリス帝国の拡大と繁栄はなかったといえるであろう。

〈ファーザーリーディング〉

山田史郎他『近代ヨーロッパの探求① 移民』ミネルヴァ書房、1998年
　19世紀初頭から第一次世界大戦に至るまでの近代ヨーロッパ人の国内移動と海外移動に注目した論文集。

杉原薫『アジア間貿易の形成と構造』ミネルヴァ書房、1996年
　19世紀末から20世紀初頭にかけてのインド人や中国人の海外移動をアジア経済の発展との関連で詳述する論考がある。

サリーナ・ネイズ・ホイト（栗林久美子・山内美奈子訳）『ペナン　都市の歴史』学芸出版社、1996年
　初期ペナンの都市文化を詳しく知ることのできる良書。多くの挿絵も素晴らしい。

III 使うことの〈政治〉

ワードマップ

OPEC (Organization of the Petroleum Exporting Countries)

石油輸出国機構。1960年にイラン、イラク、クウェート、サウジアラビア、ベネズエラの5カ国で結成(現在の加盟国は12カ国)。1970年代に原油公定価格の引き上げに成功し、カルテルとして力を発揮したが、1980年代後半以降は、価格決定権を先物市場に奪われた。機構の目的は、原油価格の安定と加盟国間の原油政策の調整であり、加盟国の原油生産量はOPECの総会で決定されているが、あまり遵守されていない。

(妹尾裕彦)

COP10

国連の定めた国際生物多様性年である2010年に愛知県で開かれた、生物多様性条約第10回締約国会議。「生物多様性の保全」と言えば聞こえが良いが、遺伝「資源」をいかに保全し、その利益をいかに配分するかが焦点となった。自国の資源をいかに守り、あるいはそれをいかに他国が利用できるようにするかをめぐって争われる会議において、国家という枠組みから零れ落ちる自然や人間の声をいかに反映するかは非常に困難な問題である。

(山口治男)

COP15

2009年に開かれた、気候変動枠組条約第15回締約国会議。温室効果ガスの削減目標をめぐって先進国と新興国、発展途上国が激しく対立し、削減目標の合意はおろか、途上国への支援拠出も見送られた。途上国側からは「温暖化対策交渉の中で史上最低」(スーダン代表)と評価される一方で、産業界からの圧力を背中に受ける日本やアメリカといった国からは、安堵のため息と、法的拘束力の回避に成功した「成果」を強調する声が聞かれた。

(山口治男)

コモンズの思想

伝統的な資源管理方法の有用性や、その共同体における重要性を訴えたのがローカル・コモンズ論の強みであったが、それは一方で、「共同体」の境界線という重要な問題も提起した。グローバル化が進展する現在において、熱帯雨林は広く世界と結びついている。誰が、どのような正統性をもって森林の利用に関する決定権を持つのか。あるいは「森は誰のものか」という問いかけ自体が所有権を前提とした思想に染まっているのかもしれない。

(山口治男)

持続可能な森林経営

森林資源を計算可能で科学的かつ合理的に「経営 (management)」しようとするもの。それは発展途上国にとっても「数十億ドル」にも相当する利益を生むとされている。その合理性は世界銀行など先進国を中心とした木材消費国によって生み出される「グリーンサイエンス」によって担保されている。そこで地域住民の慣習的な生活はどのように保護されるだろうか。その眼差しは、植民地を眺めるそれに似ているかもしれない。

(山口治男)

フォーディズム (Fordism)

大量生産、大量消費を可能にした生産システムのモデルのこと。フォード自動車会社においてヘンリー・フォードが行った生産過程と経営の合理化を起源とする。自動車製造の現場では、科学的管理法を応用して、作業時間の規則化とベルトコンベヤーの導入を実現し、流れ作業方式が確立される。労働者はその厳格なルールに従うかわりに、生産高に比例して賃金も上昇するという約束を受け入れた。

(前田幸男)

ネオ・フォーディズム (Neo-Fordism)

大量生産・大量消費型のフォーディズムのモデルが崩壊した後に、その危機を乗り越えようとして登場してきた生産様式モデルのこと。主にアメリカで現れたこの生産様式は、テイラー主義のような科学的管理様式を温存する一方で、フォーディズム的な硬直的賃金や福祉を切り下げて、労働・賃金の市場化・フレキシブル化を徹底して利潤の回復を目指してきた。

(前田幸男)

トヨティズム (Toyotism)

トヨタ自動車が編み出した独自の生産システムのモデルのこと。大企業は必要なだけの部品を発注するが、下請け企業はそれに対して、密な意思疎通を通して柔軟に対応する。そのために、一方でジャスト・イン・タイム方式（その一例としてのカンバン方式）を採用してきた。賃金がフレキシブルに切り下げられる点ではネオ・フォーディズムと同様だが、組織本体と末端の間の密な連携による高い生産性の実現という点では、トヨティズムは卓越しており、ネオ・フォーディ

ズムとは別物として理解される必要がある。　　　　　　　　　　（前田幸男）

ジャスト・イン・タイム方式（JIT方式）

どこまでも「消費者を第一」に考えることで生み出された方式で、「必要な物を、必要な時に、必要なだけ」生産するという考え方を表現したもの。そのために必要な部品だけを発注し、部品在庫を生産会社が持たないことを意味する。その中心は1）作り過ぎのムダ、2）手待ちのムダ、3）運搬のムダ、4）加工のムダ、5）在庫のムダ、6）動作のムダ、7）不良をつくるムダの「7つのムダ」をなくすことである。　　（前田幸男）

埋蔵量

埋蔵量とは、地球に埋まっている資源の総量（総資源量）のことではない。埋蔵量とは、「既発見資源量のうち商業性を有するもの」から「既生産量」を除外した残余のことである。地球上には「未発見の資源」や「既発見だが現時点では商業性がない資源」があるが、これらも、新しく発見されたり、商業性を有するようになると、埋蔵量に計上される。1960年～2005年にかけて、世界の石油埋蔵量は実に4倍以上に増加した。（妹尾裕彦）

メジャー

巨大石油会社のこと。20世紀末に合併・買収（M&A）が相次いだ結果、米エクソンモービル、英蘭ロイヤル・ダッチ・シェル、英BP、米シェブロンの大手4社に集約された。但し世界の原油生産に占めるメジャーのシェアは、4社合計でも1割程度に過ぎない。実はメジャーの主要事業領域は、原油生産ではなく石油精製・販売である。世界の原油生産を主導しているのは、サウジアラムコのような産油国の国営石油企業である。
　　　　　　　　　　　　（妹尾裕彦）

湾岸協力会議

湾岸協力会議（GCC：The Gulf Cooperation Council）は、中東における地域協力機構であり、1981年に結成された。加盟国は、バーレーン、クウェート、オマーン、カタール、サウジアラビア、UAEの6カ国。政治、外交、安全保障などで多様な相互協力が進められているほか、経済面では、域内貿易の自由化や、域外関税の統一（関税同盟）などを実現している。通貨統合も模索されている。
　　　　　　　　　　　　（妹尾裕彦）

第5章

石　油
── 「資源の呪い」とその克服の方向性

妹尾　裕彦

1　産油国は「恵まれた国」なのか？

　石油は、2003年以降、世界の財貿易で最大の金額を誇る品目となっており、その貿易額は、原油価格が史上最高値をつけた2008年には、じつに1兆5047億ドルにも達していた(UNCTAD, UnctadStatによる。なお、この数値に含まれているのは原油のみであり、精製された灯油や重油などは含まれていない)。したがって石油は、その価格が乱高下するとはいえ、産油国に莫大な収入をもたらしていると言える。ちなみに、原油価格の国際指標としては、WTI（ウェスト・テキサス・インターミディエート）先物や、ブレント先物などが代表的である。
　ところで日本は、国内で消費する石油の大半を中東からの輸入に依存しているが、中東産油国のなかには「多額の石油収入のおかげで豊かだ」という印象を与える国がある。このため我が国では、産油国は総じて羨望の対象となりがちだ。だが産油国は、決して恵まれた国というわけではない。
　そもそも、産油国が先進国より豊かだという事実はない。2005年時点の1人当たりGDPで、上位15カ国にランクインする主要産油国は、カタール（4位）のみである。UAE（20位）、クウェート（23位）、ブルネイ（27位）、バーレーン（32位）、サウジアラビア（38位）などは、2005年時点でこそ比較的上位に位置しているが、これとて2003年以降の原油価格の高騰によるものに過ぎず、逆に油価が低迷していた2000年以前の実態は芳しくなかった（図表1）。
　世界182カ国のうち、1980年から継続してデータを得られる147カ国のなか

第5章 石　　油

図表1　各国の1人当たり名目GDP(US＄)(順位は2005年)

		1980	1985	1990	1995	2000	2005
1	ルクセンブルグ	17,774	12,469	33,268	50,515	46,360	80,972
2	ノルウェー	15,576	15,526	27,734	34,098	37,454	65,121
3	アイスランド	14,769	12,139	24,952	26,203	30,824	54,368
4	カタール	32,622	18,555	15,747	15,479	29,290	53,333
5	スイス	17,470	15,491	35,453	44,804	34,802	51,219
6	アイルランド	6,241	5,926	13,621	18,621	25,565	48,871
7	デンマーク	13,627	12,059	26,519	34,927	30,119	47,698
8	アメリカ	12,255	17,701	23,208	27,763	34,776	41,977
9	スウェーデン	15,761	12,676	28,269	28,753	27,736	40,581
10	オランダ	12,606	9,189	19,761	27,188	24,251	39,211
11	イギリス	9,630	8,292	17,782	19,947	25,142	37,851
12	フィンランド	11,118	11,314	28,042	25,597	23,599	37,298
13	オーストリア	10,626	9,001	21,542	30,013	23,935	36,987
14	ベルギー	12,307	8,437	19,784	27,258	22,666	35,866
15	日本	9,074	11,231	24,560	42,076	36,811	35,699
主要産油国							
20	UAE	29,332	19,818	19,515	16,892	23,446	32,927
23	クウェート	20,966	12,671	8,588	17,252	17,013	27,013
27	ブルネイ	n/a	n/a	n/a	16,478	18,477	25,754
32	バーレーン	8,853	8,846	9,433	10,083	11,890	18,323
38	サウジアラビア	17,629	8,733	7,689	7,855	9,216	13,658
40	オマーン	5,285	6,930	7,169	6,596	8,271	12,325
52	リビア	12,791	8,166	7,061	6,790	7,202	7,764
55	赤道ギニア	144	231	295	262	1,321	7,221
58	ガボン	5,722	4,206	6,400	4,655	4,228	6,354
62	ベネズエラ	4,650	3,457	2,482	3,544	4,845	5,453
63	ロシア	n/a	n/a	n/a	2,112	1,768	5,326
78	カザフスタン	n/a	n/a	n/a	1,059	1,229	3,786
87	アルジェリア	2,269	2,754	2,474	1,499	1,800	3,122
93	エクアドル	1,780	1,777	1,023	1,762	1,260	2,814
95	イラン	2,445	1,670	1,559	1,417	1,515	2,746
105	アンゴラ	776	790	1,028	441	685	1,988
111	アゼルバイジャン	n/a	n/a	n/a	315	652	1,570
112	シリア	1,492	2,062	1,015	1,161	1,215	1,557
119	エジプト	552	998	1,760	1,046	1,550	1,270
123	イラク	n/a	n/a	n/a	n/a	n/a	1,124
127	カメルーン	879	927	1,098	677	655	930
133	ナイジェリア	885	331	348	356	388	824
134	イエメン	n/a	n/a	1,046	841	540	798
135	スーダン	530	276	95	262	398	776
141	チャド	148	174	286	219	186	651

出典：IMF, World Economic Outlook Database, April 2009.

で、2000年の1人当たりGDP（名目ベース）が20年前の1980年よりも低下した国が49カ国ある。この49カ国には、OPEC加盟国12カ国のうちデータのないイラクを除いた11カ国中10カ国が含まれている。唯一の例外はベネズエラだが、1980年の4650ドルが2000年には4845ドルになったに過ぎないから、ほぼゼロ成長である。OPEC諸国の1人当たりGDPは、「1980年以降低下し、90年か95年を底としてその後回復するも、2000年になってもなお1980年の水準には戻っていない」というのが一般的なパターンである。これは1980年代と90年代を通じての原油価格の低迷によるものである。一国の経済を石油の生産に依存した石油依存国家では、経

図表2　産油国のHDI順位（2005年）

HDI順位	国名	1人当たりGDP（PPP US＄）順位マイナスHDI順位
30	ブルネイ	−8
33	クウェート	−8
35	カタール	−12
39	UAE	−12
41	バーレーン	−8
56	リビア	4
58	オマーン	−15
61	サウジアラビア	−19
67	ロシア	−9
73	カザフスタン	1
74	ベネズエラ	14
89	エクアドル	21
94	イラン	−23
98	アゼルバイジャン	4
104	アルジェリア	−22
108	シリア	7
112	エジプト	−1
119	ガボン	−35
127	赤道ギニア	−54
144	カメルーン	−13
147	スーダン	−10
153	イエメン	16
158	ナイジェリア	4
162	アンゴラ	−33
170	チャド	−17

出典：UNDP『人間開発報告書2007/2008』古今書院、2008年

済状態（1人当たりGDP）は原油価格の高低に振り回される。石油依存国家の豊かさとは、所詮はこの程度のものに過ぎない。

もちろん、1人当たりGDPで国民の生活状態を推し量るべきではない、という考え方もあろう。そこで、生活の質の測定に優れているとされるUNDP（国連開発計画）の人間開発指数（HDI）を見てみると（図表2）、図表1で取り上げた産油国のうちイラクを除く25カ国（うちOPEC加盟国は11カ国）中17カ国で、HDIの順位が、1人当たりGDP（PPPベース）の順位を下回っている。HDIの順位が、1人当たりGDP（PPPベース）の順位よりも2桁以上のプラスとなっているOPEC諸国は、ベネズエラとエクアドルの2カ国のみである。つまり石油依存国家は、石油収入がある割には、国民生活の質を向上させることに成功していない場合が多い。

石油収入の変動と経済成長率の低迷

原油価格の変動からすれば当然のことだが、石油依存国家の石油収入は大きく増減する。アメリカエネルギー省（DOE）のエネルギー情報局（EIA）によれば、1980年に2767億ドルを記録したOPEC諸国の石油収入は、83年には半減して1382億ドルに、86年にはさらに半減して680億ドルまで落ち込んだ。1980年の水準を回復したのは、ようやく2004年（3362億ドル）のことであった（コラ

ムも参照)。単年毎の増減も激しく、1979年から2008年までの間に、OPEC諸国の石油収入が前年比1割以内の増減で収まったのは、わずか6回(6年)に過ぎない。

図表3　OPEC諸国と世界のGDP成長率(5年平均)

	1980-84	1985-89	1990-94	1995-99	2000-04	2005-07
OPEC諸国	−0.1	1.2	2.2	3.2	5.9	7.6
世界	2.5	3.8	2.4	3.4	3.7	4.9

出典:IMF, World Economic Outlook Database, April 2009.

また、OPEC諸国のGDP成長率と、世界のGDP成長率とを5年平均で比較した場合、1980年から1999年までは一貫してOPEC諸国の方が低かった(**図表3**)。これが逆転したのは、原油価格が上昇しはじめた2000年代に入ってからのことである。つまり石油依存国家は長い間、世界の経済成長のペースに遅れていた。

2　「資源の呪い」——レント産業への偏重に伴う政治的・経済的歪み

産油国は決して恵まれているとは言えない。それどころか、豊富な天然資源を有する国では、その生産・輸出に伴い特有の政治的・経済的諸問題——「資源の呪い」(Resource curse)——が発生しやすいことに、近年、注目が集まっている。以下では、石油がもたらす「資源の呪い」という問題の構造を、経済面と政治面から把握した上で、その克服の方向性を検討してみよう(なお、各国毎の実情については、章末に掲げた文献を参照して欲しい)。

経済構造多角化の失敗とオランダ病

石油依存国家では、経済構造の多角化が進んでいない。一国の輸出に占める石油の比率は一向に低下しておらず、逆に近年上昇している国が多い。石油生産で稼いだ収入を用いて石油以外の産業への投資を進め、それを発展させることができていないのは、なぜなのだろうか。

ある国で天然資源が多量に産出され、その大半が輸出に回されて資源輸出額が急増すると、為替レート(実質為替レート)は切り上がる。この結果、輸出が不利になる一方で、輸入が有利になるので、貿易財の輸入が促進される。つま

り農業や製造業が安価な輸入財に淘汰され、これらの生産活動が停滞する。このため資本は、貿易の影響を受けにくいサービス業や外国投資に向かいがちとなる。このメカニズムは、「オランダ病」(Dutch disease) と呼ばれている（第2次大戦後に天然ガスが発見・生産されたオランダでの経済的変化に由来）。

もちろん、天然資源採掘産業やそれに関連した一部の産業では生産が拡大する。しかし、その効果は限定的である。第1に、輸送、飲食、サービスといった産業は確かに発展するものの、資源価格が低迷すると、この産業の需要はたちまち減退する。つまり好況は持続せず、一時的なものにとどまる。他方で農業や製造業は、為替レートの上昇によるダメージを受けて一度衰退してしまえば、容易には復興しえない。第2に、天然資源採掘産業は、繊維産業のような労働集約型産業とは対照的に、売上高の割に雇用規模の小さい資本集約型産業である。したがって、天然資源採掘産業の生産が増加しても、雇用の増加規模は限られているから、農業や製造業の衰退で失われた雇用をこの産業が吸収し尽くすことは、不可能である。

石油収入の浪費

地下資源の権益は通常、国家の支配・管理下にある（顕著な例外はアメリカ）。よって、石油の生産がひとたび開始されると、莫大な石油収入（採掘権料、配当、税など）が国庫に転がり込むことになる。問題は、この「棚ボタ収入」(Windfall gain) による歳入増が、何に使われるかである。灌漑整備や教育・医療など、投資効果の見込まれる有意義な分野に投じられれば良いが、必ずそうなるとは限らない。政府は国民の歓心を買うために石油収入を利用した大盤振る舞いを始めがちだし、国民もそれを求めがちなので、産油国では、稼動率の低い工場や非効率なインフラ整備など、ずさんな投資プロジェクトが乱立しやすい。

かくて浪費癖が強まると、年々の石油収入だけでは膨張した支出を賄えなくなるので、将来もたらされるはずの石油収入を担保に、海外の金融機関から融資を引き出す国もある。だが原油価格が低迷すると、見込みどおりには石油収入を得られなくなる。こうなると、石油収入がありながら、債務の返済に追われることになる。最悪の浪費は軍事費の増大で、これは内戦や諸外国との緊張

を招きかねない。

非課税と非民主的政体

　産油国の政体は、非民主的であることが多い。これは石油収入の性質から説明される。

　非産油国での主な収入（歳入）は、国民が納める税である。国民は、苦労して得た収入から税を納めるのだから、それが政府によって適切に活用されているか否かを監視しようとする。そして、もし適切に活用されていないと考えられる場合には、支出（歳出）の変更を迫るべく、税の活用を司る政府を、投票行動で変えようとする。「代表なくして課税なし」という有名な言葉のとおり、近代国家では、国民は議会に代表を送り込むことを条件に、課税に応じる。議会とは税の使途を決定する場であり、課税と議会制民主主義はセットである。

　ところが産油国での主な歳入は、税ではなく石油収入、つまりレント（供給の限られた土地の希少性に支払われる地代）である。国民にとっては、自らが拠出したお金ではないから、それが政府によって適切に活用されているか否かを監視するインセンティブ（動機）は低くなる。そして、課税されなければ（または課税額が極端に低ければ）、税の使途を予算として決定する議会を求める要求自体が高まりにくく、そこに代表を送り込んで政治をコントロールしようとするインセンティブも生じにくい。つまり産油国では、石油というレント収入に依存し課税がなされないことから、その使途をチェックしようとする議会政治が発展しにくく、非民主的政体がはびこりやすくなるのである。

汚職と腐敗

　議会のチェックがない中で、石油収入が厳格に管理され、公平かつ適切に支出されるというのは見込み薄である。産油国では、権力者が石油収入を横領・着服することが、日常茶飯事である。また、外国の石油企業に採掘等の権利を付与する際に、権力者が賄賂を要求するケースもある。さらに、将来の石油収入を担保に、海外の金融機関から融資を引き出し、その一部を横領・着服することも行なわれている。このように、石油収入が単に浪費されるだけではなく

横領・着服されるようになると、人々が石油収入の恩恵に与る機会は限定されるか、ほとんどなくなる。

　権力者の不正な蓄財は、国民に極端な所得格差をもたらす。これは、貧困層を中心にして、富裕層への羨望や嫉妬を強め、政治的緊張を高める。また権力者による不正な蓄財の規模が大きい場合には、石油収入の割には国庫が潤わないから、バラマキ的な政策（例：教育・医療の無償化など）さえ発動されず、多数の国民が貧困に喘ぐことにもなる。

クーデター・内戦・軍備増強

　産油国の政治的課題が、汚職と腐敗にとどまればまだ良い方である。石油収入が権力者に横領・着服されているならば、権力の座に就くことで石油収入を掠め取ろうと考える者が出てきても不思議ではない。ただし非民主主義国では、選挙を通じて権力を獲得することは難しい。かくて産油国では、クーデターや内戦が珍しくない。とは言え権力者の側も、石油収入を掠め取る「権益」をむやみに放棄するわけがない。クーデターや内戦で権力の座から追われることのないよう、護衛隊や国軍を強化して敵対勢力との対決に備えようとするし、それ以前の問題として、敵対勢力への政治的弾圧や人権侵害なども発生しやすい。

　軍事費が増大すれば、教育や保健といった社会開発分野への支出は滞りがちとなり、投資も低調となる。当然、経済発展が進まないので、石油収入を掠め取ることのできる権力の座を一攫千金的に狙おうとするインセンティブは強まる。こうしてクーデターや内戦のリスクが高まる。

　歳入の基本が税であれば、「代表なくして課税なし」のとおり、民主的な政体が希求される。民主的な政体の下では、国民は自らが納めた税の使途に関心を持つから、権力者が税を横領・着服することは難しいし、もしそれが発覚すれば、権力の座から滑り落ちる可能性が高い。ところが歳入の基本が石油収入の場合、それは国民が納めた税ではないから、権力者がこれを横領・着服したとしても、国民は自らの懐が痛むわけではない。この「自らの懐が痛むわけではない」という点がポイントで、自分のお金（税）であれば、国民はその適切

な支出を求めて民主的な政体を志向するのに、自分の懐が痛むわけではないレント（石油収入）であれば、民主的な政体による支出のチェックや管理を求めるのではなく、むしろ他人を押しのけてでもその分け前に不正に与ろうとする者が、国民の中に一定程度は出てきてしまう。実際、石油収入の横領・着服の恩恵に与っているのは、権力者やその家族だけではない。権力者から便益を提供される一部の国民も、石油にまつわる汚職・腐敗の間接的な受益者である。

また、権力者を頂点とした受益者層と、恩恵に与れない層とが地域的に分断される場合、内戦のリスクが高まる。民族や宗教、人種の違いに起因するとされる内戦の中には、こうした背景構造を持つものが少なくない。つまり民族や宗教、人種の違いではなく、石油から得られる便益が地域間で大きく違うことが、対立と紛争を引き起こすのであって、「民族」「宗教」「人種」といった概念は、人々の間に対立を際立たせるために利用されているという側面がある。

いずれにしても産油国では、政治が石油収入というレントの奪い合いに終始しがちとなる。石油収入の支配をめぐって、産油国では圧政、汚職、腐敗が蔓延し、治安が悪化し、政治が不安定化する。そしてこの争奪戦（内戦）を遂行し打ち勝つために、石油収入が、軍備増強や戦争資金に投じられている。

3 どうすれば良いのか？——石油収入の透明化と有効な活用に向けて

「資源の呪い」を克服するにはどうすれば良いのか。ここでは、この問題を克服しようとする取り組みの中から、さしあたり3つの方向性を取り上げよう。

石油収入の透明性を確保する

国際NGOのグローバル・ウィットネスは1999年に「Publish What You Pay」（PWYP：支払ったものを公表せよ）というキャンペーンを開始した。これは、各石油会社に対して、産油国政府に支払った権利料や税などの額を公表するよう求める運動である。各石油会社によって、それぞれの産油国に支払われた額が公表され、これらが産油国毎に企業を跨って合算されれば、石油会社から各産油国への支払総額が判明する。これと産油国が公表する石油収入とを突き合わ

せれば、資金の流れが透明化されるので、権力者による横領・着服を防げるはずだ、というのがPWYPの基本的な発想である。

この提案を発展させる形で、イギリスのブレア首相（当時）は2002年に、採掘産業の資金の流れの透明化を目指す「採掘産業透明性イニシアティブ」(EITI)を提唱した。企業は資源採掘のための資源国への支払額を公表し、また資源国は採掘企業からの受取額を公表するというEITIの基本的な発想は、PWYPと違わない。2003年には第1回のEITI会議がイギリスで開催され、資源国の収入の透明化に向けたEITI原則が採択された。現在、EITIはイギリスの国際開発省が事務局を担っており、これを欧州各国、世界銀行（世銀）・IMF、資源採掘企業・業界団体、NGOなども支援している。EITIによって収入を明らかにすべきとされている対象国は30カ国に上るが、実際に監査証明が付された資源収入を公表した国はまだ少なく、今後の進展が望まれる。

石油収入を有効に活用する

石油収入の適切な管理とあわせて、支出面の改革も必要である。石油収入が有効に活用されていないので、保健サービスや教育などが発達せず、よって国民生活も改善しないという産油国が、少なくないからだ。

この支出改革の事例のひとつに、チャドの石油開発プロジェクトがある。内陸国チャド南部ドーバ地域の石油を生産・輸出するには、隣国カメルーンの港に至るパイプラインの建設が必要であった。この建設費用を融資したのが世銀だが、同行はチャドが石油収入の一定割合を社会開発分野に配分することを条件に、融資を実行した。すなわち、石油採掘権料と配当の90％を石油収入特別勘定に計上し、このうち採掘権料の80％と配当の85％を、保健・社会サービス、教育、インフラ、農村開発、環境・水資源という優先分野に支出し、採掘権料の5％をドーバ地域に還元すること、残る採掘権料と配当の15％を政府の経常的な支出とすることなどを定めた「石油歳出管理法」をチャド政府が制定することを、融資の条件としたのである。こうして融資された資金で建設されたパイプラインによって、チャドは2003年10月に初めて石油を出荷できた。

だがチャド政府はその後、優先分野への支出配分を減らすべく石油歳出管理

法を改正してしまった。パイプライン建設費用の融資を梃子にした世銀による支出改革は、骨抜きにされたのである。2008年9月、世銀はこのプロジェクトから手を引くことを発表した。

こうしたなか世銀は、石油を含む資源収入の適切な管理と有効な活用を促す枠組みとして、「EITI＋＋」というプログラムを2008年にスタートさせた。これは、世銀が中心となって、資源国が資源開発をめぐる諸課題（採掘権料や税の徴収、持続的な成長と貧困削減に向けた支出の有効な活用など）に適切に対応できるよう支援しよう、というものである。なお世銀によれば、これはEITIの代替ではなく、EITIを補完するものである。

石油収入の変動を平準化しつつ、浪費やオランダ病を防ぐ

石油収入のすべてを短期間で使い切るのではなく、ファンド（基金）を創設し収入の一部を貯えておくことには、多くのメリットがある。第1に、原油価格が低落した際にそれを取り崩せば、石油収入の平準化を図れる。第2に、適切な投資案件が見当たらない場合に、無理に使い切ろうとする浪費圧力を回避できる。第3に、外貨建ての石油収入を国内に流入させず、海外の株式、債券、預金などに投資することで、オランダ病を防ぐことも可能になる。これは、経済規模が小さく国内投資先が限定される国において、とりわけ有効である。

この種のファンドは、クウェート、カタール、UAEなどの中東の産油国には既に存在するが、資金運用額や運用方針が不透明・不明確という欠点があり、これでは、収入と支出の適切な管理という点で、逆効果にさえなりかねない。例外はノルウェーの「政府年金基金」で、このファンドは運用方針、資産内容、利回り等の情報を積極的に公開しており、透明性が高い。政府年金基金は、ノルウェー政府の石油関連収入の8割を運用しているとされている。

つまりは、既に石油収入を管理するファンドを設立済の諸国にとっては、運用の透明性や説明責任の確保が課題である。他方で、ファンドを運営するには高度な金融知識やマネジメントの確立が必要であり、これは中東諸国には可能であっても、他の産油国にとってはハードルの高い課題であろう。したがって、こうした諸国のファンドの設立と運用については、時に国際的な支援も必

要となろう。

> 〈コラム〉 外国人労働者を多用した小国産油国の「豊かさ」
>
> 　OPEC諸国の1人当たり石油収入は、原油価格が市場最高値をつけた2008年でさえ、2688ドルに過ぎない（名目ベース）。ただしクウェート、カタール、UAEの3カ国には、原油価格の高騰時には、年に1万ドルを超える1人当たり石油収入が転がり込む。なぜか。3カ国とも総人口が少ないからである（クウェートは344万人、カタールは160万人、UAEは410万人）。しかも自国民はいずれもこの3分の1以下であり、総人口の過半を外国人労働者が占めている。つまりこれら諸国の「豊かさ」は、出稼ぎ労働者を低賃金で雇いつつ、総人口の割に少ない自国民に富を集中的に配分することで、もたらされていると言える。これは、人口の多い産油国には到底真似できない分配モデルだろう。

〈ファーザーリーディング〉

ポール・コリアー（中谷和男訳）『最底辺の10億人　最も貧しい国々のために本当になすべきことは何か？』日経BP社、2008年
　資源の呪いの構図と、その対処法に関する提案についての記述がある。

トビー・シェリー（酒井泰介訳）『石油をめぐる世界紛争地図』東洋経済新報社、2005年
　石油をめぐる国際政治経済の諸問題が、多面的に論じられている。

白戸圭一『ルポ資源大陸アフリカ　暴力が結ぶ貧困と繁栄』東洋経済新報社、2009年
　アフリカの産油国が抱えている諸問題のルポルタージュ。

第**6**章

自　動　車
──戦争・文化・環境を連動させる近代的矛盾の装置

前田　幸男

1　なぜ石油なのか？

　国際政治の文脈では、アメリカが石油を確保するために中東を支配していることを指摘する者はいても、なぜアメリカが石油を必要とするのかを語る者は少ない。なぜなら、それは国内問題だと考えられているか、もしくはあまり知られていないからである。しかし、この石油の背後には車が存在していることは今一度考える必要があるだろう。この点、アーレントは1975年に「人々の移動手段を提供するためではなく、雇用を維持するために、われわれは車を生産しなければならないという考え方は、ほぼすべての人々が受け入れている」と述べている。
　たしかにこうした「常識」は、皆の日常生活に浸透してきたといっていい。アメリカに典型的に存在する車と経済の関係を知ることは重要だとしても、それだけではその全貌を十分に理解することにはならない。むしろ、これに加えて、今日ではこのシステムを温存するために、安全保障・大衆文化・環境という分野までもが総動員されていることまで視野に入れなければならない。したがって、本章では、こうした車と経済のシステムが、様々な分野を飲み込みながら膨張してきたプロセスを論ずることで、自動車と人々の切っても切り離せない関係性について考察する。
　アメリカ国内の石油消費量は着実に増加しており、2007年には一日当たり、2,068バーレル（328,812リットル）で世界の約23.9％を占め、二位の中国の9.3％、三

Ⅲ　使うことの〈政治〉

図表 1　アメリカの年間石油輸入量

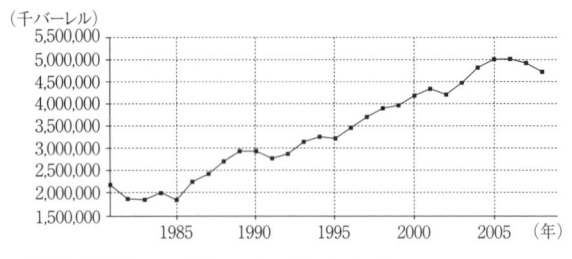

(千バーレル)

出典：U. S. Energy Information Administration

位の日本の5.8％を抑え、圧倒的である(CIA World Factbook, 2009)。アメリカの石油輸入量も図表1のように着実に増加してきたが、今後BRICs（ブラジル・ロシア・インドおよび中国）はもちろんのことアジアやアフリカなどでも、石油消費量の増加が予測されていることを考えると、現状の石油輸入依存型のアメリカ経済は破綻することになる。これに関連して、アメリカ国内での二酸化炭素（CO_2）排出分野の第一位は電気を生み出すための火力発電などが約42％で、第二位は運輸関連の約31％である（EPA 2007統計より）。運輸関連がCO_2排出量の3割を占めている背景として、アメリカでは他国に比べて地下鉄や鉄道といった公共交通機関が未発達であり、自動車が依然として主要な移動手段であり続けていることが挙げられる。確かに、アメリカは地理的にも広大な土地を有しており、目的地間の距離が遠いという条件下で、資本循環を進めるならば、車という移動手段への依存度は高まらざるをえないだろう。それゆえ、国際政治における石油確保という目標は、アメリカ国民の生活の中心を占めており、「車社会」アメリカにとってその確保は死活問題なのである。ただし、アメリカも現在のような状況に必然的になったわけではない。それは1980年代以降、日本やEUのように厳しい環境規制に向かうことなく、徹底した石油依存脱却を目指さなかったその結果といえる。次節ではこの歴史的な経緯を見ることから始めたい。

2　規制と産業——乗用車とライト・トラックの区別

　因果の連鎖とは皮肉なものである。1970年代初頭の石油ショックによる石油価格高騰を受けて、議会は1975年にエネルギー政策保護法（Energy Policy Conservation Act of 1975）を成立させ、自動車の燃費効率に関するガイドライン

を設定した。そこでは「企業平均燃料節約（Corporate Average Fuel Economy：以下、CAFE）」基準が設定され、乗用車に関しては1978年の1ガロンあたり18.0マイル（1リットルあたり7.7km）の基準を起点に1985年までに1ガロンあたり27.5マイル（1リットルあたり約11.6km）は走る車を作らなければならなくなった。

その目的は、燃費効率のよい乗用車を市場に流通させることだったが、他方で、CAFE基準は乗用車（passenger cars）とライト・トラック（light trucks）を区別した。ライト・トラックとは、①SUV、②バン、③ピックアップトラックが含まれる米国の自動車車種の総称をいう。①SUVは未舗装道路でも自由に走り、容量も大きいレジャー向けの高級車である（日本からの輸出車でいえばトヨタのRAV4やランドクルーザー、日産のテラノワゴン、ホンダのCR-Vなど）。②バンはクライスラーが最初に開発した、多数の人々が乗車可能な家族向きの車である（ホンダのオデッセイはミニバン）。③ピックアップトラックに対応する日本車はないが、それは日本のボンネットつき小型トラックで荷台がむき出しの車に近い。

このCAFE基準のうち、厳しい燃費効率の基準が適用されたのは前者に対してだけだった。また、アメリカでは乗用車の輸入関税がわずか2.5％（日本は０％）であるのに対して、米国内での強力なロビイング活動の結果もあり40年以上にわたってライト・トラックには25.0％の輸入関税がかかってきた。こうしたことからアメリカでは燃費効率を上げなくてもよいニッチ産業としてライト・トラック産業が発展してきたのである。ただし、このCAFE基準値は2009年まで持続するが、ブッシュ政権期に見直され、2007年にエネルギー自給・安全保障法が成立した。

これにより2020年までに1ガロン当たり35マイル（14.9km/ℓ）の基準を目指すことになり、この分野は近年大きな転換期を迎えているが、それが環境保護型政治経済構造へのラディカルな転換なのか、それとも後に述べるように帝国による戦争のための乗り物というジャンルを延命する手当てなのかを見極めるためには今後この推移を注視していく必要があるだろう。この点、**図表2**を見れば明らかだが、アメリカにおけるライト・トラックの年間販売台数は着実に増加し、2003年には乗用車の販売台数を超えている。その後若干減少しているものの、両車の販売台数が拮抗していることには変わりはない。ライト・トラッ

図表2　乗用車とライト・トラックの年間販売台数比較（1985-2008）

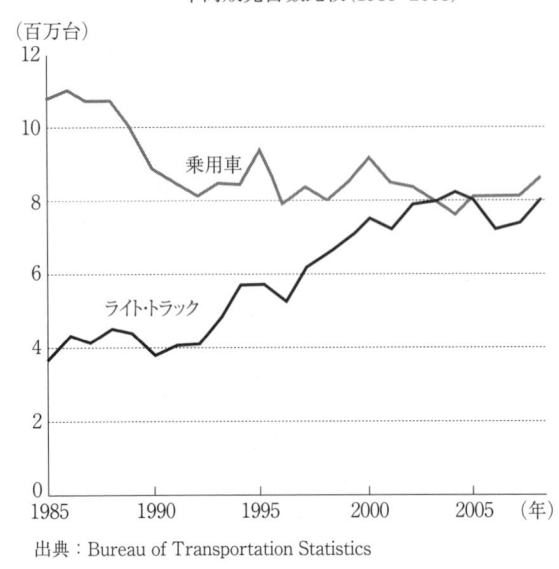

出典：Bureau of Transportation Statistics

クはこれまでの技術を使用することで生産が可能なため、短期的には技術革新のコストが必要とされず、アメリカの3大メーカーはその構造を維持したまま現在まで来たといってよい。ライト・トラックはサイズも大きく、燃費効率の悪い車であり、関税という特殊条件が働き、アメリカでは売れても国際競争力はまったくなかったということである。

　この点、皮肉にも自由競争を信条とするアメリカの中にあって、規制に守られてきたゼネラルモーターズ（以下、GM）は競争に敗れるべく、破滅への道を突き進んできたといわざるをえない。GMは、1920年代にはオートローンを発明し、低所得者層にも自動車を持たせることに成功し、フォードを早々に抜いて販売台数を飛躍的に増加させ、1950年代には名実ともに世界最大の企業となった。しかし、2008年には世界第一位の販売台数の座もトヨタに譲り、2009年に経営破綻した。GMはその最期、北米（カナダ・メキシコ含む）で抱えていた従業員数は、数十年にわたるリストラクチャリングの結果、たった3万5千人だった。1979年のGMの従業員がアメリカ国内だけで62万人、世界全体では85万人もいたことを考えると隔世の感がある。その間、GMは「競争力」を高めるためトヨタのジャスト・イン・タイム方式の生産やカンバン方式について学びながら、フルタイムの従業員を削減し、徹底したアウトソーシングや下請け化を進めた結果、すでに本体に雇用吸収力は無くなっていたのである。期せずして自動車貿易摩擦は決して生じない仕組みへと組みかえられてきたのであ

る。それは、日本の自動車企業がアメリカの人々を現地で雇っているからという理由以上に、アメリカ国民がもはや正規雇用の枠内にとどめ置かれることなく、不安定な労働市場へと投げ出されてきたからである。労働保障なき状態で国産車への誇りだけを持つことはいかにして可能なのだろうか。

結果的に、上記のような産業構造の転換を考えると、2008年にオバマ政権が進めたGM救済は、労働者（＝国民）の救済には直接にはつながらなかったといっていい。しかし、貯めた資産を金融商品に変えてGMの株を持つ人々は救済された。これが今日、政府の打ち出すどのような企業救済策に対しても労働者としての国民が満足を示さず、その代わりに相対的剥奪感を味わいながら、政治不信を示す構造を構成しているのである。政治が高貴なものであることをもはや望むべくもなく、反対に政治が忌み嫌われる時代を現代の自動車生産―株式構造が支えることになっているのである。

3 軍・産・文化複合体

ここまでは石油資源の需要面、および規制の政治経済学という視点から、車産業についてアメリカが抱える負の側面について接近してきたが、以下ではそれらが戦争と文化によって個別的に全体的に支えられており、その集合体（assemblage）について論ずる。

戦争から日常へのシフト

そもそもライト・トラックがアメリカでかなりの程度普及しているという事実は、元を辿れば戦争を出発点にしていることを確認しておく必要があるだろう。ライト・トラックの草分けは、まぎれもなくジープである。第二次世界大戦が幕を閉じ、戦場で活躍したジープは、国内で民間に転用されることになった。その後1970年代初頭にもジープが普及する契機を迎える。ベトナム戦争である。逆説的だが、ベトナムでのトラウマとそれに対する嫌悪が、アメリカ内部でのマッチョな文化の凝集へとつながっていく。その象徴が、ジープだったといっていい。その後、ライト・トラックの高級車の部類に入るSUVとしては

Ⅲ　使うことの〈政治〉

　1986年にジオ・トラッカー（GM-スズキ）、1990年にエクスプローラー［探検者］（フォード）、2000年にエスケープ［脱出］（フォード）、2001年にトレイルブレイザー［開拓者］（シボレー）などが次々と販売された。車名にも明らかなように、西部開拓時代を思わせるものや都会での生活から逃れるといったイメージ戦略を展開している。オフロードでの使用にも耐える仕様ではあるが、その所有者の8割が都市部に住んでいるといわれている。日頃はオフィスでの仕事に従事しつつも、余暇は都会の喧騒から離れませんかというわけだ。
　次に、メディア文化が自動車の生産・購入のシーンを経由して政治経済構造に与える影響を見ておこう。

アメリカは世界内戦の最前線だ！──戦争、文化、恐怖

　アメリカでは、周知のとおり銃の所持が許されており、国内での犯罪対策をどのように行うのかは国民には死活問題だといえる。ライト・トラックは外部からの脅威に対応できるだけの頑丈な装甲となっている。意外に感じられるかもしれないが、この特徴を好んで購入する消費者の多くは女性である。男らしさを売りにする車を女性が購入して、サイボーグへと変化しつつ犯罪に対抗するという構えは、ジェンダーの支配的構造を再生産するという意味で皮肉以外のなにものでもない。銃犯罪の多い都市部は危険地帯として認識され、「鉄の塊」は動くゲイティッド・コミュニティーへと化す。このことは西部開拓を連想させる車名と矛盾するように見える。というのも、ここでのライト・トラックは専ら都市を縦横無尽に走破しているからである。しかし実際は、「不安全な世界（＝戦場）」を、安全な空間を確保しながら移動するというコンセプトで車が販売・購入されている事実を思い出すべきだろう。このことはまさしく都市が「陣地戦」ではなく、「機動戦」の最前線へと変貌を遂げていることの証左であり、しかも売買に関わる者たちにはそのことがまったく矛盾なく内面化されているのである。
　上記のような状況に追い打ちをかけるように、世界では地球温暖化が叫ばれる中、アメリカでは2001年9月11日の同時多発テロが起こる。それ以降、環境対策とはあからさまに逆行する形で上記のような安全保障の確保のためのライ

ト・トラック購入の流れが頂点に達する。例えば、ライト・トラックのハマー (Hummer: GM) の販売促進の謳い文句が「小惑星が地球に衝突して、文明が滅びようとも、準備はできている」であった。この時期以降、ハリウッド映画に、(1)異星人と戦う地球人、いやアメリカ人をテーマにした映画 (例えば、「宇宙戦争」(2005) や「クローバーフィールド」(2008))、(2)人類滅亡を題材にした映画 (例えば、「アイ・アム・レジェンド」(2007))、さらには(3)テロリストと戦う場面を含むシリーズもの (「トゥエンティフォー」(2001～)) がとりわけ多かったことを思い出してみよう。驚くべきは、上記に挙げたどの映画にも、米軍が使用している高機動多用途装輪車両である「ハンヴィー (HMMWV, Humvee: High Mobility Multipurpose Wheeled Vehicle)」が登場している点である。ハンヴィーは1985年に量産が開始され、その後も改良を繰り返しながら普及していく。湾岸戦争やソマリア内戦などで、米軍の兵士によって使用されたのだが、その後本国に帰還した兵士向けに、使い慣れたハンヴィーの延長として、民生用として登場して重宝されたのがハマーであった。そもそもはアーノルド・シュワルツネッガーの要望により民生用として生産が開始されたこのハマーも、まさに男らしさや強烈なアイデンティティを象徴するような存在となっていく。こうした理由から、退役軍人の間でハマーは普及していく。またラッパーの黒人などにも、公共空間で受ける差別から身を守り、逆にあからさまな人種的アイデンティティ表明の道具として浸透していく。いずれにせよGMによる国産車ハマーの購入者は、愛国者というラベリングを手にする装置としても機能することとなる。

　犯罪なりテロなり、日常レベルで国民の生活を脅かす「なにものか (something, someone)」への「恐怖」が増幅する中で、メディア経由のフィクションとノン・フィクションが融合し、スペクタクルを創り出し、それがさらなる恐怖の増幅へとつながっていく。こうした恐怖の文化が消費者をライト・トラック購入へと駆り立てたという側面は無視できない。これこそ文化 (アメリカでの支配的思考様式としてのヘゲモニー) が政治経済構造を創り出しているのであり、車の「モノ語り」は「物語り」によって成立するということを示唆している。もちろん注意が必要なのはここでいう「文化」が、アメリカを表わす均質的で一枚岩的な「文化」では決してないということである。ここではこの大衆

文化とそれを体現する車が、持たざる者を自己実現という「美徳」と欲望という名の「情動」を通して人々を兵士へと仕立て上げるための装置なのであり、ほぼ脱出不可能な仕掛けになっているのである。こうしてライト・トラックのユーザーは、コストがかからないどころか、利益を生み出す産業予備軍ならぬ戦争予備軍となる。

安全保障という逆説──自動車編

　以上のようにセキュリティー問題を経由して、国際政治の問題が、個人の日常での自動車購入の選択肢形成という問題へと滑り込んでいることがわかる。そこではサイズが大きかったり、重量のある車を買えば、安全と安心を手に入れることができると考えられているわけだが、そうした想定そのものがいわば神話だということについて検討する。

　まず乗車する人々の安全保障の逆説について。ライト・トラックは交通事故を起こした際に、通常の乗用車よりも転倒する確率が高いのである。その理由は車高にある。ライト・トラックが地上からの高さゆえに、通常の車よりも視界を広げることから目で確認できるという意味で安心感を与えるという。しかし、死亡事故の約3分の1を構成する車の転倒事故において、乗用車の場合よりもライト・トラックの場合の方が、乗員の死亡率は3倍高くなるのである。

　確かに、転倒事故でない他車との接触事故などの場合のライト・トラック乗員の安全性は高まる。しかし、それと引き換えに衝突された乗用車の乗員の死亡率は29倍になるという。さらにその車体の高さゆえに走行時、至近距離の歩行者の存在を見落とすことで事故へとつながる確率は、乗用車の場合より高まるだろう。灯台もと暗しとはよくいったものであり、これはいわば「まなざしの勾配」が高すぎるがゆえに起こる犠牲なのだ。ただし、高性能SUVの場合は、後部にカメラを搭載しており、車の周辺を肉眼ではなくモニターを通して監視することができる。これが戦場における戦車と生身の人間の関係性とクロスオーバーするのは私だけだろうか。

　こうして新手のモビルスーツは「転倒事故の多さ」と「死亡率の高さ」いう事実に足元をすくわれてあっけなく幕引きとなるはずなのだが、アメリカの自

動車業界はこの公然の秘密を貫き通している。この事実から保険料は乗用車よりも高く設定されているにもかかわらずである。むしろこうした状況は、一方で今後は燃費効率を上げつつ、他方で犯罪・テロ・戦争といったものへの不安を「取り除く」秘密兵器としてのイメージ戦略により延命されていくのではないだろうか。

4 二つの「エコ」をめぐる自動車業界の競争激化

　以上のような、アメリカの自動車業界で展開されてきた神話は、現在二つの方向から根源的な挑戦を受けている。一つが、エコカーであり、もう一つが、格安自動車である。

　第一の挑戦は、アメリカ国内でさえ露骨で放縦な石油依存が継続困難なことから、「環境配慮型」自動車へのシフトが待ち構えているという点である。つまり、常に生産者も消費者も「エコ」を意識していくことが政治経済を機能させることになるという、いわゆる「環境性 (environmentality)」が日常生活に浸透してくることは明らかだろう。というのも、それが法改正と制度変更によって、エコカー化に向けたヘゲモニー闘争が各社によって展開されているからである。この点、アメリカは2025年までに1ガロンあたり42マイル走るようになれば、現在の石油消費量の4分の1は削減できるといわれている。しかし、近年その「エコ」を電気自動車で実現するのか、しばしば究極のエコと呼ばれるバイオエタノールを燃料とするハイブリッド・カー (EHV) で実現するのかで、われわれは大きな分岐点に立っていることを忘れてはならない。つまり、第1節でも指摘したように、CO_2排出の原因の第一位は電気を生み出すことにあり、電気自動車の普及は運輸関係のCO_2排出比率を、第一位に付け替えるだけなのである。しかし、なぜ電気自動車なのか。それは電気自動車に電力を供給するためのインフラ整備に莫大な資本循環を見込めるからである。エネルギーと自動車をめぐる社会編成問題は、われわれに資本循環に対してどのような姿勢で臨むのかを問いかけているのである。

　他方、地政学的な資源の呪いがエコカーの領域にも深刻な問題を投げかけて

いる。いわゆるレアアース（希土類）問題である。エコカーはガソリンの代わりに磁石を利用してモーターを回すのだが、その磁石はレアアースと呼ばれるレアメタルで作る。しかし、そのレアアースは、現在90％以上が中国南部の鉱山でしかとれないといわれており、今後、世界がエコカー・ヘゲモニーへとシフトするとすれば、その消費需要が潜在的に中国のさらなる飛躍を暗示しているともいえる。この点、近年中国はレアメタルの乱獲を理由に輸出許可枠を減らしており、そのことを欧米はWTOに自由貿易協定違反として提訴するという構図となっている。「環境保護」と「自由貿易」という価値の対立が起こっているように見えるが、実際は、ルール構築を含む、消費者の車の購入選好の作られ方に権力が作動しているのである。その意味で、今後の世界政治の構造変動の方向性を見極めるためには、短期・中期・長期のそれぞれのスパンでどのような車種が、どのような制度環境の下で、どのような企業と消費者によって売買されているのかを注視する必要があるだろう。

　なお、先に触れたGMは2009年6月1日に連邦破産法11条が適用され、ハマー・ブランドを製造工程も含めて中国四川省の民間企業である騰中重工へ譲渡合意することとなった。この中国に、かつて栄華を極めたGMが分割され、生産の一部と戦争の象徴が渡ることが、文字通り「愛国車／者」をめぐっての帝国の再編へとなりかねなかったが、結局、中国へのハマー・ブランドの売却は、中国政府の承認が下りず、2010年2月に白紙撤回されることとなった。

　世界中に都市が増殖している現在、荒野や平原での戦争を想定して作られた戦車は、そうした都市内での「機動戦」には使い勝手が悪い。実際、ソマリア内戦でミッションに失敗した米軍がその後に行ったことは、ハンヴィーの装甲上の脆弱さを補強する改良車の生産であったし、またイラク戦争で敵のゲリラが多用した地雷に対する防護車両の開発であった。つまり、世界で持てる者と持たざる者との力がここまで非対称になってしまった現在、文字通りの国家が遂行する「陣地戦」はもはや過去のものとなりつつあるのだ。市街地でのいつ終わるともわからない憂鬱なゲリラ戦には、整備された道で高速で移動できるタイヤと、「情報戦」に対応できるハイテク機能を備えた車両が重宝されるのである。こうしたポテンシャルを秘めたハマー・ブランドが、廃止の方向にある

ことは、一見すると、機動戦をイメージさせる大型車両の終焉を予感させるように見えるが、将来的に新たなライト・トラック・ブランドが立ちあがり、エコな戦争車両生産が活発化する可能性は残されたままである。

　第二の挑戦は、タタ自動車のような格安自動車との競争である。タタ・モータースは、インドのタタ・グループの主要産業として2000年代に顕著な成長を遂げており、企業の社会的責任（CSR）を果たすことにも熱心である。こうした特徴を持つタタ自動車の中でも、ひときわ注目されているのが、2008年1月に公表・販売が始まったタタ・ナノである。タタ・ナノは10万ルピー（円換算すると19万円程度（2010年1月現在））で販売されており、その格安ゆえに世界中からの注目が集まっている。こうした安価な自動車は、潜在的には今後、低所得国を中心に爆発的に普及する可能性がある。しかし他方で、近年の原材料価格の高騰により、鋼材が車体価格に占める割合が他車より高いタタ・ナノはその安さを保つことが困難になりつつある。またインフラが整っておらず、道路事情の悪い低所得国では故障車が増える可能性が高いが、メンテナンス面でシステムが整っている他社の車からタタ・ナノへのシフトは短期的には難しいだろう。しかし、長期的には予断を許さない。

　いずれにせよ、アメリカ型の自動車社会は、二つのエコ（エコロジーとエコノミー）から、市場「競争」というルートで挑戦を受けており、今後もこの構図が焦点になり続けることは明らかだといえる。GMの経営破綻は皮肉にも「競争」によってもたらされたことを考えると、世界経済の大規模な再編は自動車を起点に起こる可能性が高い。

5　おわりに

　以上、自動車を単なる生産と消費の対象として理解するのではなく、それが一方で20世紀の時間─空間編成を支え、他方で近代的主体形成にも貢献してきた装置とみることができる。1903年ヘンリー・フォードによる工業の標準化原則、いわゆる「3S原則」による製品と作業の簡略化（simplification）、機械と工具の専門化（specialization）、そして製品と作業の標準化（standardization）をもっ

て大量生産を可能とし、産業経済の高度化を実現した。そして、現代社会ではこの標準化によって日常生活の植民地化（ハーバーマス）が引き起こされている。つまり、アメリカにおける自動車というテーマは、石油燃費効率の問題・車の安全性の問題・大気汚染の問題・気候変動の問題が、消費―資本循環の問題を経由しながら、戦争・兵士・大衆文化・パトリオティズム・ジェンダー・犯罪・テロリズムへと連動していることがわかった。このことは、燃料と車が石油から別の何かへとシフトすれば、それが契機となって、別様の資本循環と（広義の）文化編成へとつながる可能性を秘めていることも意味する。

　こうした日常レベルでの車をめぐる消費活動の国家規模での編成が、なぜ地政学的なエネルギー供給源の確保という問題へとアメリカを誘うのかを「需要サイド」から理解させてくれるのであり、かつ、今日の地球温暖化会議でなぜアメリカが一貫してCO_2削減に否定的であるかを説明してくれるのである。つまり、戦争も環境問題も、われわれの市場を通した自由な選択にかかっているのであり、その「自由」をどのように組み立てるのかをめぐって、今ほど批判的思考が求められている時代はないといっておきたい。

〈ファーザーリーディング〉

増田悦佐『クルマ社会・7つの大罪』PHP研究所、2010年
　　クルマを中心に構築されたアメリカ社会の病弊を多面的に検証しており、参考になる部分がある。

大嶽秀夫『20世紀アメリカン・システムとジェンダー秩序　政治社会学的考察』岩波書店、2011年
　　アメリカの生産システムであったフォーディズムに、女性がどのように関わってきたのかというユニークな切り口で20世紀のアメリカを論じている。

渡部幻・佐野亨編『ゼロ年代アメリカ映画100』芸術新聞社、2010年
　　2000年代のアメリカの文化的側面を映画を通して論じており、とくに文化と暴力の関係について参考になる記述がいくつか見受けられる。

第**7**章

木　材
——違法な木材の流通と消費者の役割

山口　治男

1　「森林大国」日本と世界の木材

　古来より日本では森羅万象に神が宿ると考えられてきた。宗教にあまり興味の無い者でも、鬱蒼とした森に足を踏み入れたときに包まれる独特の荘厳な雰囲気や「癒し」を感じたことがあるだろう。一方で、森は私たちに澄んだ水や木材といった物質的な恵みも提供してきた。さらに森林は渇水や洪水を防ぐ機能も果たし、近年では二酸化炭素の吸収を通じて地球温暖化を防止する観点からも注目を集めている。私たちの生活は精神的にも物質的にも森と深く結びついている。

　また、日本の国土面積3779万haの内、実にその3分の2にあたる2512万haを森林が占めている。この森林率は先進国の中ではフィンランドの74％に次ぐ高水準で、日本は紛れも無く世界有数の「森林大国」であると言える（なお、世界各国の森林率の平均は約30％である）。

　その一方で、図表1から見て取れるように日本は木材の「輸入大国」でもある。戦間期の乱伐に続いて戦後からは復興のための木材需要が急増し、日本国内では国産木材の供給が不足する状況が続いた。このような中、政府によって急速に植林を行う政策が採られる一方で、比較的安価で大量かつ安定的に入手できる外材（外国産木材）の輸入が大幅に拡大していった。その結果、安価な外材に押される形で国産材の利用は落ち込み、現代でも日本の木材自給率は2割前後に留まっている。木材の輸入相手国、とりわけ熱帯地域の発展途上国において

Ⅲ　使うことの〈政治〉

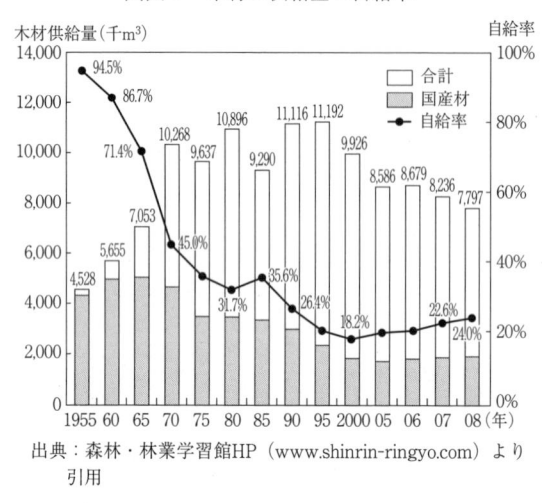

図表1　木材の供給量と自給率

木材供給量（千m³）／自給率

1955: 4,528 / 94.5%
60: 5,655 / 86.7%
65: 7,053 / 71.4%
70: 10,268 / 45.0%
75: 9,637
80: 10,896 / 31.7%
85: 9,290 / 35.6%
90: 11,116
95: 11,192 / 26.4%
2000: 9,926 / 18.2%
05: 8,586
06: 8,679 / 22.6%
07: 8,236
08: 7,797 / 24.0%

出典：森林・林業学習館HP（www.shinrin-ringyo.com）より引用

森林破壊が大きな問題となっている一方で、日本国内では植林されたまま伐採も管理もされず放置されている人工林が問題となっているのである。

このように、需要の8割を輸入に頼っている日本は木材の純輸入量（総輸入量－輸出量）に関して世界第1位である（総輸入量に関しては中国の成長が顕著であり、今後重要な問題となる可能性がある）。その用途は紙が4割で、残りが建築・土木・家具用材として用いられている。そして平成21年版『森林・林業白書』によれば、日本の木材輸入先の内訳はカナダ・アメリカからの北米材が22％、マレーシアやインドネシアといった東南アジアからの南洋材が13％、ロシアからの北洋材が10％、ヨーロッパからの欧州材が9％、近年増加傾向にあるオーストラリアからの木材が15％となっている。

輸入相手国内における違法伐採と森林の危機

これらの輸入相手国に目を向けると、カナダやアメリカ、ロシア、オーストラリアなど、いわゆる先進国が意外に多いことが分かる。カナダやオーストラリアの森林に関しては、「オールドグロース」と呼ばれる原生林の減少は大きな問題だと指摘されているし、ロシアについては、特にモスクワから遠く離れたシベリアなどの地域において統治機構がうまく機能しないことによって違法伐採が横行していることが大きな問題となっている。

一方、マレーシアやインドネシアといった熱帯地方の発展途上国からの輸入量は、日本の輸入量全体からみた割合としては13％とそれほど大きくはない。

第7章 木　　材

　しかし輸出国であるマレーシアやインドネシアの側から見ると、日本向けの輸出が両国の木材輸出量の第1位としてその大きな比重を占めており、その森林に与える日本の影響は非常に大きい。

　インドネシアでは1980年代から1990年代にかけて合板（ベニヤ板）産業や紙パルプ産業が発達し、木材産業は全体として大きく成長した。そしてそれらの木材産業の発達は大量の木材需要を喚起し、それに応える形で伐採が大規模に進められ、過剰な需要と供給可能量のギャップは、違法伐採も大きく拡大させた。インドネシア国内の木材加工産業の木材消費量は、最も少ない推測でも6300万立方メートルとされているが、違法に伐採された木材の割合はその需要の約8割に上るとも言われている。政府当局は「インドネシアでの違法伐採と組織的な違法貿易は法的取締りの強化によって著しく減少している」と主張しているが、違法伐採は今現在も続いており、森林資源が豊かな中央カリマンタンなどの一部の州ではさらに増加さえしているという報告もある。

　違法に伐採された木材は、国内の加工工場に供給されるもののほか、隣国のマレーシアや中国などへ違法に輸出されるものもあり、違法な木材貿易の量は1000万立方メートルを超えるとも推測されている。マレーシアのサバとサラワクの木材加工産業は現在ではインドネシアの原木に大きく依存していると推測されており、マレーシアからさらに中国、日本、台湾、香港などに輸出されていることが明らかになっている。東南アジアから輸出される熱帯木材生産の内、80〜95％が非合法に伐採された木材であるとする統計もある。なお、違法な木材の輸入量に関しても日本は中国に次いで世界2位であり、WWFの推計では日本が輸入する林産物の内6〜20％が違法伐採に関連するとされている。

　違法伐採を含む無計画な森林開発の結果、インドネシアでは年間100万haもの森林が失われていると言われてきたが、その数値は1990年代には年間200万ha、21世紀に入ってからは300万haにまで悪化しているとも言われている。これは毎年近畿地方と同じ面積の森林が失われているのに相当する。これはもちろん自然破壊という観点から見ても重大な問題であるが、同時にそこに暮らす人々にとって社会的・文化的価値を持った生活の「場」としての森もまた被害を受け失われ続けていることも重ねて強調しておく。

Ⅲ　使うことの〈政治〉

　東南アジアから輸出される木材製品の大部分を占める合板の内、その約4割が日本に輸出されていることを考えれば、その需要を喚起し続けている消費国である日本が違法伐採問題に負う責任は大きい。過剰な伐採を進める業者だけが加害者なのではない。違法伐採の現場から遠く離れた日本に住む受益者である私たちもその森林破壊の当事者なのであり、私たちの生活はインドネシアをはじめとする東南アジアの熱帯雨林の危機に直結しているのである。

2　持続可能な森林経営に向けて——FLEGと森林認証制度

　ここまで日本を中心としながら木材貿易の展開とその影響を概観してきたが、以下では少し視野を広げ、地球規模で進む森林破壊に対してどのような国際的取り組みがなされ、そして必要とされているのかを検討していく。

　前節ではインドネシアを中心とした東南アジア地域の例を紹介したが、地球レベルで捉えると、21世紀に入ってからも1300万haもの自然林が毎年失われている。これは、日本の国土面積の3分の1にも相当する。こうした森林破壊によって、食料や薬などの生計手段を森に依存している10億人以上とも言われる人々の生活が直接的な影響を受けているだけでなく、森林破壊が原因の洪水や火災も多発し、多数の死者を出すなどの大きな被害が発生している。また森林は生物多様性の宝庫でもあるし、炭素循環の観点から見れば気候変動に果たしている役割も大きい。どの焦点に注視するにせよ、森林破壊に歯止めをかけることが喫緊の課題であることは疑いない。

　その一方で、木材を伐採し加工することで生計を立てている木材生産国の人々が現実に生きていることも忘れてはならない。その人々を森林から排除することは現実的でもないし適切でもない。また木材消費国から紙や木材を無くすこともおよそ不可能であろう。それゆえ、森林の保護を具体的・効率的に行なっていくためには、ただいたずらに伐採や破壊に反対するだけではなく、環境を保全しながら持続可能なかたちで森林資源を利用してゆくことが求められる。これが「持続可能な森林経営」というアプローチである。

　この持続可能な森林経営とは、1992年にリオ・デ・ジャネイロで開催された

国連環境開発会議（地球サミット）において採択された「森林原則声明」に基づいている。同声明では「森林資源及び林地は現在及び将来の人々の社会的、経済的、生態的、文化的、精神的なニーズを満たすために持続的に経営されるべきである」ことが謳われているが、具体的な課題としては、生物多様性の保全や森林生態系の生産力の維持、森林生態系の健全性と活力の維持、土壌および水資源の保全と維持、地球的炭素循環への森林の寄与の維持、社会の要望を満たす長期的・多面的な社会・経済的便益の維持および増進、森林の保全と持続可能な経営のための法的、制度的および経済的枠組みの整備、などが挙げられている。

　これらは「現実に木材生産が行なわれる森林でどのように管理を進めていくか」という問題であると同時に、それらに対して「木材消費国をはじめとする他の国々がどのようにサポートしていくか」という問題でもある。ここで鍵となるのが、FLEG（Forest Law Enforcement and Governance、森林法の施行及びガバナンス）と森林認証制度である。

FLEG──違法伐採の撲滅を目指して

　ここまでに確認してきたように、大規模な森林破壊の原因であり持続可能な森林経営を阻害する要因として常に重要視されてきているのが違法伐採の問題である。国際社会もその問題に強い関心を払ってきたが、その対策は1990年代から大きく具体化をみている。例えば1997年のG８サミット（デンバー）で採択された「森林行動計画」で初めて「違法伐採撲滅」に言及されたのを皮切りに、1998年のサミット（バーミンガム）では「違法伐採によって国家だけでなく地域社会の人々にまで経済的なマイナス効果が及び、持続可能な森林経営に対して悪影響を与える」ことが明言されている。このような国際的合意は進展しているものの、世界銀行やOECD（経済協力開発機構）などの調査を基に環境省が取りまとめたデータ「違法伐採の規模の推定値」（章末に記載）にも明らかなように、違法伐採問題自体は依然として深刻な状況にある。

　このような中、グレンイーグルズでサミットが行なわれた2005年前後から地域的取り組みとして開始されたのがFLEG（森林法の執行及びガバナンス）である。

これは、2国間・多国間の枠組みを通じて、木材産出国における森林法の執行を推進し、違法伐採を撲滅することを目指すアプローチである。

違法伐採とは狭義には国内法に違反して木材が伐採・輸送・売買されることであり、そこには違法な加工や輸出、税関への不正申告、脱税やその他の義務の回避も含まれる。また、木材を目的とする伐採だけでなく、プランテーションなどの大規模農業へと転用するために森林を皆伐したり、石炭等の鉱物資源の採掘のために森を切り拓いたりする場合にも大規模な違法伐採が行なわれることがある。

そして多くの木材産出国において問題をより大きくしているのは、伐採プロセス自体が直接的に違法である場合だけでなく、役人や軍人に賄賂を渡すことで伐採権を得たり、その取締りを免れたりするものが多く存在することである。すなわち、本来違法とされるべき伐採や取引に利権を持ち、それよって莫大な利益を得ている政治家や官僚たちがいるという、構造的な腐敗の問題である。

このような構造的な問題を放置したまま短絡的に法執行を強化しても、現実に大規模な伐採を行なっている業者が公的な機関によって取り締まられることは稀である。それどころか、違法伐採によって生活環境を脅かされている住民が小規模に行なう伐採が「違法伐採」として取り締まられたり、毎日の生活の糧を失った結果大規模な伐採に加担せざるを得なくなった住民たちがスケープゴートとして逮捕されたりしてしまうこともある。そこでは、日常的・伝統的な森林の使用を行なう人々が自分たちの営為を正当化する力を持たないために不当に取り締まられ排除される一方で、生態学的に決して持続可能とは言えないような大規模な伐採は継続されてしまうのである。

それゆえ、生態学的に適切な森林法の整備や違法伐採の取締りの強化（森林法の執行）ももちろんFLEGの焦点の1つではあるが、腐敗の排除を通じた法執行と統治能力の改善も必要とされる。そのため、FLEGは森林自体及び森林セクターに関する情報の透明性の改善、並びに木材・木材製品の合法性証明制度の発展といった、包括的な構造調整にまで及ぶプロセスとして展開されている。そして木材の合法性の担保を通じて、この木材生産国での動きは木材消費国の

私たちに1つの道を提供している。それが森林認証制度である。

森林認証制度——消費する私たちにできること

　森林認証制度とは、木材が生産されている特定の森林地域が適切に経営されているかどうかを独立した第三者機関が一定の基準に照らし合わせて評価・認証して認証マークを付ける（ラベリングする）制度であり、それによって森林の保護を図るものである。消費者もそのラベリングを通じて主体的な選択が可能となり、需要を生み出す側から持続可能な森林経営を目指すことができる手段の一つである。環境に役立つ商品に対して「エコラベル」をつける制度が既に日本でも行なわれているが、森林認証制度はその木材版であると言える。

　現在国際的に最も認知されている森林認証制度は、国際NGOのFSC（森林管理協議会）によって行なわれているものである。FSCでは、単に自然環境保全の点から見て適切に管理されているかどうかだけでなく、それらが地域社会の利益にかない、経済的にも持続可能な森林管理が行なわれているかどうかも検証している。

©1996 Forest Stewardship Council A.C.

　FSCなどの森林認証制度によって認定された木材を利用する企業は世界中で急速に増加している。アメリカ国内最大手のホームセンターであるホームデポ社もその一例であり、日本国内でもFSCの認定を受けている企業は1000社を超えている。森林認証制度はFSC以外にも複数存在するが、アジア最大級のパルプ会社APPが取得したLEI認証のように、必ずしも持続可能な森林経営につながらないものについても認証しているケースもあり、単なるお飾りに過ぎないラベルには注意が必要である。

3 おわりに——遠くの森で

2011年は国連の定めた国際森林年である。この1年は、今生活をしている人々のために、そして未来の世代のために、持続可能な森林経営に向けて様々なレベルでの認識を高めるよう加盟各国が取り組むことが期待されている。これは、必ずしも森林の広がる木材生産国における森林保護への取り組みだけを指すものではない。あるいは、それの強化に向けた木材消費国、先進国による支援、「施し」を指すものでもない。森林の危機は、消費者であり受益者であるわれわれ自身の問題なのである。

ここまで、木材の「輸入大国」日本を中心とした木材貿易の現状を辿ることから始めて、木材生産国における違法伐採と森林破壊が深刻な問題であり、今この瞬間に日本で流通している木材にも違法に伐採されたものが含まれていること、そしてそれらの一本一本、一枚一枚が森林破壊に密接に結びついているということを明らかにしてきた。

私たちは身近な山や公園で木が切られることや動物が虐待さ

図表2　違法伐採の規模の推定値
（50音順、推定値が複数ある場合は併記）

\	アフリカ	\	\
カメルーン	50%	ガボン	70%
ガーナ	60%／少なくとも66%	ベニン	80%
		モザンビーク	50〜70%
\	アジア	\	\
インドネシア	最大で66%／73〜88%	ベトナム	20〜40%
		マレーシア	最大で33%／最大で35%
カンボジア	90%		
タイ	40%	ミャンマー	80%／50%
パプアニューギニア	70%	ラオス	45%
\	中南米	\	\
エクアドル	70%	ペルー	80%
コスタリカ	25%	ボリビア	80%
コロンビア	42%	ホンジュラス 広葉樹	75〜85%
ニカラグア	40〜45%		
ブラジル	20〜47%	ホンジュラス 針葉樹	30〜50%
（アマゾン）	80%		
\	ヨーロッパ・北アジア	\	\
アルバニア	90%	ブルガリア	45%
アゼルバイジャン	非常に大きい	ロシア	20〜45%
エストニア	40〜50%	ロシア（北西部）	10〜15%
グルジア	85%	ロシア（極東）	50%

出典：『平成19年度　違法伐採による環境影響調査業務報告書』財団法人地球・人間環境フォーラム、2008年

れていることに対して非常に敏感であるが、遠くの森、例えば既に50％以上が失われてしまったボルネオ島の熱帯林に対して、驚くほど関心が低い。地球上の約半分の生物は熱帯林に住むと言われているが、1500種の植物種が生え、オランウータンなど44の固有種を含む222種の動物がその生活を送っているボルネオ島の原生林は、今のまま開発が進められれば2025年にはその大半が消滅してしまうと言われている。乱開発や違法伐採が続くアマゾンの森林も、2050年には消えてしまう可能性がある。そしてもちろん、その森に住み、そこに生活の糧とアイデンティティを持つ人々が受苦を被っていることも決して忘れてはならない。違法伐採によって森林が破壊され、森に住む人々と多くの生き物が追いやられているのは日本から遠く離れた地域においてであるが、木材を消費する私たちもまたその加害者であるということを、最後に改めて確認したい。違法伐採が行なわれるのも取り締まられるのも遠くの目に見えない森林であるが、その木材の需要を生み出すのも抑制するのも木材消費国に住む私たちなのである。目に見えない森林が本当に消えてしまう前に、私たちの目に見えるところから始める必要があるだろう。

〈コラム〉　コモンズの復権

　コモンズとは、日本の村落において共同で利用されてきた入会林のように、一定の地域で共同して利用・管理される資源を指し、その周辺にはそれらを利用・管理する制度や社会関係が展開する。それらは必ずしも「所有権」や「占有権」といった法的・公的な制度の枠に規定されるものではなく、独自の文化的価値や社会的紐帯を維持する機能を持ったものである。これらは「コモンズの悲劇」モデルが主張したような「合理的個人」の想定や普遍的価値に基づく環境的介入だけが環境保護の方途ではないことを示す1つの道だと言える。グローバル化が進展する現代でこそ、それぞれの地域に生きている具体的な人間の生存の基盤としての「コモンズ」の重要性が改めて見直されねばならないだろう。

Ⅲ　使うことの〈政治〉

〈ファーザーリーディング〉

井上真『コモンズの思想を求めて　カリマンタンの森で考える』岩波書店、2004年
　　インドネシアの熱帯林でフィールド研究を重ねた著者が、森に暮らす人々と企業など「よそ者」との共生・対立関係を探る。「みんなのモノ」とは何か。

郭洋春・戸﨑純・横山正樹編『脱「開発」へのサブシステンス論　環境を平和学する！２』法律文化社、2004年
　　人間社会の本来性を目指す「サブシステンス」を鍵概念としながら開発主義を批判的に検討する。第２章において「環境問題とは何か」を問いかけている。

マイケル・ゴールドマン（山口富子監訳）『緑の帝国　世界銀行とグリーン・ネオリベラリズム』京都大学学術出版会、2008年
　　「開発の知」、そして「環境知」がいかに生産されているかを検討し、環境保護と市場主義がどのように結びついているかを明らかにしている。

Ⅳ　食べることの〈政治〉

ワードマップ

一次産品・南北問題

　南北問題運動や国連貿易開発会議(UNCTAD)の政策の論拠になったのは、「プレビッシュ・シンガー・テーゼ」と呼ばれる、製造業製品に対する一次産品(原料用農鉱産物)の交易条件悪化論である。途上国経済の特徴として、少数の一次産品に特化するモノカルチャー経済構造を挙げることができるが、それら一次産品の交易条件が劣悪であるため、途上国における経済開発が進まないと考えられた。そこでUNCTADは、途上国がモノカルチャー経済から脱却する(工業化が進展する)よう、一次産品の価格・販路の安定、先進国からの開発援助、製造業製品の販路確保に努めたのである。

(辻村英之)

ガバナンス

　ガバナンスとは一般には統治を意味するが、アクター間の共通の問題に対して、規範やルールを形成し、利害を調整し、協調して管理・運営を行う仕組みであり、そのような秩序や仕組みを構築・再構築していくプロセスでもある。それゆえ、国家のガバナンスだけではなく、地域レベル、グローバルなレベルのガバナンスも存在する。またガバナンスの質の担保は、多様なアクターがいかに実質的にかかわることができるかにかかっている。

(千葉尚子)

構造調整政策

　世界銀行・IMFから途上国向けの低利融資を受ける際、その前提・代償として途上国に課される、経済自由化政策(政府の規模縮小、公社・公団の清算・民営化、民間部門の重視、流通・価格制度の自由化など)のこと。1990年代末になり、同政策による社会開発への悪影響が問題視され、世銀・IMFは「貧困削減戦略」の策定を義務付けるようになった。経済

自由化政策の枠組みは変わらないが、社会開発向けの予算が増えており、それをポスト構造調整と呼ぶこともある。

（辻村英之）

国際商品協定・国際コーヒー協定

UNCTADが重視した一次産品の価格安定のために、「生産国同盟」と「国際商品協定」が実践された。生産国の輸出留保により価格引上げをめざした「生産国同盟」に対して、「国際商品協定」は消費国も加わり、価格帯設定、輸出留保（割当）、緩衝在庫などの手段で、価格の高め安定化をめざした。コーヒー、ココア、天然ゴム、砂糖、穀物などに適用され、コーヒー協定（ICA）が最たる成功例であるといわれた。しかしそのICAも、1989年にその根幹である経済条項（輸出割当制度）が停止した。現在は価格安定化措置を持つ国際商品協定は皆無である。

（辻村英之）

国連水の権利宣言

国連総会は、世界の約8億8400万人が安全な飲み水を得ることができず、26億人以上がトイレなどの基本的な衛生設備を使用できないという現実を憂慮し、安全な水と衛生設備に対する権利は人権であるとして、2010年7月28日に「水と衛生に対する人権」決議を採択した。この決議案を提案したボリビアなどの中南米諸国を中心に122ヵ国が賛成し、反対した国はなかったが、日本やアメリカ、カナダなど41ヵ国が棄権に回った。

（千葉尚子）

食料自給率と日本の農業

日本の食料自給率は、カロリーベースでおよそ40％である。先進国の中でも際立って低い数値である。今や、日本人の食生活は、海外から輸入される農産物なしには成り立たない。他方で、FTA・EPAやTPPが議論される場合には、米を念頭に、日本の農業保護が絶えず、問題とされる。しかし、実際は、日本の食料自給率は約40％であり、農産物全体の平均関税率は12％（2000年）となっており、世界中から農産物が輸入されている。こうした現状を冷静に分析しながら、持続可能な日本の農業発展を前提とした貿易自由化の議論がなされるべきであろう。

（宮田敏之）

世界農地争奪

世界的な食料危機を背景に、中国、韓国、サウジアラビアなどが、食糧確保のために、民間企業ベースで、長期の賃貸契約という形を取りながら、モザンビーク、ミャンマー、ラオスなどのアジアやアフリカ地域で大規模な農業投資をおこなっている。世界農地争奪（Land Grab）といわれる。しかし、投資受入国の農民の耕作可能地が奪われるのではないかという懸念も広がっている。国連食糧農業機関（FAO）も「新植民地主義」として警鐘を鳴らしている。

（宮田敏之）

地域漁業管理機関

太平洋、大西洋、インド洋などの広い海域を回遊する水産資源は一国では資源管理できない。このため、広域を回遊する特定の漁業資源の管理を行うことを目的に、国際条約に基づき関係国によって作られる機関。

〔伊沢あらた〕

農産物輸出と地球環境問題

国連食糧機関は、飢餓人口を2010年現在で9億2500万人と推計し、その圧倒的地域がサハラ以南のアフリカに集中しており、全人口の約30％が飢餓状態にあるとしている。そのいっぽうで、食糧をめぐる争いも増加の一途をたどっている。世界は食糧安全保障が脅かされる危険を察知して、先進国の商品取引所における先物相場で価格高騰が相次いでいる。いかなる資源も無限ではなく、農地は疲弊し、海は枯渇が心配される。2010年ユネスコは人類無形文化遺産に「フランス人の美食」をリストアップしたいっぽうで、食糧取引の増大による自然環境破壊、とくに森林減少に拍車がかかっているのが現実である。ラテンアメリカでは森林面積の減少が顕著である。この森林破壊の要因は、輸出の多角化と外貨獲得の機会向上とあいまって地下水の枯渇、農薬・化学肥料利用による土壌汚染、健康被害へと拡大し、気象災害が頻発している。ゆえに、食糧問題とは、生命の保障、食の配分、生命基盤の環境保全と深く結びつくのである。

〔佐藤幸男〕

ハイドロポリティクス

水資源をめぐる政治紛争が顕在化しつつある。ナイル川流域、インド国際河川のダム問題などが象徴するように、水戦争が現実味を帯び、水をめぐる危機が誘発される気配である。その背景には淡水の枯渇、水資源の浪費と清浄な水へのアクセスが途絶えるほどの人口増加と水資源支配がある。トイレなき26億人（世界人口の38％）が放置されるなか、「水メジャー」と呼ばれる上下水道事業のグローバル企業による支配が台頭し、世界市場における給水人口の80％を欧州系企業3社が独占するにいたっている。

〔佐藤幸男〕

ブルー・ゴールド

20世紀は石油をめぐる戦争の時代であり、21世紀は希少な水というブルー・ゴールド（青い金脈）をめぐって激しく争う時代になるといわれる。水は市場で売買可能な収益性の高い商品とみなされ、企業や投資家は新たな水源や水利権を世界中のあらゆる場所で捜し求めている。

〔千葉尚子〕

便宜置籍

船舶の船籍を実際の船主の所在国ではなく、船舶検査の規制、税率、漁獲規制などの観点から有利な国に便宜的に置くこと。

〔伊沢あらた〕

緑の革命

　1940年代から1960年代に、ロックフェラー財団等の資金援助により、米や小麦などの高収量品種が研究・開発されて、発展途上国に紹介された。その結果、農業生産が飛躍的に拡大した成功例も見られた。米の高収量品種として有名なIR8はフィリピンにある国際稲研究所（IRRI）で開発された。ただし、こうした新しい品種の多収量を維持するためには、農薬や化学肥料を投入する必要があり、農業経営の持続性や生態環境保護の面では多くの課題や弊害も指摘されている。

（宮田敏之）

第**8**章

マグロ
――移動する食料資源は誰のモノか？

伊沢　あらた

1　マグロと日本人

　マグロは現代日本人にとって刺身や鮨のネタとして馴染みの深い食材である。家庭で消費されるマグロの購入金額は年間4,763円と水産物の中で他の魚種を抑えてトップである（2008年、総務省の家計調査）。この額は、いろいろな魚からなる「刺身盛り合わせ」の消費金額4,725円よりも多い。マグロは「日本の食文化」を代表するものとして語られることが多い。事実、貝塚からマグロの骨が見つかっているように、マグロは古くから日本で利用されてきた食材である。しかしながら、他の漁業と同様にマグロ漁業が発達したのは江戸時代に入ってからのことであり、今日のようなマグロの握り鮨の形態が形成されたのも同時期である。江戸時代には東京湾でマグロが漁獲され、またマグロのトロは猫跨ぎと言われるように下魚だったという。しかし、交通手段や冷凍・冷蔵技術が未発達であった時代に、マグロの流通には限界があり、今日のようにふんだんに刺身として食べられるようになるには、戦後のコールドチェーンの整備が不可欠であった。産業としての日本のマグロ漁業はアメリカの缶詰市場向けの原料・製品を輸出するためにまず発達した。「マグロ」は英語で「tuna」というが、いわゆる「ツナ缶」の原料がマグロであることを意識していない人も多いのではないだろうか。

　試算するとマグロの3分の1が日本で食べられており、残りは国外で食べられている計算になるが、海外ではマグロといえばまずこの「ツナ缶」として食

Ⅳ　食べることの〈政治〉

図表1　日本のマグロの漁獲量、輸出量、輸入量

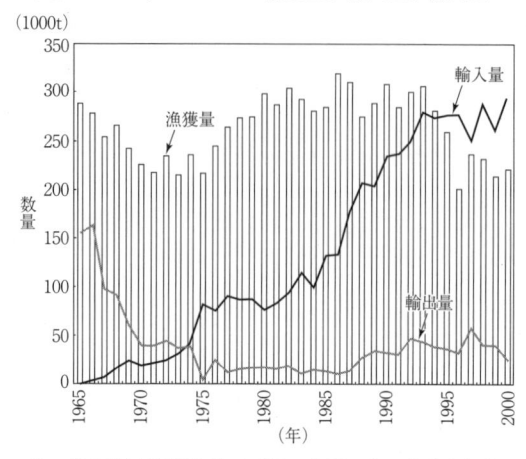

注：輸入量は通関統計の下記の分類のものを計上した。
1965-1969年：かつお及びまぐろ／1970-1975年：キハダ・クロマグロ・ビンナガ・その他のマグロ／1976-1992年：キハダ・クロマグロ・ビンナガ・メバチ・その他のマグロ／1993-2000年：キハダ・クロマグロ・ミナミマグロ・ビンナガ・メバチ・その他のマグロ
出典：財務省通関統計、FAO FISHSTATを元に筆者作図し、WWFに提供

べられることが多い。統計のある1960年代では、日本のマグロの輸出量が150,000トンだったのに対して、輸入量はきわめて少なく、輸出量と輸入量が逆転するのは1970年代に入ってからである（図表1）。日本人にとって刺身原料としてマグロが身近になったのがごく最近のことであることが分かる。マグロの需要量は所得の向上に伴い1980年代後半のバブル経済期まで増大していった。

さて、ここまでマグロと書いてきたが、マグロといってもいくつかの魚種がある。クロマグロ（本マグロとも呼ばれる）、ミナミマグロ（インドマグロとも呼ばれる）は高緯度の冷たい海域を回遊している。寒い環境に生息していることと関連して脂肪、つまりトロが豊富な魚種である。温かい海域を回遊している他のマグロに比べると、個体数が

図表2　マグロの魚種別海域別資源状況

	インド洋	太平洋		大西洋			南極海
		西部	東部	西部	東部	地中海	
ビンナガ		(北部)	(南部)	(北部)	(南部)	不明	
キハダ		不明					
メバチ							
クロマグロ							
ミナミマグロ							

凡例：高位／中位／低位

出典：FAO FISHERIES TECHNICAL PAPER 495: The state of world highly migratory, straddling and other high seas fishery resources and associated species, FOOD AND AGRICULTURE ORGANIZATION OF THE UNITED NATIONS, Rome, 2006を元に作図

少なく、高級なトロ食材として高値がつく。一方で、温かい低緯度の海域を回遊しているのが、メバチ、キハダ、ビンナガで、脂の少ない赤身のマグロとして食べられる。メバチは身の赤い色が強く、日本では名古屋より東側の東日本で好まれている。キハダはメバチよりも身の色が薄く、西日本での消費が多い。ビンナガの身の色はさらに薄く、このトロの部分がビントロという名前で安いトロ食材として近年回転鮨などでよくみかけるようになった。ちなみに「カジキマグロ」という呼称をよく耳にするが、カジキはマグロとは遠縁の魚種である。世界の中で日本人が消費しているマグロの割合を魚種別に試算してみると、クロマグロで8割、ミナミマグロでは10割近く、メバチで6割、ビンナガやキハダは2〜3割程度が日本人が消費しているという計算になる。これをみると、トロの豊富なマグロほど、日本人がほぼ独占して消費していることにお気づきになるだろう。これらのマグロの資源状態を魚種別にみてみるとクロマグロ、ミナミマグロ、メバチといった日本人が刺身として食べる割合の高いものほど、低位なものが多く、逆に日本人の消費割合の低いものほど資源状態が比較的良好なものが多い（図表2）。すなわち日本人が刺身向けにマグロを追い求めた結果が資源の低下に結びついていることを物語っている。

2　世界を巡る輸出された中古遠洋マグロ延縄漁船

　刺身用になるマグロの多くは延縄（はえなわ）という漁法で漁獲される。延縄とは数十kmにもおよぶ幹となる縄（幹縄）に枝縄という枝分かれする縄を数千つけて、その先にサンマやムロアジ、イカなどの餌をひっかけた針をつけて魚を獲る漁法である。網で魚群を囲い、寄せ集めた後に引き揚げる巻き網漁法と比べると、1本1本船上に揚げるので、魚体を痛みつけることが少ないと言われ、身質が重要視される刺身向けマグロの漁獲に用いられてきた。この漁法の流れはこうだ。まず、1日1回、餌付きの針の付いた縄を海中に投げ入れては数時間後に引き上げる。釣り上げられたマグロは血抜きをして、鰓と内臓を除去した上で、-60度の船内の冷凍庫で凍結し、保管する。遠洋マグロ漁業の場合、これを年間250日余り繰り返す。1回の操業で漁獲されるマグロの量が1

IV 食べることの〈政治〉

トンとすると、年間の漁獲量は250トン余りとなる。日本周辺の太平洋だけでなく、インド洋や遠くは大西洋などで漁獲を行い、マグロが魚倉にある程度溜まったところで日本に帰港して、マグロを陸揚げする。

　さて、マグロ需要が増大したバブル経済期に、日本の遠洋マグロ延縄漁業者はこのマグロ需要の拡大が続き、またマグロ資源がいつまでも続くことを前提とした行動をとった。新しい遠洋マグロ延縄船を次々に造船していったのだ。新しい船を造れば、今まで造った船が不要になる。これを費用をかけてスクラップにするよりは、買ってくれるところがあれば新船を造った際の借金の返済にも充てられるので、文字通り渡りに船である。この不要になった日本の中古船を購入したのが台湾人であった。中古のマグロ延縄船は、中古とはいえ立派なマグロの漁獲と製品の生産を行う工場でもある。輸出された生産工場が生産を始めたとき、生産された製品は当然市場に供給されることになる。こうして、台湾人の手に渡ったマグロ漁船から生産されたマグロは日本へ輸出されるようになったのだ。

　図表3の通り、台湾からの冷凍マグロの輸入量は1980年代後半に急激に増加し、1993年には12万トンにも達した。日本のマグロ市場は安価なマグロの大量供給を受けて、日本船は国内での販売に苦戦するようになった。さらに、バブル経済の崩壊やその後続く景気後退によるマグロ需要の減退、後に書く養殖マグロの台頭などにより、マグロ価格はさらに低迷してゆく。そして、それに追い討ちをかけるように資源状態が悪化してゆき、日本の多くのマグロ漁船の生産性は低下し、経営状態は厳しいものとなっていった。国内の

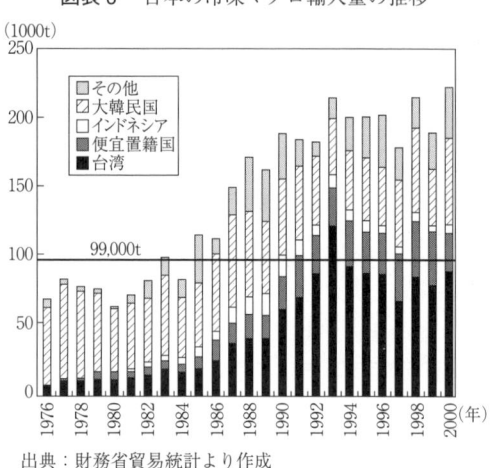

図表3　日本の冷凍マグロ輸入量の推移

出典：財務省貿易統計より作成

遠洋マグロ漁業者の業界団体である日本鰹鮪漁業協同組合連合会が1997年3月にまとめた「かつお・まぐろ漁業に係わる拡大信用事業検討小委員会報告書」によれば、「平成元年を境に収支は低下の一途とたどりはじめ、3年度から7年度に至る5年間は連続して赤字の状況が続いている。その結果、欠損金の累積から債務超過に陥っている経営体が全体の5割を超えるというきわめて深刻な状況が続いている」と記されている。苦境に経った国内の遠洋マグロ漁業者は日本鰹鮪漁業協同組合連合会を通して、台湾の遠洋マグロ漁業者の業界団体である台湾区遠洋鮪漁船魚類輸出業同業公会に、対日輸出の抑制を要請するに至った。この話合いの結果、日台の業界団体の間で1994年以降、台湾からの冷凍マグロの輸入量を年間9万9千トンを上限とする民間協定が結ばれた。この民間協定の締結前後のマグロの輸入量の動きをみてみよう。1994年の台湾からの冷凍マグロの輸入量は9万3千トンとなり、協定の9万9千トンを下回るようになった。このように台湾からの輸入量を見る限りでは、確かに民間協定は守られているようにみえる。だが、よく見ると「便宜置籍国」と台湾からの輸入を合計すると決して9万9千トンの枠の中におさまっていないことがわかる。

　便宜置籍とはその名の通り船舶の船籍を便宜的にどこかの国に置くことを言う。船籍とは言ってみれば船の戸籍で、その船籍を置いている国のルールに従って船舶の検査や納税など様々な管理を受けることになる。実際に船舶を所有する人や会社が所在する国に船籍をおくものと思いがちだが、税率の低さや規制の緩やかな国に便宜置籍することはよく行われていることである。ニュースでよく「パナマ船籍の船」が出てくることがあると思うが、パナマは便宜置籍船の受入国の代表例である。便宜置籍自体は国際法上違法なことではないが、これをうまく利用して規制や取り決めを逃れようとする船があることが大きな問題となってきた。

　この仕組みを利用して一部の台湾のマグロ漁船が便宜置籍した。便宜置籍した船にしてみれば「自分たちは台湾籍でないのだから日台の民間協定に縛られない。」といういい分で、日本へ輸出し続けたのだ。せっかく結んだ日台の民間協定をないがしろにされていると怒ったのが日本の遠洋マグロ業界団体であ

る。そこで便宜置籍船からのマグロの輸入をしたいところだが、そもそもある国からのマグロの輸入を一方的に規制することは、自由貿易の原則をうたっているGATTやWTOに抵触するおそれがある。そこで、国際的なマグロの資源管理機関による勧告に基づいて貿易制限をしようという試みがされるようになった。マグロは海域毎に条約によって「地域漁業管理機関」と呼ばれている国際機関が管理することとなっている（図表4）。例えば大西洋のマグロの「地域漁業管理機関」はICCAT（通称、アイキャットと呼ぶ）である。ICCATは、マグロの魚種毎に1年間で漁獲してよい量を決めて、それを国別に割り当てるなどしている。

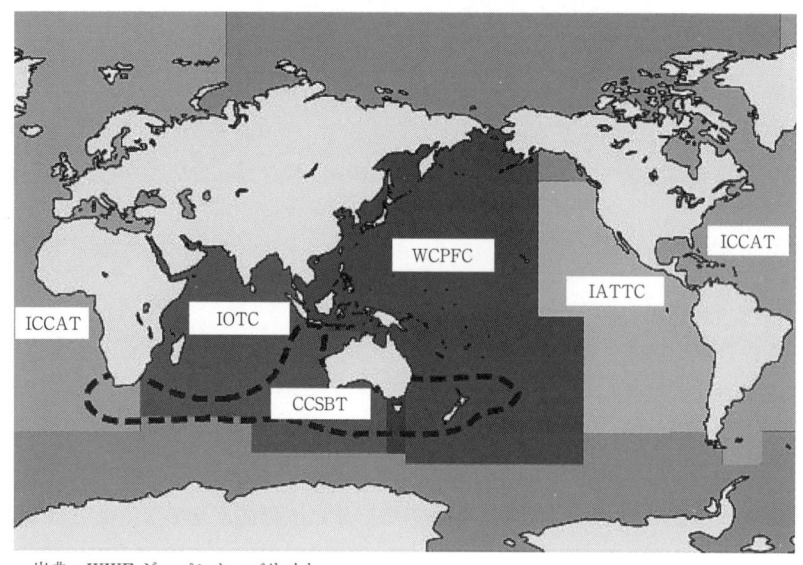

図表4　海域別のマグロの地域漁業管理機関

出典：WWFジャパンウェブサイト

「地域漁業管理機関」は様々な漁獲割当量の他にも様々な漁獲規制を決めるが、それに従わないものをIllegal（違法）、Unreported（無報告）、Unregulated（無規制）の頭文字をとってIUU漁業と呼ぶ言葉が生まれてきた。そして、「便宜置籍」だけでは取り締まることが難しい中で、「IUU漁業」は締め出さねばなら

ないという国際合意が生まれてきた。これら「IUU漁業」を野放しにしている国に対して、まずは「地域漁業管理機関」は規制に従うように勧告する。そしてそれに従わない場合には、その国を「IUU漁業国」と指定し、「IUU漁業国」からのマグロの輸入を禁止することを勧告するというスキームができあがった。日本ではこの流れを受けて、1996年にマグロの輸入規制を実行すべくできたのが、「まぐろ資源の保存及び管理の強化に関する特別措置法」である。このまぐろの特別措置法は地域漁業管理機関による勧告を担保として、WTOなど「当該国際機関の取り決めに従って行う」という条件で、違反操業国からの輸入を規制している。

さて、図表5で実際の輸入規制に伴った輸入量の推移を確認してみよう。

ICCATは1994年に決議した大西洋のクロマグロの保全に関する行動計画にベリーズとホンジュラスが違反しているとして、1996年にこの2カ国からの輸入を1997年4月より禁止することを勧告した。ところが、ホンジュラスから日本への冷凍クロマグロの輸入量をみてみると、1988年をピークに1995年にはほぼゼロになっている。入れ替わるように、1994年よりベリーズからの輸入が増えるが、1996年にはこれもほぼゼロになっている。つまり、輸入制裁を受ける前にすでに両国からの輸入はなくなっていたのである。代わりに増えたのがパナマからの輸入であるが、これも1996年に1998年からクロマグロの輸入を禁止するように勧告したところ、パナマからの輸入は1997年を最後にはなくなっている。そして、代わって増加したのが赤道ギニアからの輸入で、これについてもICCATは1999年に2000年からの輸入禁止を勧告した。同様に、大西洋のメバチについて

図表5　便宜置籍国からの冷凍クロマグロの輸入量

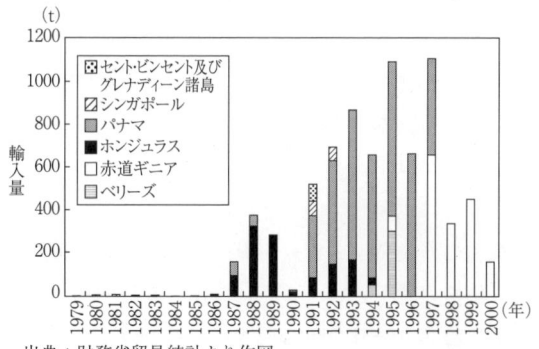

出典：財務省貿易統計より作図

Ⅳ　食べることの〈政治〉

もICCATは2000年にベリーズ、カンボジア、ホンジュラス、セントビンセント・グレナディーンからの輸入を2001年より禁止するように勧告を出している。このように、国際社会が輸入規制をかけようとすると、規制対象となる国から、まだ規制対象となっていない国に船が便宜置籍していった歴史とみることができる。まるでモグラ叩きゲームのようである。

　便宜置籍を繰り返す台湾船主としてのいい分はこうだろう。「元々自分たちの船は日本から買ったものだ。この購入代金で日本の船主は儲かったはずだ。その船で獲ったマグロを日本にもってくるなというのは理不尽である。我々も投資している以上、マグロの漁獲をやめることも、獲れたマグロを市場へ販売することをやめるわけにはいかない」と。このような事情があって、日本と台湾の生産者が金を出し合って、日本由来の便宜置籍船を買い上げてスクラップするという事業をたち上げた。この受け皿となるのが、OPRT（社団法人責任あるマグロ漁業推進機構）という組織である。OPRTは日本政府から無利息の融資を受けて、日本由来の便宜置籍船を買い上げてスクラップする。そして、日本船からマグロ1kgあたり2円、台湾船からはマグロ1kgあたり1円を徴収し、日本政府に返済してゆくというものである。

　個別の漁業者が中古船の売却という短期的利益を求めたために資源の枯渇や市場価格の低下というように全体の利益を損ね、結局中古船の買取・回収というように痛み分けをする形となったわけだ。

　マグロを巡る国際情勢は他にも大きな変化を迎える。1998年に国連の一次産業に関する専門機関であるFAO（国連食糧農業機関）は漁船を現状より2割程度減らすことを内容に含めた「過剰漁獲能力の管理のための行動計画」を採択した。世界的に漁船が多すぎて、水産資源の獲りすぎにつながっているので、漁船を減らしましょうという内容である。これを受けて日本では1998年度補正予算により、国内の132隻の遠洋マグロ延縄漁船を1隻当たり約2億円かけて減船（廃船）した。国際社会の勧告に従い、不可抗力として不本意ながら船を減らさなければならないので、公費で補償するという理屈である。しかし、実はこの「過剰漁獲能力の管理のための行動計画」に減船を含めることは、実は日本政府が主導したもので、他国は反発していたのだった。このため、減船はあ

くまでも任意のものとなり、強制力をもたないものとなった。水産新潮社の資料によれば、日本鰹鮪漁業協同組合連合会は、自由民主党政務調査会水産部会の水産基本政策小委員会や水産庁の水産政策検討会に働きかけ、優良経営体を残す方向での、2割程度（130隻から140隻）の減船を1998年から2～3カ年で実施することを要望していた。この過程で最も問題になったのが、業界の要望する優良経営体を残す方向での減船が、なぜ残った優良経営体が減船費用を出しあう形でなく、公的資金を投入しなければならないのかという疑問に、いかに応えていくかであった。つまり、FAOによる「過剰漁獲能力の管理のための行動計画」に減船を含めることは、この疑問に応えるための説明を与える役割をもったわけだ。黙っていても倒産する船に対して、国際機関を巻き込んで政府が公的資金を投入することにより、漁船は借金の返済にあてることができ、裏を返せば債権者を保護する政策となったわけだ。

3 養殖マグロは資源を救うか？

マグロの資源状態が悪化していると聞くと、「養殖」すればよいのではないか、と思う方も多いのではないだろうか。実際にスーパーに行けば、「養殖」と書かれたマグロの刺身が並んでいる。実は、この「養殖」の表示は「農林物資の規格化及び品質表示の適正化に関する法律」、通称JAS法により表示が義務付けられている。JAS法では養殖とは「幼魚等を重量の増加又は品質の向上を図ることを目的として、出荷するまでの間、給餌することにより育成すること」と定義している。つまり餌を与えたかどうかが重要なポイントであり、卵から孵化させて餌を与えても、ある程度の大きさの魚を捕まえてそれに餌を与えて大きくしても、同じく「養殖」という表示になる。ちなみに海苔や牡蠣などが人の手を加えて海中で生産している、つまり一般常識で言うところの養殖をしていることはご存知の方は多いと思うが、これはJAS法上では餌を与えていないので「養殖」とは表示されない。別のいい方をすると、天然資源を利用していないと思って「養殖」を選んだつもりでも、実はそのマグロが天然資源由来のマグロであったりするのだ。飼育した親魚から採取した卵より孵化した

IV 食べることの〈政治〉

マグロを育てるいわゆる完全養殖マグロは技術的に難しく、これを行っているのは現在のところ近畿大学しかなく、その生産量は極めて少ない。つまり、多くの「養殖マグロ」は天然のマグロを漁獲し、生きたまま生簀に一定期間囲い、サバなどの大量の餌を与えて大きくしたものなのだ。水産業界ではこれを完全養殖と区別して蓄養と呼ぶことが多い。この蓄養マグロが増加し、大きな国際問題となっている。

蓄養マグロが増えた背景には、日本人がトロを求める一方で、トロ（脂身）が多いクロマグロやミナミマグロがそもそもメバチやキハダに比べて生息数が少ないうえに、乱獲によって資源量が減ってきたということがある。この需要と供給のアンバランスを埋め合わせるものとして蓄養が発展してきたのだ。マグロの蓄養技術はそもそも、1990年代初頭、日本からオーストラリアに提供されたものだった。その頃、オーストラリア周辺で漁獲されるミナミマグロの漁獲枠を巡り、オーストラリアと日本の間で大きな政治的紛争があった。オーストラリアでは小さなミナミマグロをまき網で漁獲し、それを原料とする製缶業が発達していた。同じ漁獲量でも魚体が小さければ、漁獲尾数は圧倒的に多くなる。大きく成長したものを漁獲する日本船としては、自分たちの将来の資源を先取りされる形になる。様々な交渉の結果、日本がこの蓄養技術を提供する見返りに、ミナミマグロの漁獲枠を維持することになったのだ。オーストラリアのマグロ業者にすれば、今まで缶詰用に安く売っていたマグロが、蓄養し刺身マグロとして日本に出荷できれば、魚価が上がる。日本のマグロ漁業者にすれば、マグロが小さいうちに大量に獲られることを防ぐことができる。両者の思惑が一致したのだろう。ところが日本にとって予想外だったのは、この蓄養がうまく行過ぎたことと、オーストラリアの外にまで飛び火したことかもしれない。日本のオーストラリアからのミナミマグロ輸入量は1990年代半ばから急激に増加していった。そしてこの蓄養技術はクロアチアを経由して、地中海の国々に伝播した（オーストラリアのマグロ関係者にはクロアチア系の移民が多いと言われている）。

地中海はクロマグロの一大生産地で、古くから漁獲を行い、地元でも消費されたていた。それが、日本の刺身市場向けの蓄養マグロの産地に転換したの

だ。大西洋のクロマグロは前述のICCATが管理することになっており、ICCATはクロマグロの漁獲枠を定めてきた。ところが、この漁獲枠がICCATの科学委員会であるSCRSが勧告する持続可能な漁獲量を上回っているだけでなく、決められた枠さえも守らず過剰漁獲が行われてきたことが発覚した。例えば、2003年から2006年の漁獲枠を決める際に、SCRSが勧告した漁獲量は年間28,000トンであったが、実際にそれぞれの国の利害の調整の結果、ICCATが設定した漁獲枠は32,000トンであった。さらに実際の漁獲量は50,000トンにも上るとされている。このような過剰漁獲はなぜ可能なのだろうか？　例えば、ある国がクロマグロを600トン漁獲して、餌を与えて50％重量が増えて、1200トンのマグロを製品として出荷したとICCATに報告していたとする。ところが、実際には1000トン漁獲して、20％体重が増加し、1200トンの製品を出荷していたとする。この場合、実際には400トンのクロマグロを獲りすぎていたことになる。出荷された製品の重量が輸出された場合、輸入国でその重量をチェックすることは比較的容易である。ところが、最初の漁獲量や成長率を第三者がチェックすることは難しく、ここにごまかしが起こる可能性があるのだ。また、輸出せずに国内で消費された場合も、正確な漁獲量を第三者が把握するのが難しくなる。このようなSCRSの勧告を無視した漁獲枠の設定や、その枠を超えた過剰漁獲により、資源の低下はすすんでいった。2007年から2010年の漁獲枠を設定する際にSCRSが勧告した持続可能な漁獲量は15,000トンまで低下した。WWFなどの環境保護団体はこの事態に警告を発し、ICCATや加盟国にSCRSの勧告に従うように働きかけをしたり、大西洋の蓄養マグロを扱う日本企業に取引の再考を促した。しかし、ICCATは2010年までに段階的に25,500トンにするという、SCRSの勧告を上回る漁獲枠を設定し、環境保護団体の大きな失望をかうこととなった。2010年には大西洋のクロマグロをワシントン条約で規制しようという動きがでてきたが、これはICCATの機能不全に見切りをつけた環境保護団体が、別の条約で規制せざるを得ない状況だと判断したからに他ならない。

　私たち日本人がマグロをいまでも食べ続けたいのであれば、消費者のあり方を考え直す必要があるのではないだろうか。

第9章

水
―― 水との共生を求めて

千葉　尚子

1　現代世界と水

「水掛聟(みずかけむこ)」という狂言がある。日照りの続く夏のある日、舅と聟が、隣り合わせの田に引く水をめぐり、水や泥を掛け合い取っ組み合いになりながら争う姿は、一見滑稽である。しかし、中世の農村における騒動を描いたこの狂言は、グローバル化した現代世界においてさえ、水と人間との関係の核心を端的に示している。つまり、近親者といえども争いに発展するほど、水は貴重かつ代替不可能な物質だということである。また、この騒動が農業用水をめぐって起こっているということである。古来より米を主食にしている日本人にとって、なみなみと水がはられた田園の風景は心を和ませてくれるものであるが、歴史を遡れば、水をめぐって死に物狂いの闘争もあったのである。そしてそれは、現代の世界においても変わらない現実なのである。

偏在する水

水は、地球上に約14億km^{3}あるが、その大部分は海水や塩水であり、淡水は2.5％しかない。さらに、氷河等を除いた実際に利用可能な淡水は、地下水を含めてわずか0.8％である。川や湖のように利用し易い地表の水にかぎると、0.01％のみになってしまう。また淡水は量が少ないだけでなく、偏在している。日本をはじめ、東南アジアや南アメリカなど、比較的水の豊富な地域が存在する一方、アフリカや中東のように、水に困窮している乾燥地帯もある。そして

現在では、約20億もの人びとが水不足（1人当たりの年間利用可能な水量が1,000m^{3}未満）や水ストレス（1人当たりの年間利用可能な水量が1,700m^{3}未満）の状態にさらされているといわれる。

　このように希少かつ偏在する水は、現在でも約7割が農業用水として使われている。工業用水として使用されるのは約2割であり、残りの1割が生活用水である。北アメリカやヨーロッパ、ロシアでは産業用に使用される水量の割合が多いが、日本を含めた大半の国では、多くの水が農業に使われている。ただし、水の使用量は過去に比べるとはるかに多い。世界全体での水の使用量は、1900年には約500km^{3}であったが、1950年には約1,400km^3、2000年には約4,000km^{3}となり、約8倍に増えている。ちなみに人口は、1900年の16億人から2000年には60億人に増えており、水の使用量が人口増とともに急速に増加していることが分かる。そして水の使用量が増えるということは、すでに水が不足している地域における困窮の度合が高くなることも意味しているのである。

越境する水

　水は偏在しているが、地球上で循環するものであり、つながりあっている。そして当然のごとく、政治的な境界線を越えて動いていく。それゆえ地表を流れる国際河川では、その管理や利用をめぐり流域関係国間において抗争が生じてきた。アメリカとメキシコの国境地域には、コロラド川などの地表水だけではなく帯水層も存在しており、両国間で取水量や水質をめぐる対立がある。またイスラエルは、1967年の第3次中東戦争によってヨルダン川西岸地区を占領し、ヨルダンの水源および帯水層を利用できるようになった。越境する水は、国家にとって安全保障の対象でもあり、ユーフラテス川やヨルダン川流域のように乾燥地帯における水をめぐる利害対立はとくに深刻なものとなる。

　越境する水の汚染も、現代世界の大きな問題の一つである。国境をまたいで存在する中央アジアのアラル海は、流入する河川から綿花栽培の灌漑用水を過剰取水したために水量が激減し、堆積した汚染物質や高濃度の塩類によって魚類はおろか周辺に住む人間の存在も許さなくなった。水は地表を流れるだけではなく、大気に蒸発する水や地下水など「見えない水」となっても循環し、つ

ながっている。つまり、このような水量および水質に関する悲劇は、「見えない水」でも進行しているのである。大気が汚染されると気温が変化する。それによって雲の量が変わり、降水量に影響を与えてしまう。降水量の変化は、森林伐採などの影響とともに、旱魃や洪水を引き起こす。また、地下水の過剰取水は広範囲で地盤沈下を招き、農薬などの有害物質は地下水を通して海洋にまで拡がっていく可能性もある。

さらに、現代の「見えない水」は、人工的に越境するというもう一つの側面も有している。「仮想水（バーチャルウォーター）」である。図表1にあるように、牛肉1kgの生産に必要な水の量は約16,000リットルであり、他の農産物と比べると圧倒的に多い。それは、牛を飼育するには飼料として穀類が必要であり、その穀類を栽培するための水も使用されるからである。つまり、牛肉を輸入することは、生産に要した水を輸入することと同じなのである。食料自給率（カロリーベース）が約40％の日本は最大の仮想水輸入国である。環境省によると、

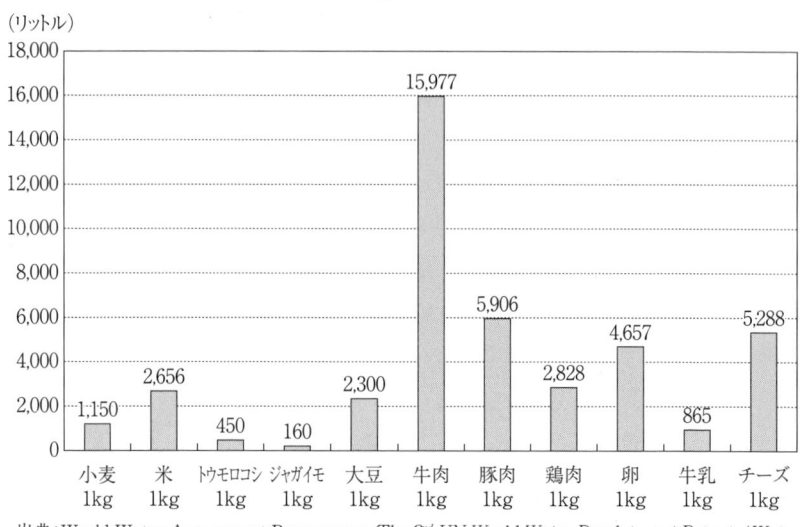

図表1　食料1kgの生産に必要な水量

食料	水量(リットル)
小麦 1kg	1,150
米 1kg	2,656
トウモロコシ 1kg	450
ジャガイモ 1kg	160
大豆 1kg	2,300
牛肉 1kg	15,977
豚肉 1kg	5,906
鶏肉 1kg	2,828
卵 1kg	4,657
牛乳 1kg	865
チーズ 1kg	5,288

出典：World Water Assessment Programme, *The 2nd UN World Water Development Report: 'Water, a shared responsibility'*, UNESCO, 2006; A. Y. Hoekstra, ed., "Virtual water trade: Proceedings of the international expert meeting on virtual water trade", *Value of Water Research Report Series*, No. 12, Delft, the Netherlands, UNESCO-IHE, 2003.

2005年には約800億m³の仮想水を輸入しており、この数値は日本における年間水道使用量の約8倍である。水の少ない国から豊富な国に、仮想水という形で水が大量に輸入されている世界の現状を知ること、つまり意識の上で「見える水」にすることは、水をめぐる問題を理解する上で重要なことであろう。

ビジネスと水

　水のグローバル化が顕著に現れている領域は、水のビジネスであろう。食料という形で輸入される仮想水だけではない。欧米で大量に消費されているボトル水も、今や私たちの日常生活に溶け込んでいる。清涼飲料水の消費量が頭打ちになる中、ボトル水の消費量は現在飛躍的に高まっている。

　ビジネスの観点からは、水は経済財であり、商品である。しかし、水という物質が人間の生存や生活にとって不可欠なものであるがゆえに、その影響も深刻なものとなる。水の豊富な土地の所有権や使用権を獲得すれば、近隣の水源に悪影響をおよぼそうが、地下水を自由に揚水し、商品として販売できる。アメリカのミシガン州では、多国籍企業がボトル水を生産するために、地下水から大量に揚水したことによって近隣の湿地帯の水位が下がった。地域の生態系への影響も懸念されるため、地域住民が抗議を行い、訴訟問題にまで発展した。また世界の食料を生産している大規模な企業型農業を支えるアメリカ最大のオガララ帯水層でも、涵養するよりも多くの量を取水しているため、豊富な地下水が現在では枯渇しそうになっており、農業用水が足りなくなってきている。このように水のビジネスとは、地域住民や先住民、農民から水源を奪うことで成り立つものである。今や水は「ブルー・ゴールド」といわれ、世界各地の水が投資の対象になっているのである。

　さらに、各国の自治体では、資金不足などを理由に、公営の水道事業を民営化する傾向が進んでいる。とくに巨大な水企業であるスエズ(2008年からスエズ・エンバイロメント)は、すでに世界中で1億もの人びとに水を供給している。水が経済財であるのなら、上下水道事業を民間企業が担うことは資本主義経済下では当然の選択肢となり、企業は収益をあげるべく邁進し、コスト削減に走るだろう。そして南アフリカでは、値上がりした水道料金を払うことができない

貧しい人びとへの水道供給が止められた。水は生存と生活に不可欠なものであるから、人びとは近くの汚染された川の水を飲むしかなかった。その結果、南アフリカでコレラが集団発生したのである。WHOによると、少なくとも2000年8月から2001年4月16日までの間に、86,107人が発病し、181人が亡くなったと報告されている。またボリビアのコチャバンバでは、民営化によって水道料金が大幅に値上げされ、さらに水源を所有した企業側が住民の持つ井戸の使用料までも請求した。このようなやり方に対して非常に激しい抗議運動が起こり、戒厳令を敷いたボリビア政府は、企業との契約を破棄せざるをえなかった。

　度重なる値上げ、進まない貧困層への水道設備の普及、水道管や処理場補修の放置などの問題からは、利潤追求、株主への利益還元という原理で動く民間企業の限界が見えてくる。儲けを上げているにもかかわらず、インフラの整備・維持や長期的な投資などは行いたがらない。ビジネスは、貴重な水の有効利用のために水を経済的に価値づけようとするが、取り残されるのは、その対価を払えない人びとなのである。

人権としての水

　一方、安全な水へのアクセスは人権であるとNGO等は主張する。それゆえ、水の管理・供給は、住民への責任を有する自治体や国といった公的機関の責任のもとに、すべての人びとに行き届くように行うべきだという。すでに、国連も、1977年にマルデルプラタで開催された水に関する会議において、人びとが飲料水にアクセスする権利を明確に示している。さらに、2002年には、国連の経済的、社会的及び文化的権利に関する委員会が、安全な水へのアクセスは全ての人びとの基本的人権であると確認した。

　2006年に国連開発計画が発行した『人間開発報告書』は、人権としての水の観点から公共政策の提言を行っている。同報告書によると、2015年までに安全な水と衛生設備を利用できない人の割合を半減するというミレニアム開発目標（MDGs）を達成するには年間100億ドルを追加投入しなければならないが、これは、世界の軍事支出の5日分またはミネラルウォーターに費やす年額の半分にも満たない金額だという。しかし現状では、アジアやラテンアメリカ、サハラ

以南アフリカの都市部に住む高所得者は公共水道会社の供給する水を低額で1日当たり数百リットル利用できるが、同国内のスラムに住む人びとや農村地域の貧しい人びとは、1人1日20リットルという、基本的なニーズを満たすために最低限必要とされる水準を大きく下回る量しか利用できない。しかも水道設備のない地域に住む貧しい人びとは、行商人などから水を買い、水道料金を払っている人々よりも10倍以上も高い料金を払っているのである。非衛生的な水や設備が原因で死亡する子供は年間180万人もおり、この人数は武装紛争における犠牲者数をはるかに上回っている。また、水汲みは女性の仕事であり、彼女たちから時間や教育の機会も奪っている。

　民営の水道会社はそのような人びとを収益のあがる対象とはみなさないだろう。適切な公共政策とそのための援助が求められる所以である。貧富の格差や南北問題が、生命の維持に不可欠な安全な水にも色濃く影響しているのである。

2　水のガバナンス

　このように水をめぐる状況は、地域や国の境界を越えていく。それゆえ、グローバルな認識と対応が必要とされてきており、水のガバナンスが注目されている。

　中世の日本であれば、村同士や農民同士の水の争いが激しいものであっても、「祭り」という潤滑油を利用して、対立関係にあるものを結びつける工夫があった。また水不足のときでも、少しでも水が行き渡るような、水分配の調整がなされていた。「水掛聟」の最後、聟と途中で加勢した娘の夫婦に打ち倒されてしまった舅は、「来年から祭りには呼ばぬぞ」と寂しくつぶやく。私たちは、狂言という形で、中世日本の農村における水のガバナンスを今でも垣間見ることができるのである。また現代世界の農村社会や地域社会においても、それぞれの地の知恵や技術、水源の管理と利用に関する取り決めが存在している。

　しかし、近代国家において水は、上下水道の整備、河川の改修工事、ダム建

設など、大規模な治水や利水という観点から、国家規模の計画のもとで制御されるものになった。複数国にまたがる国際河川の共同利用に関しては、メコン川委員会のような、下流国と上流国が協議できるガバナンスも存在している。しかし一方、大規模開発の進め方が環境問題や流域住民の生活の破壊につながってきた。水の管理・利用に関するガバナンスには、このような住民や関係する多様なアクターのかかわりが重要になってくるであろう。

現在では、さらにグローバル化した水問題に対応できるガバナンスが求められている。そのようなガバナンスを構成するのは、政府、国連諸機関はもとより、1996年に設立され、民間企業を中心に様々な利害関係者が世界の水問題について協議する有数のシンクタンクである世界水会議（WWC）や、同じく1996年に設立され、世界各地域で具体的な政策プロジェクトを実施する専門的な国際ネットワークである世界水パートナーシップ（GWP）など、多様なアクターであるといわれる。

しかし、これらのアクターは、今のところ、協力するよりも競合しあっており、グローバルなガバナンスの構造やプロセスという点では発展途上の状態にある。オゾン層の保護や気候変動問題をめぐるグローバルガバナンスは比較的速く形成されたが、水問題は、経済や安全保障の領域、開発や環境の領域など多方面に広がっているため、争点が明確になりにくい。また単なる技術論では解決できないなどの理由により、議論が行動につながりにくいのである。

例えば、世界水会議が1997年から3年ごとに主催する世界水フォーラムは、世界の水問題について討議し、グローバルな政策指針を提唱しているが、それらは国際金融機関やビジネス界を中心とした発想であるとしてNGOは批判を続けている。2000年に開催された第2回世界水フォーラムでは、貧困者に配慮するとはいいながらも、水の管理を自由市場の競争下におき、水供給にかかるコストを利用者に全て負担してもらうというフルコスト価格が、水を商品化するものであるとして激しい批判を受けた。またその後の会議でも、莫大な投資を前提とする水開発や、官民パートナーシップという言葉によって民間の役割は強調された。NGO側は、水という人間の生命に不可欠な物質に関しては、他の経済財と同様に扱うべきではなく、人権としての水へのアクセスの保障は、

住民の主体的参加にもとづく民主的な公的機関の義務であると主張する。しかし、2009年に開催された第5回世界水フォーラムの閣僚宣言でも、安全な飲料水や衛生へのアクセスが「人間の基本的ニーズ」であるとは認めたものの、「人権」であるとは明言していない。

　それにもかかわらず、人権としての水にとって明るい兆しも見えている。2010年7月、国連総会は「水と衛生に対する人権」決議を採択した。日本やアメリカをはじめとする主要な先進諸国が棄権したとはいえ、安全で清潔な水や衛生設備を得る権利を人権とみなすことに反対する国はなかった。このような世界の趨勢が今後どのような影響をもたらすのか注目に値するといえよう。

　世界水会議等には、グローバルな水企業やその関係者が有力なメンバーとして含まれており、ビジネスの発想にもとづく水のガバナンスの構築を目指すことはある意味で当然のことといえよう。しかし、世界銀行や国際通貨基金、地域開発銀行なども、各国に融資を行う際に水道事業の民営化を条件としていたことから、水のグローバルな経済化が加速された側面がある。民間企業に向けられた資金が、実効性を条件に公営事業に振り向けられていたならば、水のグローバルガバナンスはまた違ったものになっていたかもしれない。

　一方で、上記のようなNGOの活動など、反グローバル化のグローバル化という反転した現象が生じている。水は循環し、越境する。水の経済化もグローバルな規模で生じているため、水をめぐる問題には、グローバルな対応が必要となる。つまり、国境や共同体の内側に引きこもるわけにはいかないのである。問題認識の共有という意味で人びとの意識が境界を越えて拡大していくことは、水のグローバル化のもう一つの側面である。

3　水との共生

　水の危機的状況に警鐘を鳴らし、抜本的な改革を主張する動きのなかで見逃してはならないことは、NGOたちが、先住民にとって水は彼らの精神生活の上で非常に重要な存在であり、その「神聖な水」への権利を尊重するべきだと主張していることである。

Ⅳ　食べることの〈政治〉

　古来より水は、生命の源であり、潜在的な力をもつ「生命の水」であった。そしてその力は、「再生の水」、「清めの水」として信仰の対象であった。世界中の神話において、原初の世界はただ一面の水や海原であり、そこから生命が生み出されたといわれている。古代ケルト族にとって、地上に湧き上がってくる泉は、まさに地球の生命力そのものであった。

　「水に入る、浸る」という行為は、多くの宗教で、穢れを浄化することを意味する。水に入って清めるとは、心や体に付着した精神的な汚れを洗い流し、再生することである。衛生的な意味では決してきれいとはいえないガンジス河のほとりで、多くの人びとが沐浴し、瞑想している。アメリカ先住民のナバホ族のスウェットロッジという伝統儀式では、溶岩に水をかけて生じる熱い水蒸気が「清めの水」である。

　自然を支配の対象としてきた西欧思想の母体であるユダヤ・キリスト教にとっても、水は神聖なものである。洗礼は、額に聖水をかけてキリスト教徒として再生・復活する儀式であるが、キリスト自身も川に浸るという形で洗礼を受けている。またヨハネの福音書には、イエスがサマリアの女に与える水は、「決して渇くことがなく、その人のうちで泉となり、永遠の命への水が湧き出る」とある。

　当然のことながら、現在の私たちの日常においても水は欠かせない存在である。清らかな地下水は、飲料水や生活用水というだけでなく、豆腐や酒づくり、茶の湯や染色をはじめとして日本の文化においても貴重な存在である。水は、どの文化圏においても、生命を象徴し、豊かな観念世界を築き、私たちの世界観、文化の礎となってきた。私たちは、清らかな水でのどを潤し、せせらぎの音に癒され、ときに地を浸食し、洪水を起こして荒れ狂う水を敬いながら共に生きてきた。水は、生命の条件というだけではない。私たちの生命と文化の源なのである。

　水は生命にとって不可欠な物質であり、代替不可能な資源であるからこそ、共有の財産であるのだが、水を文化的にとらえる視点からは、水と人、水と社会との関係性が浮かび上がってくる。国家権力や経済力によって、科学的に管理され供給される水は資源としての水であり、生命の条件としての水である。

しかし、古来より私たちは水に生かされ、水とともに生きてきた。水を信仰し、水の管理と利用は共同体の中で調整しながら行ってきた。現代のグローバルな私企業による横暴を止めるためには、私たちが水との関係を再生し、水と共生するあり方を再び築き上げなければならないであろう。

もちろん、地域社会の自然保護運動で活躍するNGOのような「よそ者」は、その土地や歴史、文化の中で生きてきた主体ではない。しかし、現代においては、人びとの移動や交流が増大し、地域の出来事とグローバルな現象とのつながりも意識されるようになってきた。水の問題をめぐってグローバルに活動するNGOや地域社会に入っていくNGOとのかかわりは、水の問題への取り組みにおいて重要な要素である。

私たちは、生きるための条件をあてがわれる「受益者」や、生命の条件を剥奪された「被害者」であるだけではない。共同体や社会の中で、水や水をとりまく自然との関係を再構築していくために、主体的に考え、行動することができる。生きる条件のみが生命を支えるものでないことは、不況とはいえ、浪費や廃棄ができるほどの水や食料が存在する日本において自殺者が増えていることからも示唆されるだろう。水と人との関係性を主体的にとらえなおし、再創造していくことは、自然環境との共生にもつながる。「神聖な水」を現在そして未来の地球に届けることは、あらゆる生命をつなぐことなのである。

私たちの体の約60%から70%は水でできている。水は、私たちを構成し、私たちの外側にも存在している。水は私たちそのものであり、私たちの世界そのものなのである。

〈コラム〉「近い水」「遠い水」

現在の滋賀県知事であり、琵琶湖で30年におよぶ調査研究を行った嘉田由紀子氏によると、川の水や湖の水、井戸水や雨水を自分たちが管理し利用することによって暮らしの中に根づいていた「近い水」は、明治以降、治水や電力供給、農業用水、上下水道などの目的のために科学的知識と国家権力および経済性の論理によって制御された「遠い水」になってしまった。心理的にも遠くなった水を「近い水」にすることは、水と人とのかかわりの再生を意味する。

IV　食べることの〈政治〉

　そのあり方は地域によって異なるであろうが、グローバル化した世界における「遠い水」そして「見えない水」によって生じる問題への取り組みも、私たちが「近い水」をいかに取り戻すかということにつながっているだろう。

〈ファーザーリーディング〉

ロビン・クラーク（沖大幹監訳）『水の世界地図』丸善株式会社、2006年
　水の問題に関する多様なデータが、カラーの地図とグラフによって分かりやすく提示されている。

国際調査ジャーナリスト協会（ICIJ）（佐久間智子訳）『世界の〈水〉が支配される！グローバル水企業(ウォーターバロン)の恐るべき実態』作品社、2004年
　各国の水道民営化から暴利を貪るグローバル水企業が、いかに人びとを苦境に陥れるかという事例を調査ジャーナリストのネットワークが明らかにする。

モード・バーロウ／トニー・クラーク（鈴木主税訳）『「水」戦争の世紀』集英社新書、2003年
　水をめぐる危機的状況の中で人権としての水へのアクセスを確立するために、NGOの立場から抜本的な政策提言を行う。

国連開発計画（UNDP）『人間開発報告書2006年版　水危機神話を越えて：水資源をめぐる権力闘争と貧困、グローバルな課題』国際協力出版会、2007年
　安全で清潔な水へのアクセスは人権であり、その実現のためには公共政策が重要であるという視点からさまざまな政策提言を行う。

福井勝義編著『水の原風景　自然と心をつなぐもの』TOTO出版、1996年
　世界各地の神話や宗教、生活世界における水のイメージを鮮やかに浮かび上がらせ、人の心と、水をとりまく自然との関係性を描き出す。

第10章

米
―― 世界食糧危機と米の国際価格形成

宮田　敏之

1　不安定化する世界米市場――2007年から2008年の米価高騰

　2007年後半から2008年前半にかけて、米の国際価格は史上稀に見る急騰をみせた。一部の米輸出国が、国内の食糧需要を満たすため輸出規制を行い、米の輸入国では米価の高騰に抗議するデモや暴動が発生し、世界米市場がいかに不安定であるかが明らかとなった。世界食糧危機は、小麦やトウモロコシなどだけではなく、米においても深刻化したわけである。

　ところが、図表1によれば、世界的に米価の高騰した2007年から2008年にかけて世界の米生産自体は、実は、増加していた。2007年が4億4千万トン（精米ベース）で、2008年が4億6千万トンであった。しかし、米輸出は200万トン減少していた。特に、インドの米輸出が大幅に減少し、2007年630万トンから、2008年には338万トンに減少した。およそ300万トン低下して、前年に比べ半減した。小麦の不作により、国内の穀物供給の不足が予想されたため、米の輸出規制に踏み切ったのである。世界の米生産自体は当時増加したにもかかわらず、こうした一部の米輸出国の輸出規制が、世界市場への米供給を減少させ、これが、世界の米需給の不安定化を、実態的にも、心理的にも生じさせ、米価高騰を招いた。

　では、2007年から2008年にかけての米価高騰はどのようなものであったのか？　図表2に示したように、世界最大の米輸出国であるタイの米輸出価格は2008年5月、同年1月の価格の実に2倍に達した。タイの輸出米の中で最も高

Ⅳ 食べることの〈政治〉

図表1 世界米生産・米輸出・米輸入の推移（2007年・2008年・2009年）

世界米生産・精米ベース（単位・1,000トン）

順位	国名	2007年生産量	%	順位	国名	2008年生産量	%	順位	国名	2009年生産量	%
−	世界合計	441,375	100.0	−	世界合計	460,908	100.0	−	世界合計	456,079	100.0
1	中国	125,931	28.5	1	中国	129,934	28.2	1	中国	132,557	29.1
2	インド	97,151	22.0	2	インド	99,631	21.6	2	インド	88,216	19.3
3	インドネシア	38,410	8.7	3	インドネシア	40,489	8.8	3	インドネシア	43,276	9.5
4	バングラディシュ	28,934	6.6	4	バングラディシュ	31,520	6.8	4	バングラディシュ	30,290	6.6
5	ヴェトナム	24,153	5.5	5	ヴェトナム	26,023	5.6	5	ヴェトナム	26,138	5.7

世界米輸出・精米ベース（単位・1,000トン）

順位	国名	2007年米輸出量	%	順位	国名	2008年米輸出量	%	順位	国名	2009年米輸出量	%
−	世界合計	31,851	100.0	−	世界合計	29,689	100.0	−	世界合計	29,147	100.0
1	タイ	9,557	30.0	1	タイ	10,011	33.7	1	タイ	8,570	29.4
2	インド	6,301	19.8	2	ヴェトナム	4,649	15.7	2	ヴェトナム	5,950	20.4
3	ヴェトナム	4,522	14.2	3	インド	3,383	11.4	3	パキスタン	3,000	10.3
4	アメリカ	3,003	9.4	4	アメリカ	3,219	10.8	4	アメリカ	2,992	10.3
5	パキスタン	2,696	8.5	5	パキスタン	3,000	10.1	5	インド	2,150	7.4

世界米輸入・精米ベース（単位・1,000トン）

順位	国名	2007年米輸入量	%	順位	国名	2008年米輸入量	%	順位	国名	2009年米輸入量	%
−	世界合計	31,851	100.0	−	世界合計	29,689	100.0	−	世界合計	29,147	100.0
1	フィリピン	1,900	6.0	1	フィリピン	2,500	8.4	1	フィリピン	2,000	6.9
2	バングラディシュ	1,570	4.9	2	ナイジェリア	1,800	6.1	2	ナイジェリア	2,000	6.9
3	ナイジェリア	1,550	4.9	3	バングラディシュ	1,658	5.6	3	イラン	1,400	4.8
4	イラン	1,500	4.7	4	イラン	1,550	5.2	4	EU-27	1,383	4.7
5	EU-27	1,342	4.2	5	EU-27	1,520	5.1	5	イラク	1,089	3.7

出典：FAOおよびUSDAの米統計をもとに筆者作成

図表2 タイとアメリカの米輸出価格とフィリピンの小売米価格の動向（2007年1月-2008年9月）

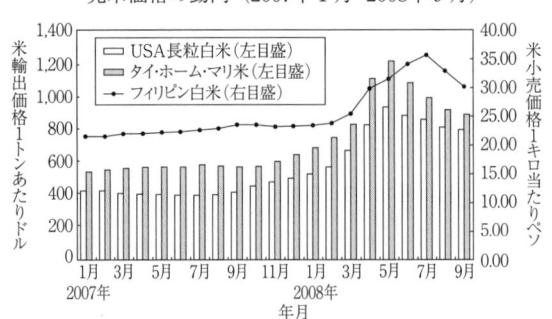

出典：USDA統計、タイ貿易委員会統計、フィリピン農業統計庁の諸統計より筆者作成

価格で取引される、高級香り米のジャスミン・ライス（輸出規格ではタイ・ホーム・マリ米）の輸出価格は、2007年9月には1トンあたり557ドルであったが、通常は最も価格の下がる雨季作の収穫期である12月から1月にかけ

ても値下がりせず、2008年1月には650ドル以上に値上がりし、2008年4月には1,000ドルの大台を超え、ついに5月7日には1,245ドルを記録した。わずか5箇月で、2倍にも跳ね上がったのである。この5月を頂点に、その後、米価格は低下傾向をみせて10月には820ドルとなったが、それでも前年10月の1.5倍の水準であった。

　他方、米の輸入国では、この間、輸入米の価格上昇が国内の食糧不安をもたらし、社会的な混乱を引き起こした。たとえば、中南米のハイチでは、2008年4月、2007年に比べ2倍近くに高騰した米価に抗議する市民のデモが発生し、国連ハイチ安定化派遣団や警官隊と衝突したことで騒乱が拡大した。首都では暴動が10日間以上も続き、取締りの過程で死者が出る深刻な事態に陥り、首相解任決議が上院で可決された。同様に、米価が前年の2倍に急騰したコートジボワールやモーリタニアなどでも抗議活動が拡大し、死者が出た。また、世界有数の米輸入国で、国内の米消費量の10％を輸入に依存するフィリピンでも米価格は2007年はじめから徐々に上昇をはじめ、2008年に入ったころから急騰し、2008年4月から6月には前年比40〜60％高となり、米価急騰に抗議して、アロヨ政権を批判する反政府デモも発生した。アロヨ政権は、米輸入契約を急ぐと同時に、フィリピン国家食糧庁（National Food Authority：NFA）を通じ、マニラ首都圏で、警備のため軍を動員しながら、ベトナムから輸入した政府米を安価で直接販売した。同時に、買いだめを取締り、農地転用の一時停止を発令するなど一連の対策を講じた。

　では、なぜ、このような異常ともいえる米価高騰が生じたのか？　その要因として、一般に指摘されているのは、長期的な要因である。たとえば、バイオエネルギー用作物の増産による小麦などの食用穀物生産の減少、記録的な上昇を続ける原油高、地球温暖化を背景とした気象変化による洪水・旱魃の頻発、アメリカのドル安傾向などである。たとえば、ドル安の影響は次のように説明できよう。タイの通貨バーツは2006年1月の平均為替レートが1ドル＝39.58バーツであったが、米価が急騰した2008年4月には1ドル＝31.54バーツで、およそ20％のドル安バーツ高となっていた。ドル建ての米輸出価格は、その分、バーツ建ての価格（タイの国内米価格）よりも割高に示されることになり、米価

Ⅳ　食べることの〈政治〉

高騰の傾向をさらに強めることとなった。

　しかし、こうした長期的な要因だけで、2007年後半から2008年初頭の米価高騰は説明できるであろうか？　実は、米価高騰の直接的な引き金は、天候不順に伴う米輸出国であるインドやベトナムの断続的な米の輸出規制であり、2007年11月のバングラディシュにおける洪水に伴う輸入増加や2008年初頭以降の世界最大の米輸入国であるフィリピンの大規模な米の買い付けであった。いわば、米需給の急激な混乱にあった。

　2007年10月インドは、国内の小麦不作による米に対する消費需要が増大することを見込んで、米の輸出規制に踏み切り、1トンあたり425ドル以上の高級香り米バスマティ米のみ輸出を許可するとした。その後も、この種の輸出規制は断続的に強化され、2008年1月には1トンあたり500ドル以上のバスマティ米のみ、2008年3月には1トンあたり1,000ドル以上のもののみ輸出可能とした。ベトナムでは、2007年11月害虫被害が発生し、米生産への影響が懸念されたが、2008年1月から2月には北部で冷害が起きて米供給への不安がさらに高まった。結局、2008年3月ベトナム政府は輸出米目標を400万トン～450万トンから、350万トンに引き下げるという輸出数量規制を決定した。

　この間、2007年11月にはバングラディシュで大洪水が発生し、2008年1月にはバングラディシュがインドの代わりにタイとミャンマーから急遽米の買い付けを行うなど、米需給の波乱要因が生じた。さらに、フィリピンは、米輸出国の輸出規制と米価上昇傾向を懸念して、2008年3月55万トンの米輸入を計画したが、米価高騰のあおりで33万トンしか輸入できず、4月にも50万トンの計画に対して、32万トンしか輸入できず、米の調達が極めて困難であることが露呈し、米需給の不安定さが、さらに浮き彫りになった。香港でも、2008年3月には米の買い付け騒ぎが発生し、スーパーに消費者が米を求めて殺到した。

　タイ国内でも、3月下旬から4月初旬にかけて米価が高騰し、パニックは起きなかったものの、一部の消費者が米の買いだめをおこない、十分な米の国内在庫があることを政府がわざわざ発表しなければならない事態となった。また、地方では米泥棒まででた。さらに、当時のサマック政権は、米価高騰が消費者の生活に与える影響を考慮し、ミンクワン商業大臣を中心に政府の在庫米

を、市場価格の10％から20％割安の「空色旗の袋米」(カーオ・トゥン・トンファー：空色の旗はタイ商業省国内商業局のロゴ)として国内で3万トンを臨時で販売した。

米輸出国の輸出規制やバングラディシュの大洪水は、2007年後半の時点で米の国際的な供給不足を「予想」させるに十分であったため、タイのように、2007年雨季作がほぼ平年並みの収穫となり、国際市場への米輸出余力を有していた国に米の買付けが集中し、米輸出価格を上昇させた。さらに、2008年に入ると、天候不順による米生産低下が懸念されたベトナムの輸出規制とインドのさらなる米輸出規制が、タイへの米買い付けを一段と急増させ、米輸出価格をさらなる上昇へと導き、2008年1月から5月のわずか5箇月で2倍という歴史的な米価急騰を引き起こすことになった。2008年6月には、ベトナム南部メコンデルタの乾季作米（7月収穫予定）の豊作予想が広まり、世界米市場の逼迫は緩和されるという予想から、急騰を続けたタイの米輸出価格も低下傾向となったが、2008年12月の時点でも、ようやく2008年3月頃の水準に落ち着いたという状況で、依然として高値傾向は継続した。

2 どのように、タイの米輸出価格は決まるのか？

こうした2008年の米価高騰は、確かに、複数の米輸出国の輸出規制が引き金となり、米需給の不安定化懸念が強まり、実際その輸出規制が進行するにつれ、タイへの買い付けが集中したことが、主たる要因であった。

しかし、この米価高騰は、実際、どのようなプロセスで進行したのであろうか？　米の場合、コーヒー、砂糖、トウモロコシ、大豆や小麦のように世界的な先物取引市場があるわけではない。タイには、農産物先物取引市場（The Agricultural Futures Exchange of Thailand：AFET）があり、米の取引もされているが、2004年に設立されたばかりで、依然として規模の小さいものである。

シカゴには世界的な米市場はあるが、世界米市場の指標として重視されているのは、世界の米輸出量のおよそ30％を占めるタイの米輸出価格である。では、その米輸出価格がタイでどのように決定されているのか？　この点をさらに明らかにしておく必要がある。タイにおける米輸出価格の動向に大きな影響

力を持っているのは、タイ米輸出業者協会が、毎週水曜日に開催する役員会で決定・発表するタイ米輸出価格（参考価格）である。タイ米輸出業者協会は1918年に設立され、90年以上の歴史を持ち、タイの米輸出業者197社が加盟する強力な業界団体である。近年、タイ精米業者協会に加盟する精米業者も米輸出業に参入することができるようになり、米輸出自体は大幅に自由化されたとはいえ、タイ米輸出業者協会はタイの米業界の頂点に立つ存在である。このタイ米輸出業者協会が定める価格は、海外の米需給、タイへの米の買い付け動向、国内の作況や価格動向を総合的に判断して決定されているという。同協会の会員の米取引に対する強制力はないが、その価格を重要な指標として、タイの米輸出業者は国内の精米業者やヨンというブローカーから白米を買い付ける際に価格交渉を行い、海外の米輸入業者との間で米輸出価格を交渉するとされている（タイ国米輸出業者チア・メン社ワンロップ・マーナタンヤー社長への聞き取り調査：2009年1月）。2008年前半の米価高騰時において、タイ米輸出業者協会の発表する米輸出価格が、米価格の上昇傾向を決定したとはいえないが、そのトレンドをリードし、大きな影響を及ぼしたのは間違いない。

　しかし、米輸出価格の形成に大きな影響力を及ぼすとはいっても、米の輸出価格を米輸出業者が、一方的に支配して設定することは不可能である。たとえば、海外の米輸入業者は、自国の米生産・消費状況や他の米輸出国の作況と価格を判断して、タイの米輸出業者の提示する価格を比較検討しうる。その意味で、国際的な米の需給状況がタイの米輸出価格に反映する。

　他方、タイの米輸出業者は、タイ国内の精米業者やヨンといわれるブローカーに対して、白米の買い取り価格を交渉するが、タイ米輸出業者協会自身が、毎週、米輸出価格を発表しているため、精米業者やヨンも、米輸出価格の標準的な価格を十分に把握した上で、国内の天候、米の作況や自分の調達できる米の数量や価格などをもとに、米の輸出業者と交渉することになる。米輸出業者が一方的に買い叩いて米価格を独占的に決定するという単純な構造ではない。

　当然、米輸出業者にせよ、精米業者、ヨンにせよ、その資金量、取扱量の規模、取り扱う米の品質・種類によって、価格交渉力、つまりバーゲニングパワーが異なるのであるが、重要なのは**図表3**に示すように、米輸出業者が生産から

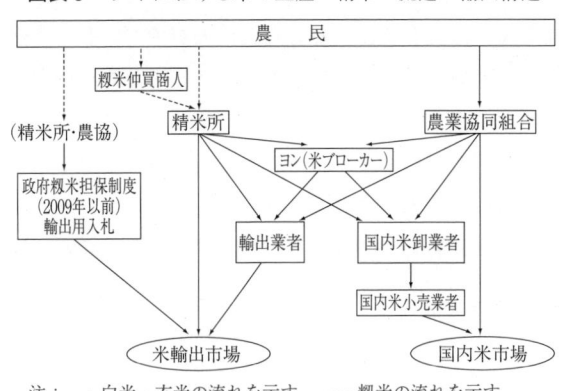

図表3　タイにおける米の生産・精米・流通・輸出構造

(精米所・農協)
農民 → 籾米仲買商人 → 精米所 → 農業協同組合
政府籾米担保制度（2009年以前）輸出用入札
ヨン（米ブローカー）
輸出業者　国内米卸業者
国内米小売業者
米輸出市場　　国内米市場

注：──▶ 白米・玄米の流れを示す。　┈┈▶ 籾米の流れを示す。
出典：タイ米輸出業協会での聞き取り調査等をもとに、筆者作成

輸出までを垂直統合する形で支配しているわけではないということである。バナナやオレンジなどの様に一部の多国籍企業が生産、流通、販売、輸出を統合するモノカルチャー的な換金作物とは、米の場合、その生産・精米・流通・輸出構造が異なる。

3　米ビジネスと米価高騰

　実は、2008年前半の米価高騰時において、一部の米輸出業者が輸出契約をキャンセルするという事態が報告された。米輸出価格の歴史的な上昇は、当然、米輸出業者に大きな利益をもたらすと想像しうるのだが、そうした環境にあって、米輸出業者自らが米輸出をキャンセルし、違約金を払ったというのである。こうした一見不可解な事態は、なぜ、生じたのだろうか？　実は、これは、タイにおける米の生産、精米、流通、輸出構造と大きく関係している。すなわち、たとえば、米輸出業者が米の先物輸出契約を締結した場合、実際の船積みは、概ね3箇月から4箇月後に行われる。実際に米の9割近くが買い付けされるのはその3箇月から4箇月先の船積み直前である。そのため、先物輸出契約時点の輸出価格と、輸出向けに船積みするために、米を精米業者やヨンから調達する時点での買い付け米価格が、どの程度、変動しているかが、重要になる。先物契約した輸出価格よりも実際の米の買い付け価格が高くなった場合、当然のことながら、米輸出業者としては大きな損失を出すことになる。実際、2008年前半には、米輸出価格が急激に上昇したため、船積み時点では、米

の買い付け価格の方が高くなるという、いわば、逆ザヤ状態が頻発し、米輸出業者が先物輸出契約を破棄して、違約金を払った方が、損失が少ないという奇妙な現象が生じたわけである。無論、中には、自らの信用を守るために無理を承知で契約を破棄せず、実行した者もいた。そうした心ある「米輸出業者は、急騰する米の国内買い付け価格が支払い能力を超えていくのを絶望の中で見届けるしかなかった。しかし、そうした米輸出業者は自分の信用と名誉を守るために、自分の売り渡し価格（輸出価格）よりも、1トン200ドル以上も高い価格で白米を買い付けざるを得なかった」のである。2007年11月から2008年前半の数箇月の間に、米輸出ビジネスの経験が豊かなおよそ30から40の米輸出業者が、総額1億2800万ドルの損失をだしたという報告さえもある（Bob Hill, "Troubling Trade," *Rice Today*, April-June, 2008）。

　この2008年前半、一部の地方の籾仲買人、大規模農民（コンバインなどを貸し出すなど企業家的農民もいる）や精米業者達は、さらに値が上がることを見込んで米を貯めこんだため、市場への米供給がほとんど止まるという事態も起きていた。その中で、地方の籾仲買人や精米業者はこれまでにない巨額の利益を出した者もいた。そのため、輸出すべき米を手にできない米輸出業者の中には、2008年3月には輸出を止め、3月終わりから4月にかけて乾季作が市場に出回るのを待つ者さえでた。こうした状況が、この時期の米輸出価格の急騰の背景の一つであった。実際、2008年5月、ローイエット県にある東北タイ有数の精米業者は、20,000トンの籾米が貯蔵できるサイロを20所有していたが、その全てが満杯であるにもかかわらず、精米機をほとんど稼働させておらず、高騰する米価格の動向を見据えて、「売り惜しみ」の状態にあった（2008年5月東北タイ調査・宮田）。さらなる値上がりを見込んだ米の抱え込みによる「投機」は、タイ国内のいたるところで、米を貯蔵する施設を持つ精米所、仲買人、農民の間で広く行われていた。

　タイの米市場は、小麦などのシカゴ市場、カカオのロンドン市場やコーヒーのニューヨーク市場のように、大手ヘッジファンドの投機マネーが流入し、価格に大きな影響を及ぼす世界とは異なる。タイ米輸出業者協会というプライスリーダーがいるとはいえ、その存在は絶対的なものではなく、ヘッジファンド

のような投機はみられず、多数の小規模な「投機」的な売り惜しみや米価のつり上げが積み重なる価格形成のダイナミズムがみられる。

　ところで、この時期のタイの米価高騰の恩恵をほとんど受けなかったのが、多くの一般的な稲作農家であった。タイの稲作農家の多くは、灌漑網が整わず、乾季作が困難なため、5月に籾撒きをして11月に稲刈りをする、雨季作にしか米の栽培ができない。2007年の雨季作の場合、11月頃に米の収穫を終え、精米所、農協や仲買人に売り払い、現金にしてしまった者が多く、最も米価の高騰した2008年3月から5月には、売るべき籾米はすでにほとんど手元になかったのである。タイでは、乾季作の収穫面積（2009年約198万ヘクタール）は雨季作（2008年約870万ヘクタール）の約2割とされているため、タイ全国の8割の稲作地域は雨季作だけの一期作であり、そこで稲作に従事する農家は収穫した米を11月から12月に大半を売り渡していたわけである。灌漑網が整備され、乾季作が可能な、たとえば、タイ中部スパンブリー県のような二期作地域では、4月から8月の間に乾季作の稲を収穫し、その籾をきちんと貯蔵できる施設を持った一部の農家にとって、この米価高騰は千載一遇のチャンスであった。しかし、乾季作の稲の収穫は、実は、大変なリスクを抱えている。多くの場合、乾季作の収穫は5月以降の本格的な雨季の到来の中でしなければならない。となれば、稲刈りそのものが雨との戦いである。と同時に、収穫した籾が雨に濡れないように細心の注意を払わねばならない。籾が濡れてしまうと、精米した後の白米の水分量が多くなり、低品質米として、一般に精米所では価格を割り引かれてしまう。籾の乾燥施設がほとんど普及していないタイの農村地帯では、米価高騰というチャンスの中、せっかく乾季作の稲を収穫しても、雨が農家のリスクを高め、それに追い討ちをかけるように、2008年にはガソリンやディーゼルの価格が急騰し、経営を圧迫した。

　とはいえ、2008年タイの米輸出額は2005億9170万バーツで、米の輸出量は997万トンであり、史上稀に見る輸出額と輸出量であった。2007年は輸出量がほぼ同じ950万トンでありながら、輸出額が1231億5860万バーツにとどまっていた。2008年の2005億バーツを越える米輸出額は、前年比60％も上昇していたわけである。この輸出額は、政府米輸出を除く大部分が、タイの米輸出業者が海外に

IV 食べることの〈政治〉

販売した、いわば、総売り上げである。確かに、前述のごとく、米輸出価格の上昇に伴って、国内白米価格も上昇しており、米輸出業者にとって無条件に利益のでるビジネスが続いたわけではない。いわば、どの時点の、どの価格で輸出契約をし、どのような価格で実際に船積みする米を調達できたか、そのタイミングが、「天国」か「地獄」かを分け、「濡れ手に粟の利益」か「契約破棄による違約金支払い」かの明暗を分けた。

　他方、貯蔵施設を持つ精米業者、仲介業者、大規模農民の中には、手持ちの籾や白米をどのタイミングで売るかを見極めて、売買を進めることのできる立場にあった者も多い。高値で売り抜けることのできた者も少なくなかろう。しかし、それは、合法的な商取引であったとはいえ、米を食する多くの国内外の消費者の苦難と引き換えに得た、大変重い意味を持つ、「利益」であったと言える。タイの稲作農民の多くは、雨季の稲作に従事しており、一部の貯蔵施設を持つ大規模な農民を除いて、米価高騰の利益には預かりがたく、折からの原油価格や肥料価格の急上昇にその経営は圧迫された。しかし、この時期、反政府運動にさらされていたタクシン派のサマック政権は、タクシン政権下の籾米担保政策（事実上の籾米買取政策）を2008年の乾季作に対して、急遽、実施し、普通米の籾1トンあたり14,000バーツで事実上買い上げるという決定をした。これにより、一部の乾季作農民は高値の恩恵を受けたはずだが、如何せん雨季の収穫であり、稲刈りや籾米の扱いには雨のもたらす大きなリスクが伴っていた。

　2007年から2008年の米価急騰に見るように、世界市場における米の価格形成は、小麦、コーヒー、カカオなどのように巨大な先物市場で取引されて、ヘッジファンドなどの投機による価格変動の影響を被る農産物のそれとは明らかに違っていた。米価の急騰は、世界市場の米の需給バランスが崩れたことによって生じたのであるが、タイでは、輸出業者、精米所、仲買人、農民の一部による、規模はそれほど大きくはないが、しかし、多数の「投機」的な売り惜しみや買いだめが、積み重なって、米価上昇が加速したという側面がある。

　しかし、実は、こうした国際的な米の価格決定プロセス、それ自体は、依然として、十分に明らかにされているとは言いがたい。本稿は、世界一の米輸出国タイにおける米輸出価格形成の一端を紹介したが、その全貌を解明できたわ

けではない。食糧危機が叫ばれるが、そもそも、世界市場において、米の価格はどのように形成されているのか？ その実像は、依然、なぞに包まれている。重要な点は、米価格の価格上昇を、他の農産品と同様に、安易に、ヘッジファンドの投機によるものとみなすのではなく、価格形成の複雑な実態を実証的に解明する努力を続けるということである。米価急騰による食糧危機は、米の品種改良や灌漑網の整備、土壌改良などといった生産力向上の取り組みの重要性を我々に再認識させた。しかし、それと同様に、米価急騰をもたらす米の価格形成プロセスそれ自体を、今一度、冷静に解明することの重要性も、示唆したといえる。世界米市場の安定は、人間の食生活、ひいては人の命に関わる重要な人類的課題である。米の増産はもとより、米の貿易・流通や価格プロセスの透明性を高め、米需給安定への道筋を模索することが、今、何よりも求められている。

〈コラム〉 ジャスミン・ライス

　タイには、甘い芳醇な香りを持ち、世界的に有名な高級香り米がある。ジャスミン・ライスという。タイ語でカーオ・ホーム・マリといい、ジャスミンの香り米という意味である。しかし、ジャスミンの花の香りはしない。この米は、1950年代にタイで行われた在来種採取プロジェクトの際、中部のチャチュンサオ県で採取された。塩分濃度が高く地味の悪い土壌に適したため、東北タイに紹介され、栽培が拡大した。その品種はジャスミン花の白色米(Khao Dok Mail 105)である。この品種とその改良品種のRD15がタイを代表する香り米である。なお、香りは落ちるが、乾季作が可能で高収量のパトムタニー1という改良品種もある。

〈ファーザーリーディング〉

重冨真一・久保研介・塚田和也『アジア・コメ輸出大国と世界食料危機　タイ・ベトナム・インドの戦略』アジア経済研究所、2009年

宮田敏之「中国市場とタイ産香り米ジャスミン・ライス：なぜ、世界最大の米生産国中国がタイ米を輸入するのか？」経済産業省経済産業研究所（RIETI）ディスカッションペーパー、11-J-05、2011年（http://www.rieti.go.jp/jp/publications/dp/11j005.pdf）

第11章

コーヒー
――価格形成の政治経済論：南北問題からフェアトレードまで

辻村　英之

1　植民地主義から新自由主義まで
――南北問題運動の盛衰と国際コーヒー協定

コーヒーと植民地支配・南北問題

　エチオピア・アビシニア高原に自生していたコーヒーの木が、紅海をわたって、イエメンで栽培されるようになったのは、6世紀のことであるといわれている。当初は希少性の高い医薬品や栄養食品として利用され、おいしい飲料としての普及は、アラブにおいて16世紀、ヨーロッパにおいて17世紀になってからである。

　特に17世紀半ば以降のヨーロッパ諸国による植民地支配の深化とともに、東南アジア（オランダ領ジャワやイギリス領セイロンなど）や中南米（ポルトガル領ブラジルやフランス領ハイチなど）で大幅な増産が実現した。その結果、安いコーヒー飲用が可能になり、飲料としての普及が促されたのである。

　その一方で、植民地支配された生産国・生産者の不利さは当初から顕著であり、否応なしに、コーヒー生豆の安価な供給源とされた。カカオ、紅茶、砂糖などと並んで、コーヒーが南北問題を象徴する農産物だといわれるゆえんである。

国連貿易開発会議（UNCTAD）と国際コーヒー協定（ICA）

　1964年に創設されたUNCTADは、植民地支配によって確立された先進国に

第11章　コーヒー

有利な国際経済秩序（その秩序を管理する先進国主導の関税および貿易に関する一般協定（GATT））に対して、途上国が結束し、異議申し立てを行う機関であった。具体的には、①途上国産一次産品価格の高め安定化とその販路の確保、②先進国からの開発援助、③途上国製品・半製品の販路の確保、の三大政策により、不利さの改善に努めた。

　1962年に締結された、コーヒーの国際商品協定であるICAは、UNCTADの①の政策が具体化された1事例である。国際コーヒー機関（ICO）が安定価格帯（第4次協定（1983～89年）においては120～140セント/ポンド＝453.6グラム）を設定し、それを指標価格が下回らないように供給統制をする、すなわち各生産国に輸出量の制限（在庫の保管）を課して輸出価格を引き上げる輸出割当制度であった。

「コーヒー大国」（ブラジル・アメリカ）とICA

　ただしICAの締結を主導したのはUNCTADではなく、世界最大の生産国ブラジルと最大の消費国アメリカであった。激しく乱高下するコーヒーの市場価格を高めに安定させ、同産業に依存する国民経済を成長させたい経済的必要性を、ブラジルは有していた。そしてアメリカは、消費者価格を安定させたい経済的必要性にとどまらず、中南米における貧困の放置が同地域の共産主義化に

図表1　コーヒーの全生産量に占める主要生産国の割合（2008年）

生産国	生産量 （単位：1,000袋）	割合 （単位：％）	品種
ブラジル	45,992	35.9	アラビカが主
ベトナム	18,500	14.4	ロブスタ
インドネシア	9,350	7.3	ロブスタが主
コロンビア	8,664	6.8	アラビカ
メキシコ	4,651	3.6	アラビカ
インド	4,371	3.4	アラビカが主
エチオピア	4,350	3.4	アラビカ
ペルー	3,872	3.0	アラビカ
グアテマラ	3,785	3.0	アラビカが主
ホンジュラス	3,450	2.7	アラビカ
タンザニア（16位）	1,186	0.9	アラビカが主

注：ICO加盟国のみのデータであるが、非加盟国の輸出量は45万袋に過ぎず、上位の順位・シェアはほとんど変わらない。なお1袋は60kgである。
出典：国際コーヒー機関（ICO）の統計資料を元に筆者作成

Ⅳ　食べることの〈政治〉

図表2　コーヒーの全消費量に占める主要消費国の割合（2008年）

消費国	消費量 （単位：1,000袋）	割合 （単位：％）
アメリカ合衆国	21,652	20.2
ブラジル	17,660	16.4
ドイツ	9,535	8.9
日本	7,065	6.6
イタリア	5,892	5.5
フランス	5,152	4.8
スペイン	3,485	3.2
インドネシア	3,333	3.1
英国	3,074	2.9
メキシコ	3,067	2.0

注：ICO加盟国のみのデータである。非加盟国の消費量と正確に比較することはできないが、ロシアがフランスの後、カナダがインドネシアの後の順位になりそうである。なお1袋は60kgである。
出典：国際コーヒー機関（ICO）の統計資料を元に筆者作成

つながることを恐れる（貧困緩和のために経済援助をしたい）、政治的必要性を有していた。

　アメリカは基本的に国際的な価格支持政策を嫌うが、コーヒーだけは例外だった。ICAが締結された1962年は、キューバ危機の年であり、中南米の共産主義化に対して、アメリカはこの上なく神経をとがらせていた。また輸出割当制度（ICA経済条項）は1989年に停止されたが、同年はベルリンの壁が崩壊し、共産主義拡大の恐れがなくなった年であった。さらに1993年、アメリカはICOから脱退してしまった。

　ところが2005年、輸出割当制度を復活させないという条件の下で、アメリカは突然、ICOに復帰した。今度はコーヒー生産国の貧困が、同時多発テロの温床になるのを恐れているという。

　ちなみにブラジルは工業化が進展し、輸出総額に占めるコーヒー豆の割合が大きく降下したこと、そしてコーヒーの生産性が著しく上昇し、価格が低迷しても一定の利益が生じるようになったことから、輸出割当制度の復活に固執しなくなった。

第11章 コーヒー

南北問題運動の弱体化と「コーヒー危機」

アメリカ政府が主導した80年代以降のGATTの建て直しと世界貿易機関（WTO）体制の確立（1995年）によって、その対抗機関であるUNCTADは脇に追いやられてしまった。新自由主義（グローバル市場主義）の権化であるWTO体制下においては、たとえ途上国の貧困緩和につながろうとも、一次産品の価格支持政策は忌み嫌われる。また先進国側の経済的弱体化（世界不況や社会主義崩壊）にともない、途上国に対する開発援助は停滞している。

また途上国側も、産油国・新興工業国と他の途上国との大きな経済格差、すなわち「南南問題」の出現により利害が重ならなくなった。結束力が弱まり、先進国へ異議申し立てする力を失った。南北問題運動は弱体化してしまったのである。

コーヒーの輸出割当制度の停止についても、上記の「コーヒー大国」の思惑に加え、WTO体制下における価格支持政策の軽視、南南問題（特に上記の、ブラジルにおける生産性の突出）、不況にともなう消費国による資金援助の余裕喪失、などの南北問題運動の弱体化で説明できる。

下支えの仕組みを失い、コーヒー価格は90年代以降、低迷傾向にある。**図表**

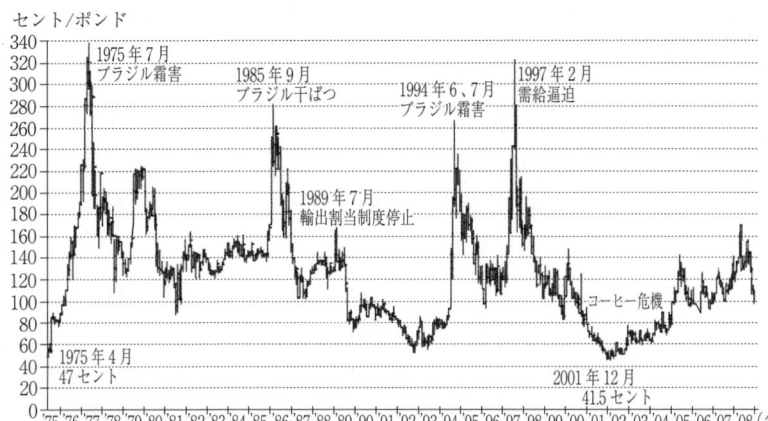

図表3　ニューヨーク先物市場で決まるコーヒーの国際価格の変動図

出典：東京穀物商品取引所作成の図、およびVolcafe/ED & F MAN社作成の図を参照して筆者作成

3のようにコーヒーの国際（貿易）価格はニューヨークのコーヒー先物市場で決まるが、特に2001〜02年にかけて、ブラジルの豊作とそれにともなうニューヨーク先物市場からの投機家流出を主因とし、先物価格は「史上最安値」の水準にまで落ち込んだ（最低時には41.5セント/ポンドまで降下）。生産者価格（生産者による販売価格）も「史上最安値」の水準となり、「世界の2,500万人のコーヒー生産者が貧困にあえぐコーヒー危機」として、世界中で深刻な問題とされた。

2 自由化にともなう価格形成の変遷
—— タンザニア・コーヒー産業の構造調整

統制期から自由期へ

以上のようにコーヒーの価格形成は、宗主国が植民地から「自由」に買い付けできた植民地時代から、その不公正さを改善するための政府「統制」である輸出割当制度の時代を経て、「自由」主義の時代に突入した。

本節では、統制期から自由期への推移にともなって、価格形成がいかに変化したかについて、「コーヒー小国」タンザニア（世界第16位の生産国に過ぎず、国際価格の水準など、国際的な政治経済状況への影響力を持たない）を事例として、価格形成の主体の変遷を中心に具体的に説明する。

統制期における価格形成 —— 政府・流通公社による価格設定

タンザニアにおけるICA輸出割当量の管理は、イギリスから独立する直前（1961年）に設立された流通公社が担った。

独立後に社会主義化が進み、流通公社によるコーヒー流通の統制が強まる。キリマンジャロ州の小農民が生産するコーヒーの場合、〔生産者→各村の単位協同組合→キリマンジャロ先住民協同組合連合会（KNCU）→流通公社（精選工場→競売所）→輸出業者〕の流通・輸出経路しか認められていなかった。さらに75年に村会が単協を吸収し、76年に連合会が解散になった。そして流通公社が、村会からの集荷にはじまり輸出業者への販売に至る、流通業務全体を担うことになった。村会・公社は政府の一部と位置付けられ、それらを主体として、

政府はコーヒー流通の統制を確立したのである。

　生産者への支払は、現在と同様、出荷時の第1次支払（概算払い）、競売所で販売後の第2次支払（調整払い）、その販売価格が高価である時のボーナス支払、の分割払いでなされていた。競売価格は国際価格（ニューヨーク先物価格）にほぼ連動しており、輸出割当制度の下での下支えが機能していた。また生産費や国際価格を考慮して流通公社・政府が設定する第1次支払は、その後に国際価格が降下しても一定の価格水準が保障されるものとして、位置付けられていた。

　ただし流通統制の強化が進むにつれ、公社の非効率さが流通コストを引き上げ、生産者価格に悪影響が生じるようになる。それを反省した政府は、1984年に協同組合（単協・連合会）を復活させ、〔生産者→単協→KNCU→流通公社→輸出業者〕の経路に戻った。

　いずれにせよ、ブラジルにおける増産（国際価格の暴落）が著しくて、あるいはタンザニアにおける非効率さ（高い流通コスト）が著しくて、機能しないことも多かったが、最低価格を保障する努力は常に存在したのである。

　しかしながら、1989年のICOの輸出割当制度の停止、そして下記のコーヒー豆流通の自由化（とりわけ民間業者による農村買付への参入）によって、政府・流通公社による価格支持の仕組みはなくなってしまった。

自由期における生産者価格の形成──多国籍企業による価格設定と協同組合の弱体化

　タンザニアのコーヒー産業に対して、1994年度に世界銀行・IMFが主導する構造調整（経済自由化）政策が適用された。それ以前は上記の単一経路しか認められていなかったが、民間業者による農村買付業務、精選業務が認められた。流通公社の主要な役割は、流通制度の管理と競売主催などに絞り込まれ、協同組合と民間流通業者が流通業務・価格設定の主体になった。

　農村買付に参入を果たした民間業者はほとんどが、自由化以前から輸出業務を担ってきた多国籍企業である。スイス系のコーヒー商社ボルカフェの子会社（世界第2位の生豆貿易量）、イギリス最大の農産物商社E・D・エフマンの子会社（同5位）、イギリスで最老舗のコーヒー商社シュルターの子会社、世界最大

IV 食べることの〈政治〉

のコーヒー商社ノイマン（ドイツ系）の子会社、の４社が特に有力である（以上は1999年の順位であるが、2004年にボルカフェがE・D・エフマンに吸収され、同商社のコーヒー部門として位置付けられた）。彼らは自由化にともない、それまでの輸出ライセンスに加えて、農村買付と精選のライセンスを新たに取得した。

多国籍企業は、農村買付をする前に、消費国の輸入業者・焙煎業者から注文を受けていることが多い。つまり求められるコーヒー豆の数量・品質と貿易価格（を決める下記の公式）が、ほぼ決まっている。その輸出価格の水準から、農村買付して輸出するまでにかかるコストと利益をマイナスし、多国籍企業は農村買付（生産者）価格の水準を決めようとする。

構造調整政策は、複数の民間業者と協同組合の買付競争が促されることで、生産者価格が上昇すると考えていた。しかし多国籍企業をはじめとする複数の民間業者は、上記の利益を確保するため、できる限り競争を避けたい。そこで彼らは、競合する協同組合の第１次支払額に、200〜300Tshsを上乗せした同じ価格を設定し、価格水準を抑え込んでしまった。

この価格カルテルによる生産者価格抑制行動に対抗できるのは、生産者が組織する協同組合だけである。協同組合の販売事業は、実現した競売価格を２〜３回に分割して、生産者へ支払っている。上記のようにこの第１次支払額が、多国籍企業の買付価格の下限になっている。

第２次支払以降が、競売後になされるのに対し、第１次支払は、生産者が単協に出荷する時になされる。そのため、銀行からの借入金が必要になるが、その借り手である連合会（KNCU）の信用力は、民間との買付競争に耐えられず大きく弱体化している。政府の保証があった社会主義時代とは異なり、民営化された銀行は、信用力の低いKNCUに対して十分な買付資金を貸し出せない。そのため、協同組合の第１次支払額は、低水準を余儀なくされている。

このように多国籍企業の買付価格の下限は、あまりに低水準であり、結果的に、彼らの自由なフルコスト・マイナスと利益の確保が実現してしまう。「買いたたき」に等しいのである。つまりタンザニアにおけるコーヒーの構造調整・流通自由化により最も自由になったのは、取引力・信用力に富んだ多国籍企業の「買いたたき」であるといえよう。

3　自由期における貿易価格の形成──投機家の影響

貿易価格形成の仕組み

　コーヒー生豆（特にレギュラー・コーヒーに利用されるアラビカ種で、「ブルーマウンテン」などの希少価値が著しい銘柄を除く）の貿易価格は、〔ニューヨークのコーヒー先物市場で決まる価格（ニューヨーク先物価格）を基準・指標とし、当該豆の品質や供給量、そして輸出入業者間の力関係に沿って割増・割引する〕という公式に沿って決まる。

　そのニューヨーク先物価格の最重要な変動要因として、ブラジル（世界の輸出量の約3割を占める）における「①産地の天候」→ブラジルの「②生産・輸出量」というファンダメンタルな（需給関係に関連する）要因と、それに反応する「③投機家の動向」という非ファンダメンタルな要因を挙げることができる。短期的変動の場合は、「①産地の天候→②生産・輸出量」より「③投機家の動向」の要因の方が優勢となり、中長期の場合は「①→②」の要因の方が優勢となる。

　短期の場合はもちろん、「投機家の動向」によって、ブラジル産豆の供給量では説明できない複雑な動きが生じてしまう。ファンダメンタル要因が優勢となる中長期の場合であっても、同豆の供給量に沿った変動を「投機家の動向」が激化してしまうことがある（実際の供給量で理解できる以上の暴騰・暴落）。

　先物価格の暴騰・暴落はそのまま貿易価格の乱高下となり、生産者サイドも消費者サイドも激しい価格変動に悩まされる。

当該豆供給実勢と投機家の影響

　この価格形成の仕組みの下では、ブラジル以外の国で生産されたコーヒー豆の供給実勢は、ニューヨーク先物価格、ひいては当該豆の貿易価格の水準に影響を及ぼさない。「キリマンジャロ」や「モカ」のように、日本では十分に差別化されていても、供給実勢が貿易価格に影響を及ぼさない状況は同じである。

　ただ当該豆の供給実勢は、割増・割引の部分に反映する。しかしその額は、多くても貿易価格の1割を占めるに過ぎず、全体の水準を動かす力を持たな

い。同じ理由で、多国籍企業の高い市場シェアや強い取引力も、貿易価格の統制力にはつながらない。コーヒーの場合は、流通・貿易業者よりも投機家の方が、価格水準に大きな影響を及ぼすのである。

結局、世界の輸出量の1％にも達していないタンザニア産豆の生産者が、十分な利益を得るためには、約3割の輸出量を誇るブラジルにおける、降霜や干ばつによる供給減を待ち望むしかない。

4　産消共生のための価格形成——ポスト構造調整とフェアトレード

ポスト構造調整の萌芽

2001〜02年の「コーヒー危機」に苛まれてやっと、タンザニアのコーヒー産業においても、構造調整とは異質の政策や実践を確認できるようになってきた。小農民を支援するために、政府が民間業者を規制する動きや、海外援助に従属せずに、小農民や協同組合が自律的、内発的に危機から脱却しようとする動きである。

この政治経済的弱者を守るための政府の役割の再生と、政治経済的弱者による自律・内発的努力は、いまだ部分的な動きに過ぎないものの、ポスト構造調整の萌芽として重要である。

シングル・ライセンス制度と32単協の挑戦

2002年度、タンザニア政府は突然、流通制度を変更した。シングル・ライセンス制度の導入である。民間業者は農村買付、精選、輸出の内、1つのライセンスしか所有できなくなった。

多国籍企業は輸出業務を放棄するわけにはいかず、農村買付から撤退して、競売所で素直に購入するのが一般的になった。「買いたたき」が不自由になったのである。

一方、ニューヨーク先物価格を基準とする貿易価格形成については、世界のコーヒー業界における古くからの慣行であり（タンザニア産豆の場合は、宗主国イギリスとの長期契約の下で、輸出可能量のすべてを同国に輸出していた1947年から継続

している)、改善するのは容易ではない。低迷するニューヨーク先物価格が貿易価格の基準、ひいては生産者価格の上限である限り、国内で流通制度をいかに改革しても限界がある。

ついにタンザニア小農民は、上から押し付けられる低価格に耐え切れず、連合会（KNCU）を通さずに単位協同組合（KNCU傘下の99単協の内の32単協）が、直接的に競売所へ販売する方法を選択しはじめた。自らが調達した軽トラックで精選工場までコーヒー豆を運搬し、競売価格や国際価格の動きをにらみながら、最適時に競売にかかるよう工夫している。国際価格に従属するのみでなく、小農民の側から価格を引き上げようとする動きが生まれたのである。

上から押し付けられる固定価格を拒絶し、生産者側から価格を押し上げる努力を行うこと。それは植民地期の100年余り前、タンザニアにおいて小農民がコーヒー生産をはじめて以来、初めて実現する、画期的なできごとである。

フェアトレードによる価格形成の公正化

32単協による競売所への直接販売の成功（民間やKNCUよりも1～2割程度の高価格の実現）は、国際価格（ニューヨーク先物価格）の回復をうまくとらえたのも一因であり、先物価格の変動に左右される運任せの価格形成から脱却できたわけではない。

そこで32単協は、消費国のフェアトレード組織への働きかけをはじめ、また国際フェアトレード・ラベリング機関（FLO）へ、フェアトレード生産者組織としての登録を申請している。2003年度より、高品質豆と有機認証豆に限って競売所外取引が可能になったため、高品質豆を消費国のフェアトレード組織へ、直接的に輸出することをめざしている。

このように、単協・小農民による内発的な生産者価格引き上げの努力に、フェアトレード（消費者サイド）による、国際価格に影響されない「最低輸出価格の保障」の努力が結び付けば、その最低価格の基準となっている「生産費と一定の生活費」が保障され、コーヒー農家の経営と家計が安定する。さらに「フェアトレード・プレミアムの支払」が、コーヒー生産地の社会発展を導くことになる（コラム参照）。

Ⅳ　食べることの〈政治〉

5　むすび

　以上のように、新自由主義（グローバル市場主義）下におけるコーヒーの価格形成の主体は、経済力に富んだ多国籍企業や投機家である。特に投機家による利益追求行動は、他者を悩ます意図はないにしろ、生産者サイドはもちろん、消費者サイドをも困惑させる国際価格の乱高下を導いている。

　輸出割当制度による価格支持は、植民地主義（消費国政府の政治力）によって確立された、生産国にとって不公正な価格形成を、政府統制（消費国政府の支援を得て強化された生産国政府の政治力）で公正化しようとするものであった。同制度の復活を期待できない今、経済的強者の自由奔放な利益追求行動を放置しておくと、経済的弱者たる生産者にとっては、植民地主義への回帰に等しくなってしまう。「コーヒー危機」はその最たる事例である。

　上記のように、生産者サイドの価格引き上げの努力を、消費者サイドが支えることができれば、投機家や多国籍企業を主体とする価格形成の不公正さが多少は調整され、生産者と消費者が共生できる新しい価格形成が導き出されてくるのではないか。

　コーヒーの一般的な品質である香りと味に対して、「生産者支援できる」という新しい品質が上乗せされる「フェアトレード」コーヒー。しかしいまだ日本においては、「生産者支援できる」品質に魅力を感じる消費者は少ない。高価格であっても、高品質であるとみなしてそれを積極的に購入する、共生の価値観やライフスタイルを持つ新しい消費者が、価格決定権を追求する生産者とともに、政府に代わる南北問題解消の主役になりつつある。

〈コラム〉「フェアトレード」の価格形成

　「フェアトレード」コーヒーには、国際的な認証制度がある。国際フェアトレード・ラベリング機関（FLO）が管理している認証基準を満たせば、世界共通の「フェアトレード」ラベルを貼付できる。価格形成に限ると、下記の2つの基準がある。
　①最低輸出価格の保障

ニューヨーク先物価格が、最低輸出価格（水洗式アラビカ種の場合、125セント/ポンド）以上の場合、通常貿易との違いは、②のプレミアム支払のみである。
　しかし同先物価格が最低輸出価格を下回る場合、それに連動する通常貿易とは異なり、生産コストと生産者の一定の利益（生活水準）を保障するために、公正貿易は最低輸出価格以上で購入する。
　②フェアトレード・プレミアムの支払
　通常貿易にはない、フェアトレード・プレミアムの支払（10セント/ポンド）が義務付けられている。この割増金は生産者組織によって民主的に管理され、社会開発プロジェクトの経費とされる。
　日本においては、このFLO認証制度によらず、自らの基準でフェアトレードを実践するフェアトレード組織が多いが、その場合もこの2つの価格形成の基準については、遵守しようとする傾向にある。

〈コラム〉　2000年代後半の価格上昇とその要因

　本論は2000年代前半までを主な分析対象としており、2004年末からの価格上昇については考慮していない。しかしコーヒーの国際価格は2008年、2010～11年と高値を記録し、特に2011年2月には250セント/ポンドを超える高騰となった。コーヒー危機時の5倍以上に跳ね上がり、フェアトレードによる最低価格（プレミアムを含めて135セント）保障の意義が薄れている（2011年4月よりこの高騰に対応するため、最低輸出価格140セント、プレミアム20セントに引き上げられた）。
　大きく変わったのは、需給関係におけるブラジルの位置である。従来は価格上昇にともないブラジルで増産が進み、2年後には下落するという「コーヒーサイクル」が続いてきた。しかしブラジルにおける経済発展やバイオ燃料用農産物などの普及により、コーヒー以外に利益を得られる産業や農産物が増え、価格が上昇しても慌ててコーヒーを増産しなくなった。
　またブラジル国内のコーヒー消費量、しかも上質な輸出規格品の消費量が急増していることも重要である。ブラジルのコーヒー生産量が増加しても、それがそのまま輸出量の増加につながらない構造ができあがりつつある。
　以上のように、ブラジルの天候や生産量が国際価格に与える影響は弱まっている。そして同国自身や、中国、ロシアなどの新興消費国の台頭で、需要量の増加が国際価格を動かす新しい局面が生じているようだ。

Ⅳ　食べることの〈政治〉

　その一方で投機家の動向は、より強い価格変動要因になっている。2010〜11年の価格高騰については、世界的な金融緩和でふくらんだ投機資金が先物市場に流れ込み、ブラジルでの増産にもかかわらず、異常な高価格を導いてしまった。2008年と10〜11年の価格高騰はともに、原油、トウモロコシ、小麦などの一次産品の価格高騰と連動しているが、コーヒーを含むそれら一次産品に分散投資するインデックスファンドの成長が、その理由であるようだ。

〈ファーザーリーディング〉

辻村英之『おいしいコーヒーの経済論　「キリマンジャロ」の苦い現実』太田出版、2009年
　「コーヒー危機」によって象徴される価格低迷が、キリマンジャロ・コーヒーの生産者に与えている悪影響や、その不利な状況を改善するフェアトレードの役割などを考察。

ニーナ・ラティンジャー／グレゴリー・ディカム（辻村英之監訳）『コーヒー学のすすめ　豆の栽培からカップ一杯まで』世界思想社、2008年
　コーヒーの歴史や貿易についての一般的な説明の後、特にアメリカにおいて、標準コーヒーやスペシャルティ・フェアトレードのコーヒーが、どのように普及したのか解説。

辻村英之『コーヒーと南北問題　「キリマンジャロ」のフードシステム』日本経済評論社、2004年
　タンザニアにおけるコーヒー生産から日本におけるコーヒー消費までの流通段階ごとに価格形成の仕組みを解明し、生産者に利益が残らない不公正さの原因を探る。

オックスファム・インターナショナル（村田武監訳）『コーヒー危機　作られる貧困』筑波書房、2003年
　「コーヒー危機」が産地に与えた影響やその原因の説明にとどまらず、危機から脱却するための生産者、企業、消費者などの行動戦略が示される。

マーク・ペンダーグラスト（樋口幸子訳）『コーヒーの歴史』河出書房新社、2002年
　コーヒーの歴史が消費国（特にアメリカ）と生産国の政治経済と密接に結びついてきたことを読み取れる。

映画「おいしいコーヒーの真実」マーク・フランシス／ニック・フランシス、2006年
　エチオピアにおいて農協を設立し、コーヒー生産者の生活水準引き上げのために奮闘するタデッセ氏を映し出し、コーヒー産業の問題点とフェアトレードの役割を伝える。

V　身に纏うことの〈政治〉

ワードマップ

インフォーマル部門

　発展途上国の経済活動において公式に記録されない経済部門のことを示しており、そこでの所得や取引に課税されることはない。アフリカ諸国のなかには、このような非公式の経済活動が国民総所得（GNI）の6割に達する国も存在する。

（吉田敦）

国際制度

　国境を越えた交流が多様化、多角化してくるとこうした関係を規律する国際制度（international regime）への関心が高まってくる。国際制度とは「国際関係における特定の問題領域について暗黙ないし明示的な原理や規範、ルール、決定手続きを確定する」ことをさしている。いわば国際関係の制度化である。合意形成のさいに構築される知識共同体（epistemic community）とよばれるネットワーク機能も看過できないアクターのひとつである。それは共同行動に向けた価値判断の合理的根拠、因果関係の学問的見解、争点領域での国際協力のネットワーク構築が参加者ら（政府やNGOなど）によって推進される意思決定メカニズムをいうのである。

（佐藤幸男）

債務奴隷

　ダイヤモンド鉱床で働く鉱夫たちは、ほとんど無一文のまま鉱床にやってくるため極めて搾取的な条件のもとに働かされることになる。その結果、採掘をはじめるにあたって最低限必要な簡易住居や機材・用具代金の返済に加えて生活に関わる支出のために極度の貧困状態におかれたまま永久的に隷属状態のまま労働を強いられることになる。

（吉田敦）

産業構造調整

　経済成長の過程で、各国の比較優位産業は常に変化する。劣位に陥った産業の

設備等を縮小して資源（人、モノ、金）を他の優位産業に移動させれば、資源の無駄なく一国全体の成長が維持されるが、産業基盤を失った地方は空洞化したまま取り残される。本稿で言う産業構造の調整とは、資源を他産業のみでなく自産業内部の高度化に振り向けることで地方社会への打撃を緩和しようとする官民の様々な工夫を指す。　　　（根岸秀行）

世界商品化

産業革命によって資本主義化が本格的に進行し、世界は一つの市場に統一された。ここに最初に君臨する世界商品となったのは、最初の工業国家イギリスの綿製品であった。資本主義化の到達点である現代では、新自由主義原理のもとで多くの有用物が、自国ではなく世界市場の消費のために生産され、資本の利潤抽出源となる。とくに途上国の初期経済成長で重要な世界商品となるのが、繊維・アパレル製品である。　　（根岸秀行）

ダイヤモンド産業とユダヤ人

ユダヤ人とダイヤモンドの関わりは深い。有名なダイヤモンド産業の一代カルテルを完成させ、デビアス社も傘下に収めたのがドイツ系ユダヤ商人オッペンハイマーであり、ユダヤ系アメリカ人のJ・P・モルガンと手を組んでダイヤモンド価格の高値維持をめざして1930年ダイヤモンド協会を設立した。かくしてダイヤモンド産業は当初よりグローバルな様相を呈し、ディアスポラな人びとに適した職業として成り立ってきたのである。
　　　　　　　　　　（佐藤幸男）

WTO体制

1995年設立のWTO（世界貿易機関）を中心とする多角的自由貿易体制を指す。先進国主導のこの体制の下で、加盟各国の自主性は平等原理に基づく決定に縛られる。これには批判も多く、農産物の関税撤廃などをめぐる対立等により、貿易交渉はWTO中心の多角的なものから、FTAやEPA、またTPPなど二国間や地域間の交渉に移行しつつある。
　　　　　　　　　　（根岸秀行）

低賃金（婦女子）労働

かつての中国や現在のバングラディシュなど、途上国の初期の経済成長をリードするのは、生産技術が比較的簡便で販路が広大な繊維産業である。競争優位に立つための最大の武器は低賃金であるが、その最適の源泉として、主たる家計維持者でない婦女子に白羽の矢が立つ。こうして、出稼ぎや長時間労働、甚だしい場合は寄宿舎への監禁など、戦前日本の製糸工女を彷彿とさせる搾取様式が途上国で再現される。　（根岸秀行）

底辺に向けた競争（底辺への競争）

自由主義的通商ルールのもとで、モノや金、ヒトは国境を越えて移動しやすくなる。現代の富の生産主体である企業も

また、最適な活動環境を求めて躊躇なく国境を飛び越える。それ故何れの国も、企業の逃避防止や呼込みのため、規制緩和や法人税緩和などの自由化を競い合う。このコスト負担と引き換えに社会保障や賃金などが抑制される結果、国民の生活・労働水準は切り下げられていく。

(根岸秀行)

デビアス社

イギリスの植民地であった南アフリカのキンバリー付近で世界最大のダイヤモンド鉱山が発見された後、セシル・ローズを中心にして1888年に設立された。以降、1世紀にわたり世界のダイヤモンド原石の需給の調整により安定価格を維持するダイヤモンドカルテルを確立してきた。

(吉田敦)

ファストファッション

ファッションビジネスのボーダレス化によって、リアルタイムのトレンド商品を低価格で大量販売する企業群がうまれている。マックハンバーガーチェーンにみられるようなファストフードにくわえて近年ではファッション業界にも波及している。それをファストファッションと呼ぶ。トレンド商品を短いサイクルで大量に生産し、しかも追加生産を行わない売りきり形でコストダウンを図る経営手法で業績をあげている。買い手主導のグローバル価値連鎖において支配的な役割を果たすのが大手流通販売資本である。

(佐藤幸男)

ワシントン条約

野生動植物が国際取引によって過度に利用されるのを防ぐため、国際協力によって種を保護するための条約。正式名称は「絶滅のおそれのある野生動植物の種の国際取引に関する条約」。1973年に米国のワシントンにおいて採択され、1975年に効力を生ずることとなった。日本は1980年に締約国となった。この条約では、対象とする野生動植物を附属書Ⅰ、Ⅱ、Ⅲのいずれかに掲載し、各附属書ごとに国際取引を規制している。

(清野比咲子・石原明子)

ワシントン条約締約国会議

条約の実施状況を検討するための会議。通常会合は約2年おきに約2週間にわたって開催される。参加者は締約国の代表だけではなく、NGOなどのオブザーバー参加もある。会議では、附属書Ⅰおよびの改正が検討され、採択される。附属書掲載種の回復および保存に関する進展について検討もされる。また、場合によっては条約の実効性を改善するための勧告を行うこともある。締約国数は175カ国（2011年1月現在）。

(清野比咲子・石原明子)

第12章

アパレル
——世界商品化をめぐる光と影

根岸　秀行

1　アパレルとは

　アパレル（apparel）とは、ファッション辞典類によれば大人子供の衣服、既製服のことで、下着類、さらにアクセサリーなどまで含む場合もある。この幅広い意味をもつ言葉は、日本では、高度経済成長期が終わって間もない1970年代後半に用いられはじめた（通商産業省生活産業局編『明日のアパレル産業』日本繊維新聞社、1977年）。かつての花形であった繊維産業が斜陽化する中で紡織部門に代わるものとして期待されたのは衣服の製造・販売部門であり、それ故に手あかのついた衣服や既製服を言い換えて、アパレルというアメリカ輸入の目新しい呼称が意識的に用いられたのである。

　このように便宜的に用いられてきたアパレルという言葉を、ここでは経済史的観点から積極的に意味づけることにする。アパレルとは、欧米主導のグローバル化が文化にまで及ぶ過程で、20世紀中に世界に普及・定着した欧米風の大衆用衣服、つまり世界商品化した洋装既製服にほかならない。そして世界商品化の過程で繊維産業から独立した洋装既製服産業すなわちアパレル産業は、グローバルな分業関係に途上国と先進国（世界システムの中心国）を巻き込みつつ、途上国—先進国間また途上国相互間に新たな対立軸を生みながら今なお成長を続けている。

2　世界商品としてのアパレル

洋装と既製服

　人間が糸や織物からどのような衣服を作って身にまとうかは「文化」の問題であり、そして文化の国際移転は生産技術の移転などよりもはるかに困難とされる。

　近代以前、世界の衣服は多様性にあふれており、地域、職業、身分、男女などの違いによって大きく異なっていた。世界の各様の民族服タイプは、ドレーパリィ（インドのサリーなど、巻きつける）、貫頭衣（南米のポンチョなど、布地に開けた穴に首を通す）、カフタン（日本の着物など、前開きの布地を紐等により一つにまとめる）、チュニック（欧米のスーツなど、身体を筒のように覆う布地をボタンなどで留める）に分けることが出来たという（落合正勝『ファッションは政治である』はまの出版、1999年、他）。

　やがて19世紀に入り、モノ、ヒト、情報が広く交換され、資本制への移行がすすみ、政治制度が変革されていく中で、衣服における地域差や身分差が消滅して伝統的な仕事服も消えていった。それでも20世紀に入るまでは国際的な文化の障壁はなお存在したが、21世紀となった現在、アメリカで放出されたアパレルの古着は、はるかアフリカに渡って普段着としてリサイクル利用されている。WEB画面にあらわれる世界各地の庶民の衣服、そして国家元首たちの衣服もまた、祭礼などで民族衣装を着る場合を除けば見事に洋装で統一されている（横田一敏『ファッションの二十世紀』集英社、2008年、他）。つまり20世紀を通じて、欧米主導のグローバル化の波はもっとも他の社会の影響を受けにくいはずの衣服にまで及んだ。洋装の習慣は、全世界に移転したのである。

　そして、欧米ローカルであった洋装の習慣が世界各地域に移転する過程は、同時に洋装の既製服が移転する過程でもあった。注文服が特定顧客の求めに応じて職人が仕立てるものであるのに対し、既製服は不特定多数の見知らぬ顧客のために作られる。このため、既製服を採算ベースに乗せるには、身体形状の標準化・規格化とそれに基づく大量生産・販売が不可欠となる。この前提となっ

V 身に纏うことの〈政治〉

たのが、欧米を皮切りとする産業革命の過程で定着した機械制工場であり、同じくこの過程で生み出される欧米の労働者階級のための洋装既製服の需要であった。すでに19世紀後半にアメリカやドイツなどでは既製服産業がかたちをあらわしていたが、しかし、工場での機械制生産が本格化し、欧米ローカルの「労働者が生み出した既製服のモード」が世界中に普及していくのは、やはり20世紀に入ってからのこととされる（ロゼル『20世紀モード史』平凡社、1995年）。

〈コラム〉　日本の洋装化

　近代以前の日本には既に古着の文化があった（服部之総『服部之総全集』第8巻、福村出版、1974年）、洋装が定着するまでには、やはり相当の時間が必要であった。19世紀後半の明治維新から、軍服や学生服、作業服などで洋装化がすすみ、東京や大阪に既製服メーカーが誕生した。しかし洋装化は男性の一部のみのことで農民は含まれず、女性は相変わらず和装が中心であった。外では洋装の男性の場合も、勤務を離れた日常生活の場ではもっぱら和装であった。日本で洋装化と既製服化が広く進行しはじめるのは、第二次世界大戦後の1950年代以降のことである。

　例えば、富山市の祭礼などのイベントに参加した男女の服装を第二次大戦後とそれ以前で比べると、1940年に洋装20％、和装80％であったのが、戦後の1956年になると洋装93％、和装7％と極端な変化を示す。こうした急激な洋装化の背景には、総力戦とその敗北がもたらした文化的衝撃があるだろう。

洋装既製服の世界商品化

　産業革命によって成立した資本主義は、自らが発展し続けるために新たな商品の創出を必要とした。人類史上初めて産業革命に成功して「最初の工業国家」となったイギリスも、その例外ではない。商品経済の進行にともなって農民層が上下に分解すると、土地から切り離された元農民たちは食料や糸・織物などももともとは自給していた財を購入せざるを得ず、日常消費用から奢侈用を含む繊維製品の購入者が、つまり広くて深い市場が創出され、これを基盤に繊維産業が成長した。

さらに19世紀後半になると、アメリカやドイツの繊維産業のもっとも川下に位置する既製服部門が一部分離された。しかし、これらの国々においても、完全な分業に基づく協業による工場システム、いわゆる「ボストン」システムが導入され、何百名もの未熟練労働者が雇用されて彼ら自身を含む大衆向けに安価な既製服を供給しはじめるのは、20世紀に入り第一次世界大戦前後のことであった。

　こうした洋装既製服は、バルカン戦争を通じて東欧やロシアそしてトルコに、また第一次世界大戦に参戦した兵士を通じてアジア・アフリカ植民地へと伝わっていった。欧米ローカルであった洋装の「既製服のモード」は、しだいに世界商品化への道を歩み始めた。

　やがて20世紀半ばの第二次世界大戦後に、近代世界システムの辺境にあったアジア・アフリカなどに多くの独立国が誕生した。これらの途上国が経済発展の初期の主導産業そして外貨獲得の基盤としたのは、やはり、アパレルを含む繊維産業であった。繊維製品の生産にはどうしても人手がかかるため、製品原価に含まれる労賃部分の割合が大きくなる。このため、資本に比べて労働力が相対的に豊富な発展途上段階の国・地域にとって、繊維産業部門は資本集約的な重工業などに比べ取り組みやすく、GATTやWTOの推進する自由貿易体制の下で先進国と競争しても勝ち目のありそうな産業だったのである。

　途上国が低廉な労働力資源を用いて生産したアパレル製品を欧米先進国に販売し、先進国はもはや競争優位性を失ったこの労働集約財を購入する代わりに外貨（購買力）を途上国に移転して、資本集約財を購入してもらう。アジアなど一部途上国においては、アメリカやイギリス、これにやや遅れて日本企業からの製造技術移転を通じて、リカードの比較生産費説的な国際分業が実現された。アパレル産業はこれら途上国における先進国向け輸出産業として、先進国がかつて体験した苦汗労働を再現しながら成長していった。

3　現代アパレルの生産と流通

　アパレルなど繊維産業の成長の果実を大いに享受できた途上国の筆頭は、

中国、上海郊外の日系縫製工場：輸出向け（2004年1月）

2010年にGDP世界第2位の位置に到達した中国である。中国のアパレル輸出は、1978年の改革開放から急増し、1980年に16.5億ドルであったアパレル輸出額は、2003年には輸出総額の12.4％にあたる554.3億ドルに達した（佐野孝治「中国のアパレル輸出の特徴と課題」『福島大学商学論集』第73巻第3号（2005年3月）3-39頁）。同年のアパレルの貿易黒字額は506億ドルに及び、これは中国全体の貿易黒字額255億の2倍近い。アパレルは、「世界の工場」からさらに「世界の市場」としての位置を固めつつある21世紀の中国においてなお、重要な外貨獲得産業としての役割を担っている。

WTOによると、世界の繊維貿易（衣類と糸・織物等の輸出入総額）にしめる衣類＝アパレルの比率はしだいに上昇しており、2008年にはついに繊維貿易額6121億ドルの60％、3619億ドルに達した（日本化学繊維協会『業界ニュース海外速報』No. 838、2009年）。

2008年現在の世界の衣類＝アパレル輸出についてみると、**図表1**のとおり中国の47.8％が圧倒的でこれにEUの11％が続き、他にトルコ、バングラディシュ、インド、ベトナムなどの上位10箇国・地域をあわせて全体の84％に達する。2000年の上位10箇国・地域シェアは70％であったから、MFA（多角的繊維協定）に基づく輸入割当（＝輸出制限）が撤廃された2005年1月をはさんで、世界の衣類輸出は上位輸出国・地域への集約化が一段と進んだことになる。

次に、世界の衣類＝アパレル輸入に関する**図表2**をみると、EU、アメリカ、日本の上位3箇国・地域で2008年の世界の輸入シェアの80％、ロシアとカナダを含む上位5箇国・地域で90％以上を占めている。EU構成国の15から27への増加を含む多少の変化はあるものの、2000年代を通じて、EU、アメリカ、日本の

先進3箇国・地域が世界の衣類輸入の約8割を占める構図に変わりはない。

図表1　世界の衣類輸出国上位10箇国・地域

(100万ドル、％)

	2000	2006	2007	2008	前年比	シェア
中国	36,071	95,379	115,233	119,978	+4.1	47.8
EU27（域外）	12,954	20,899	24,764	27,717	+11.9	11
トルコ	6,533	12,052	13,886	13,591	−2.1	5.4
バングラディシュ	5,067	8,318	8,855	10,920	+23.3	4.4
インド	5,960	9,499	9,786	10,854	+10.9	4.3
ベトナム	1,821	5,579	7,400	8,971	+21.2	3.6
インドネシア	4,734	5,760	5,870	6,285	+7.1	2.5
メキシコ	8,631	6,323	5,150	4,911	−4.6	2
米国	8,629	4,885	4,320	4,449	+3	1.8
タイ	3,759	4,247	4,073	4,241	+4.1	1.7

出典：日本化学繊維協会（『業界ニュース海外速報』No.838より）

以上のとおり、2000年代の衣類貿易つまりアパレル製品貿易は、中国・トルコ・バングラディシュなどの新興国・途上国及びEUからの、EU・アメリカ・日本向け輸出を基本パターンとしている。

図表2　世界の衣類輸入国上位5箇国・地域

(100万ドル、％)

	2000	2006	2007	2008	前年比	シェア
EU27（域外）	40,148	74,370	84,653	93,083	+10	37.1
米国	67,115	82,969	84,851	82,464	−2.8	32.9
日本	19,709	23,831	23,997	25,866	+7.8	10.3
ロシア	2,688	8,103	14,505	21,427	+47.7	8.5
カナダ	3,690	6,987	7,796	8,452	+8.4	3.4

出典：図表1に同じ

ただし、EUからのアパレル輸出が製品ブランド力に由来するのに対し、新興国・途上国からのアパレル輸出の強みはもっぱらコスト競争力にある。そして後者の中心は、言うまでもなく中国である。ベトナム、バングラディシュが低コストを武器に健闘しているものの、世界のアパレル輸出額の半分近くをしめる中国の存在感は圧倒的であった。

アパレル輸出の中枢が中国になったということは、中国が世界のアパレル生産の中心というに止まらず、世界のアパレル原料＝糸・織物消費の中心となったことをも意味する。ピエトラ・リボリの表現を借りるならば、米国産テキサス綿はロングビーチからコンテナで海を隔てた中国・上海で糸に紡がれ、布に織られ、Tシャツに縫い上げられている（リボリ『あなたのTシャツはどこから来た

のか？』東洋経済新報社、2007年)。

中国は、いまや、アパレル産業とこれに関連する諸産業の中心として世界に君臨する。これらの産業に関わる途上国も、また先進国の発展方向もまた、中国の巨大なプレゼンスを抜きにして語ることはできない。

4 中国アパレルをめぐる途上国と先進国

途上国の憂鬱——中国との競合

中国がさらに高い経済成長と所得増加を果たし、豊かになった国内市場にその生産力が向けられるまで、世界の輸出基地としての位置はゆるぎない。中国は、1978年の改革開放以降の過程で新興国段階に到達し、かなり充実した道路・電力などのインフラ基盤と、化学などの関連諸産業とを手に入れた。これらを、国内の辺境に位置する内陸部のなおも低廉な労働力と結びつけるならば、労働集約的なアパレル産業においても引き続き「中国の次は中国」という状況が続くことになる。

これは、中国に続く後発途上国にとって必ずしも好ましいことではない。国外市場が中国に抑えられて割り込む余地が小さいとなれば、これら途上国が頼るのは自らの国内市場となる。たしかにインドネシアの様に、大きな人口を擁し、自然資源の輸出などである程度の所得増加を実現したところでは、途上国ではあっても内需向けアパレル産業の成長も見られる。しかし、発展途上にある多くの国々はまだ貧しい上に国内市場も小さい。このため、本来はもっとも導入しやすい労働集約的な製造業であるはずのアパレル産業であっても、内需向け中

インドネシア、ジャカルタ郊外の現地縫製工場：内需向け（2007年8月）

心で成長することはおぼつかない。中国が世界のアパレル生産・輸出工場としての位置を維持し続ける限り、中国をキャッチアップしようとする途上国は、その間、経済成長初期にうってつけのリーディングセクターを失い、中国の後塵を拝し続けることになりかねない。

このように、中国がGDP世界第2位の段階に達してなお、ほんらいは途上国にふさわしい労働集約的なアパレル輸出産業において存在感を示し続けることは、途上国の盟主をめざす中国としても望ましい事態ではない。近年、中国は増値税などの輸出向けアパレル産業への保護措置を撤廃し、より技術集約的な先端産業に振り向けている。これが為替の上昇とあいまって、中国アパレル製品の価格競争力の後退につながる場合、拡大しつつある中国の国内市場が途上国の販路となる可能性も残される。何れにせよ、巨大な存在感を示す中国の政策的動向が、後発途上国の経済成長の起点となるべきアパレル産業の成否を握る。

先進国の憂鬱——知識集約産業への転換

いっぽう先進国のアパレル産業もまた、中国から大きな影響を受けている。

日本におけるアパレル製品の輸入浸透度を示した図表3は、1990年に既に国内需要量の半分が輸入されていたにもかかわらず、さらにその後も輸入の波が続いたことを意味する。この影響がいかに凄まじかったかは、図表4に掲げた衣服(アパレル)の国内出荷額が1995年から2004年のわずか10年で3分の1に縮小したところから見てとることができる。

中国アパレル製品の日本への輸入は、日本やアメリカの一部アパレル小売企業やまた商社の競争戦略とリンクするものであった。これらの企業は、安価な衣料の大量供給先を中国に確保することに利益の源泉を見出して投資や技術協力を続けた。この過程で十分な技術移転を受けた中国アパレル縫製メーカーが供給するアパレルは、もはやかつてのような「安かろう悪かろう」ではない。そして、ユニクロに象徴されるこの事業モデルの成功はすなわち、中国メーカーを用いて自国のライバルを淘汰することに他ならなかった。

いわゆる先進諸国は、程度の差はあれ長期にわたる経済停滞に直面し、需要

V 身に纏うことの〈政治〉

図表3　日本の輸入浸透度
（単位：％）

	繊　維	うちアパレル
1990	37.5	51.8
1996	61.2	71.9
1999	67.2	79.7
2000	72.2	85.0
2001	75.4	87.7

注：1.「繊維」は、織・編物製品についても糸の重量に換算
　　2. 輸入浸透度＝輸入量÷（生産量＋輸入量－輸出量）×100
　　3. アパレルの1990年は、1991年の数値
出典：経済産業省「繊維需給表」（中小企業総合事業団、2003年、より）

図表4　繊維・衣服の国内出荷額（1995-2004年）
（億円）

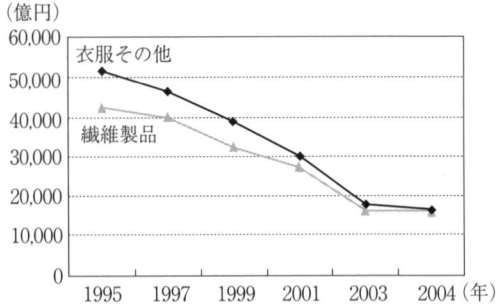

出典：経済産業省「工業統計表（品目編）」平成15・16年

不足に悩んできた。日本においても、多くのアパレル企業（縫製メーカー、製造卸業など）が低迷する国内のアパレル需要を中国製品に奪われて消えていった。これは、アメリカの場合も同様である。アメリカのアパレル産業は、競争優位を失いながらもその政治力を活用して保護貿易措置を享受していた。しかし1997年のアジア通貨危機を契機にアジアから繊維製品輸入が激増し始め、さらに2005年の輸入割当（＝輸出制限）撤廃がこれに拍車をかけた。アメリカの代表的アパレル企業であるリーバイ・ストラウス社は、販売不振に直面して北米地区22工場の半数を閉鎖し約2万人の労働者の3割削減を宣言した。つまり同社は経営体質の強化と利益率向上のために、国内生産の放棄と生産の海外シフトにより自らはマーケティング会社として存続することを選択したのである（石川県ニューヨーク事務所『ニューヨーク経済レポート』2004年7月）。

　一国の成長初期に重要であったけれど、もはや比較優位を失った繊維・アパレルなどの労働集約部門は、衰退産業として先進国の舞台から静かに退場するべきなのだろうか。産業構造調整の考え方からすれば、まさにそのとおりである。すなわち、国内では効率が悪くなった産業の生産資源を、なおも比較優位をもつ産業部門（例えば資本集約的、知識集約的なハイテクなどの部門）に振り向け

ることこそ、産業構造を高度化させ、一国全体としての繁栄を維持するのに不可欠、というわけである。

　しかし、このような産業構造調整の観点は、一国を支える各地域経済の観点からすると大きな問題を残す。比較優位原理に基づいて資源が移動し、アジア経済圏全体として合理的な産業配置が実現されたとしても、その配置から漏れた日本の特定地域からは資源が一方的に流出してしまう可能性は高く、これによってその地域社会が人口維持力を失って首都圏への人口集中が強まるならば、一国の経済・社会バランスとして望ましい姿ではないしアジアの「幸せな共存」からは程遠いものとなる。

　現在、日本のアパレル産業に属する国内の縫製企業、製造卸企業などは、中国や途上国製品との価格競争を避けるために、使用価値消費的な衣服（生活用としての価値）ではなく記号消費的な衣服（保有それ自体の価値）の方向を模索しており、中には「裏ハラ」ブランドの様な国際競争力をもつ企業もあらわれてきた。先進国アパレル産業の展望が、このように労働集約的産業から知識集約的産業への転換に求められるならば、これらについてはアパレルに代わる新たな呼称がふさわしいものとなるだろう。

〈コラム〉　「裏原宿」から世界へ

　2010年現在、日本国内のアパレル産業を取り巻く状況は相変わらず厳しい。消費低迷と安価な輸入品の増大などによって、競争は激しさを増している。そんな中に、一部の若者を中心に絶大な人気を博し海外からも注目される「裏ハラ」系と呼ばれるブランド群が存在する。

　1990年代、東京は原宿の裏通り、明治通りと表参道に挟まれた一角に自然発生的に洋服店が集積し、「裏原宿」と呼ばれる商店街が形成された（難波功士『族の系譜学』青弓社、2007年）。当初、裏原宿を構成する商店街の規模は小さく、アパレル業界においてもそれほど認知度は高くなかったが、裏原宿から生み出される洋服ブランドは、異業種とのコラボレーション、限定生産といった販売手法で商品の付加価値を高めた。これが若者の支持を得て裏原宿ブームが起こり、熱狂的なファンが人気ショップの前で何十メートルにもわたる行列をなすなどの社会現象まで引き起こした。

V　身に纏うことの〈政治〉

　「裏原宿」の、大量生産をせず当時のファッション業界から一歩距離をおいたアンチメジャーな姿勢が「知る人ぞ知る」というある種の神秘性を生みだした。大衆への埋没を嫌う若者にとって、裏原系ブランドの洋服は個性を演出するためのアイコンとして、記号消費つまり自己表現の格好のツールとなった。そのブランド力は今や海外にまで浸透し、現在の裏原宿には多くの海外旅行者が参集するにいたっている。

〈ファーザーリーディング〉

ピエトラ・リボリ（雨宮寛・今井章子訳）『あなたのTシャツはどこから来たのか？』東洋経済新報社、2006年（Pietra Rivoli, *The Travels of a T-Shirt in the Global Economy*, John Wiley & Sons, 1995）

　フロリダで購入される１枚のTシャツが、経済のみならず政治・経済・社会・歴史を背景に形づくられたグローバルな分業関係の中にあることを、その生産から消費にいたる全過程の検証を通じて明らかにしている。

ブリュノ・デュ・ロゼル（西村愛子訳）『20世紀モード史』平凡社、1995年（Bruno du Roselle, *La Mode*, Imprimerie Nationale, 1980）

　フランスの婦人プレタポルテ連盟総代表を務めたロゼルであるが、たんなる欧米の服飾史とはなっていない。その該博な知識を駆使し、歴史的背景を踏まえて世界の既製服産業の形成過程を描き切った大著である。

第13章

象　牙
—— 地域住民と消費者にかかるゾウの将来

清野比咲子・石原明子

　象牙を自由に利用できる時代が終わったことは多くの日本人が理解していることであろう。しかし今やゾウの生息地に住む地域住民と象牙の消費者がその経済的価値を認め、国際ルールに基づくことによって、ゾウとの共存をささえようとしている。

1　象牙利用の歴史

　象牙は、多くの日本人にとって、身近な天然素材のひとつである。アクセサリー、美術工芸品、三味線のバチや琴路など和楽器、はんこや箸など日用品、さまざまな形で私たちの生活にとけ込んでいる。象牙がもつ温かみのある乳白色と加工に適した硬さが人々に珍重されたのであろう。
　ゾウの牙は、アフリカやアジアのゾウ生息地だけでなく、ヨーロッパ、アメリカ、日本のようにゾウが生息しない国々でも利用されてきた。アフリカやアジアから世界各地に輸送された象牙は、それぞれの時代の交易の歴史を物語っている。象牙の広がりは、各時代で各地域の政治、経済と大きくかかわっている。本稿は、象牙が各国の政治経済の動きとともに利用されてきたことを理解したうえで、国際社会の衝突と協調を述べていきたい。
　象牙の利用は、人間とゾウの関係の歴史でもある。過去、人間は象牙をとるためにゾウを密猟し、その生息数を急激に減少させた。現在は、生息数を維持しつつ自然資源としての象牙を有効利用できるよう国際的な管理体制を築いて

V 身に纏うことの〈政治〉

いる。
　ゾウを含めて野生生物は、人間が通常の生活を維持・継続していくうえで必要不可欠なものである。次の世代が引き続きその自然環境を享受できるように、私たちは過剰な利用を避けなければならない。そのためには、環境に負荷を与えない製品を選択する、賢明な消費者にならなければならない。象牙についての世界共通のルールのもとで消費者の賢明な選択とはなにかを提案する。

ゾウの生態と推定個体数

　現存するほ乳類の中では陸生最大の動物がゾウであり、アフリカゾウとアジアゾウの2種に分類される。アフリカゾウの体長は約4m、体重7,500kgである。ゾウの寿命は約60年であり、母系集団を基礎とした複雑な社会構造をもっているという。食糧と水が豊富であれば定住するが、不足すると長距離を移動することもある。アフリカゾウはオスとメスともに牙をもち、牙を使って土を掘り、水を探したり、樹の皮をはがしたり、枝を折ったりする。
　かつてアフリカゾウは、サハラ砂漠を除く地中海沿岸から喜望峰に至るアフリカ全土に生息した。現在はアフリカ東部・中央部・西部・南部地域の37カ国に生息している。国際NGOである国際自然保護連合の種の保存委員会（IUCN/SSC）が発表した「アフリカゾウ報告書 *The African Elephant Status Report 2007*」によると、2006年末のアフリカゾウ分布面積は約330万km^2であった。アフリカゾウの生息面積は、人間の土地利用との競合や砂漠化のため減少している。また、アフリカゾウの個体数は1979年に約134万頭と推定されたが、1989年には62万頭にまで半減した。現在では47万〜69万頭と推定されている。

交易品としての象牙

　象牙は古今東西で貴重なものとして取引されてきた。古代エジプトの王たちがゾウ狩りをしたとの記録があり、象牙加工品の歴史は8000年前に遡る。王の墓の壁画には象牙を運ぶ人々が描かれていたという。日本でも奈良時代に建てられた正倉院宝物殿には、ものさし、刀の鞘、楽器用のバチなどの象牙製品が納められている。これらは西域や中国から輸入したものとみられている。

第13章 象　牙

　16〜18世紀には、ヨーロッパ、アフリカ、アメリカを結ぶ三角貿易がおこなわれた。ヨーロッパ船は、繊維やガラス細工、銃などを積み荷としてアフリカ西海岸へ渡り、積み荷と交換して奴隷や象牙を入手した。アフリカで奴隷や象牙を乗せた船は南北アメリカ大陸に渡り、これらと引き換えに、砂糖、綿花、コーヒー、タバコ、銀などをヨーロッパに持ち帰った。象牙は奴隷貿易の産品のひとつでもあった。

　近代になって、イギリスやフランスの植民地主義と狩猟の全盛期であった1900年頃には象牙が大量に採取され、イギリスなどに持ち帰られた。

密猟密輸との戦い

　象牙の輸出は続き、1950年代の象牙取引量は年間約200トンと推定されているが、1980年代初頭までにその量は4〜5倍になった。1979年から1988年のアフリカからの未加工象牙輸出量は図表1のとおりである。これは、アフリカ各地で大規模な密猟がおこなわれ、象牙が採取されたためである。

　1973年に「絶滅のおそれのある野生動植物の種の国際取引に関する条約」（以下、ワシントン条約と称す）が調印された。これは、希少な動植物の国際取引の状況全体を把握し、利用が過剰にならないよう管理し、絶滅のおそれのある動植物を保護するための条約である。

図表1　アフリカからの未加工象牙の輸出量

年	重量（kg）	年	重量（kg）
1979	979,942	1984	610,996
1980	966,615	1985	711,534
1981	895,300	1986	587,014
1982	890,877	1987	319,918
1983	1,017,807	1988	176,167

出典：Luxmoore, R. et al. [1989] "The Volume of Raw Ivory Entering International Trade from African Producing Countries from 1797 to 1988". In Ivory Trade Review Group, *The Ivory Trade and the Future of the African Elephant, Volume 2, Technical Report*. Oxford, UK, unpublished report.

　象牙取引については、条約が施行されてから締約国会議が開かれるたびに議論されてきた。1977年にはすべてのアフリカゾウが、国際取引の際に輸出国政府発行の許可書がなければ取引できないようになった。それでも依然密猟密輸は続き、1987年の第6回ワシントン条約締約国会議でのIUCN/SSCアフリカゾ

V　身に纏うことの〈政治〉

大統領立ち会いのもとでの象牙の焼却、1989、ケニア、ナイロビ　　　　　©Ed Wilson/WWF-Canon

ウ・サイ専門家グループの報告では、ワシントン条約のもとで合法的に取引されている象牙のうちの4分の3が密猟された象牙であったと述べられた。

1989年10月の第7回ワシントン条約締約国会議でアフリカゾウの国際取引を全面禁止することが採択された。いままでの締約国会議で決定してきた輸出割当制度などが失敗していること、また10年間で個体数が半減したアフリカゾウへの対策を至急講じなければ50年以内に絶滅してしまうこと、などが主な理由であった。当時を語る一枚の写真がある。積み上がった象牙に火をつけ、燃やしている写真である。1989年7月、ケニアのモイ大統領は、それまでにケニアで押収してきた象牙約2000本（約4億円相当）を焼却した。密輸密猟が横行するほど、市場価値を見いだされていた象牙が焼き捨てられる写真は世界中の関係者に衝撃を与えた。この行動は、密猟への抗議と受け止められたが、一方で、市場価値がある象牙を焼き捨てるのは資源への冒瀆と批判する人々もいた。いずれにしても、ゾウ生息国のひとつであるケニアの強い意思表明であった。

一方、南部アフリカ諸国は、自国のゾウ個体数は安定しており、取引禁止のレベルにないことを主張した。しかし、ゾウの密猟を防ぐために全体で象牙の取引を禁止する必要があるとされた。

2　国際ルールにもとづく象牙取引

象牙取引禁止後の新たな課題

ゾウとその製品の国際取引が禁止され、象牙取引や象牙産業は衰退するかと思われた。しかし、アジアを中心とした多くの国々には未加工象牙や加工した

第13章 象牙

象牙の在庫が大量にあり、国内市場はこれらで需要を満たしていた。

　ゾウの生息国であるアフリカでは、自然死したゾウの牙が政府管理のもとで倉庫に蓄積されていった。1996年にその量は462トン（27カ国）であり、年間30トンずつ増えるとみられた。保管している国々では、しだいに多大な経費負担が問題となり、象牙についての新たな課題となった。

　1997年の第10回ワシントン条約締約国会議で、ボツワナ、ナミビア、ジンバブエは、政府が管理する在庫象牙のみを適切な国内管理ができる国へ一回だけ輸出することを提案した。これには、象牙の売買で得た収入をゾウ保護に充てることも盛り込まれていた。この提案を議論するにあたっては、アフリカのゾウ生息国が、締約国会議の前に話し合い、ある程度の合意形成をした後にワシントン条約の本会議に臨んだ。そして会議開催中も、ゾウ生息国どうしでの合意形成を尊重するようにワーキンググループが設置された。ゾウ保護については、密猟被害が大きいケニアなど東部アフリカ、ゾウ個体数が安定している南部アフリカなど、それぞれの政治経済の状況が違うため、保全の状況や利用の考え方が異なる。

　一方で、象牙取引が部分的にでもおこなわれると、ゾウの密猟が誘発されるのではないかとの懸念があったため、同提案にはゾウが捕殺される状況や、象牙密輸を監視するしくみをつくり、締約国会議ごとに状況をモニタリングすることも含まれた。これは、締約国メンバーの「1回限りの輸出でも象牙取引が密猟密輸を誘発するのではないか」という懸念に対して、事実を調べて改善策をみつけようとする工夫であった。ワシントン条約は国際取引のための条約であるが、実効あるものとするために取引にとどまらず、密猟の状況把握に踏み込むしくみをつくったことは新たな挑戦である。

　その結果、南部アフリカ3箇国の提案は可決され、一定の条件を満たしたうえで一回限りの輸出が認められた。その後、一定の条件を満たした日本に輸出されることが決まり、1999年に象牙約50トン計5446本が輸入された。このときの価格は約500万ドル（約5億円）であった。

　さらに、2002年に開催されたワシントン条約締約国会議のときにも、ボツワナ、ナミビア、南アフリカの同様な提案が採択され、政府が管理する在庫計約

V 身に纏うことの〈政治〉

合法に輸入された象牙、2009、東京
ⓒTRAFFIC East Asia-Japan

60トンの象牙を一定の条件を満たした後に輸出することが認められた。後に、輸入国としての条件を満たすと認められたのは日本と中国であった。2008年には同提案が修正され、最終的にボツワナ、ナミビア、南アフリカ、ジンバブエの象牙全107.8トンが日本と中国に売られ、総額は1550万ドル（約15.5億円）であった。この時の象牙は、日本には2009年に約40トン（約6億円相当）輸入された。

ゾウと象牙のための国際的モニタリングのしくみ

第10回ワシントン条約会議で提案されたゾウ取引情報システム（ETIS）は、その後野生生物取引を監視する国際NGOであるトラフィックが条約事務局からの委託を受け、管理と分析をおこない、締約国会議で報告している。2007年の第14回ワシントン条約締約国会議では、1989年から2007年3月までに収集した12,378件の82箇国からのゾウ製品押収データを分析したものが報告された（Milliken, T.［2008］『象牙その他のゾウ標本の違法取引の監視に関する概要　ゾウ取引情報システム（ETIS）』ワシントン条約第14回締約国会議（2007年6月）発表レポート（英文和訳）、トラフィックジャパン）。その概要を以下に紹介する。

この間の象牙押収総量は322トン、年平均は17.9トン。傾向としては、2004年以降、象牙違法取引による押収量は増加している（図表2）。象牙の国内管理制度が不適切な国でその傾向がみられる。

違法な象牙取引に、もっとも大きく関与した国は、カメルーン、中国、コンゴ民主共和国、ナイジェリア、タイであった（中国は後に国内管理体制を改善したと評価されている）。この5箇国は以前から違法取引に関与していると分析され

た国々である。違法取引に重要な役割を果たしている国・地域は、ベニン、ジブチ、ガボン、ガーナ、香港、マカオ、マレーシア、モザンビーク、フィリピン、ルワンダ、シンガポール、スーダン、アラブ首長国連合、ベトナムである。

図表2　1989〜2006年の年毎の象牙押収量と押収件数の推定値（2007年3月5日現在のETIS）

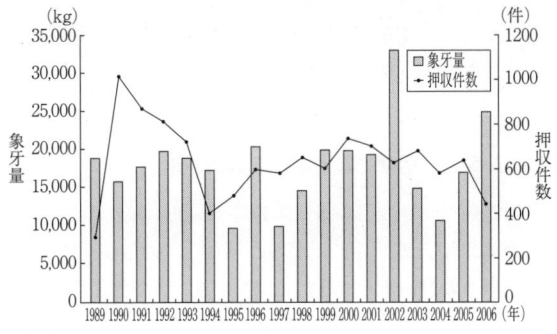

出典：トラフィックジャパン

これらの国々は、象牙の生産国・貿易中継国・最終消費国などであり、法執行力が弱いことが共通点である。

　また、継続して注意が必要な国は、エジプト、日本、ケニア、マラウィ、台湾、タンザニア、南アフリカ、英国、米国、ザンビア、ジンバブエであった。法執行は比較的良好であるが、監視すべき国々である。

　ワシントン条約でのゾウに関する取引の決定や決議が、密輸や密猟の増加につながるのではないかとの懸念については、ETISデータからはそのような仮説を裏付けるものはなかった。違法取引に関係するのは、むしろ法執行の水準である。効果的な法執行が欠ける国の国内市場を利用して、あるいはそこを経由して、違法な象牙が持ち込まれることがわかる。

　1998〜2006年には、税関での大規模な押収が増えた。これらは主に、中国、香港、マカオ、台湾が最終目的地である。日本、フィリピン、タイも重要な目的地である。大規模な象牙押収事例をみてみよう。1トン以上の象牙を押収した事例は、1989年から2007年3月までで49件である。全件数の0.4％にすぎない大規模押収事例が、押収された象牙総量の34％に相当する。また、これらは年を経るにつれて頻度と規模が大きくなっている。これらの多くは、中国、マカオ、香港、台湾が目的地である。これらの大規模押収事例は、違法な象牙取引の組織犯罪への関与を示唆している。大量の象牙の違法取引を効率良くすすめ

V 身に纏うことの〈政治〉

るシステムを作るには、大規模な資金調達や計画、情報、保管場所、原産地と消費地の取引をリンクさせるネットワーク力が必要である。組織犯罪の増加は、アフリカ市場のグローバル化や各地域との経済的つながりと密接な関係があるようにみえる。

> 〈コラム〉 組織犯罪化する象牙の密輸
>
> 　最新のゾウ取引情報システム（ETIS）の分析によると、2009年に急激に大規模密輸が増えていることがわかった。2009年3月にはベトナムで6.2トンの象牙が押収された。また、5月にはフィリピンで約1億円相当の象牙がみつかったと報道されているが、詳細は明らかにされていない。この2つの密輸はいずれもタンザニアから輸出されたものであった。この例にみられるように、アフリカの象牙生産国からアジアの象牙消費地へと、象牙密輸は組織犯罪化し、より一層グローバル化している。

3　日本の消費者の役割

　国際社会は、条約という世界共通ルールにもとづき、ゾウと象牙の情報を一元化し、ゾウを保護しながら象牙の価値を維持する方法を見いだした。象牙の取引は、20世紀後半に起きた最悪の密猟密輸の時代から、国際社会の協力によって未然に防止する施策を実施する新たな時代を迎えつつある。重要なことは、ゾウを保護しつつ、生息国であるアフリカ諸国の地域住民の生活が維持されることと、生息国かつ消費国であるアジア諸国の消費者がゾウ保護を意識した消費行動をとることである。

日本市場の影響

　1920年代に日本はアフリカから象牙を輸入しはじめ、1930年代半ばにはほとんどの未加工象牙の輸入はアフリカからであった。1970年代から1980年代半ばには、象牙の輸入量はピークを迎えた。1979年から1988年までの日本の輸入状況は図表3のとおりである。

当時、日本は象牙の最大の輸入国で、アフリカからの密猟象牙が大量に輸入されているとみられていた。日本は1982年に世界総取引量の61％を輸入、世界最大の象牙輸入国であった。1984年に日本が輸入した未加工象牙474トンの3分の2は疑わしいものといわれた。

図表3　日本の未加工象牙の輸入量

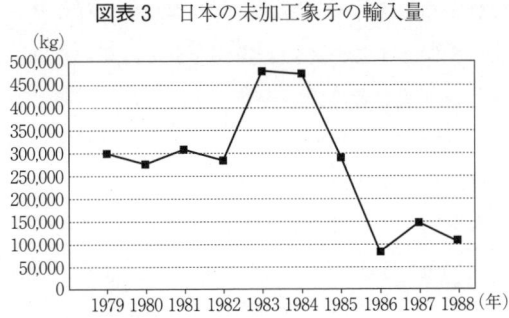

出典：貿易統計

象牙の国際取引が禁止された後、日本は象牙の国内管理制度を整え、条約が輸入国に求める条件をクリアすることに努めた。

消費者がとる道

1989年から現在に至る20年間で、世界で象牙取引が禁止されている中、唯一日本だけが2回、国際社会公認のもとアフリカから象牙を計約90トン輸入している。それは日本の国内管理体制が、ワシントン条約決議で定めた条件を満たし、視察団の査定をクリアしたからである。一方、海外では、国内の象牙取引の管理体制が不十分な国々を中心に違法な取引が続いている。日本の市場を狙って密輸品が持ち込まれる可能性は常にある。

象牙を輸入した日本がするべきことは何か。それは、国内管理体制を実効あるものとなるよう適切に施行することである。また、消費者である私たちは、適正に取引された象牙製品だけを購入しよう。そのためには以下の点に注意したい。まずは、法律に基づいて経済産業省に届出をした事業者から購入することである。経済産業省に届け出た業者でなければ象牙は販売できない。事業者届出の表示がある店で購入するのがのぞましい。次に、適正な材料から製造した製品であることを環境省が認定したシール（標章）がついている製品がある。それがなくては販売できないものではないが、象牙を買うときには、ぜひ販売店で問い合わせをしてみよう。

V　身に纏うことの〈政治〉

　象牙輸入国として日本はゾウ保護に責任を負っている。アフリカやアジアのゾウを保護するために、違法な象牙は買わない、買うときには合法性を確認するという消費者の強い姿勢が求められている。ゾウを守るために、象牙を利用すべきではないという考えと、そこに経済的な価値を認め、地域住民がゾウと共存できるような仕組みを作るべきという二つの考えが、アフリカのみならず世界を二つに分けた。その結果、アフリカの意思を尊重することで現在の国際ルールが出来上がった。この国際ルールを実行可能なものとするかどうかの鍵を握っているのは、我々消費者である。

〈ファーザーリーディング〉

清野比咲子『第10回ワシントン条約締約国会議後の日本の象牙取引について』トラフィックイーストアジアジャパン、2003年
　日本がワシントン条約の下、初めて一回限りの輸入を認められた第10回ワシントン条約締約国会議以降、日本国内でどのように象牙が管理されていたか、を含め、象牙をめぐる周辺情報を包括的にまとめた報告書。

第14章

ダイヤモンド
──輝きの裏に隠された真実

吉田　敦

1　ダイヤモンドをめぐる紛争

　ショーウィンドーのなかで美しい輝きを放つダイヤモンド。しかし、その輝きの裏には、原産国での紛争や過酷な採掘作業、そしてグローバルに展開される複雑な交易・商業ネットワークが隠されている。

　ダイヤモンドの品質基準としてチェックすべき4C──カラット（Carat）、カラー（Colour）、透明度（Clarity）、カット（Cut）──に加え、5つ目のC──紛争（Conflict）──という謳い文句で2007年4月に本邦公開されたレオナルド・ディカプリオ主演の映画「ブラッド・ダイヤモンド」は、公開から大きな波紋を呼んだ。映画では触れられていないが、アフリカ諸国におけるダイヤモンド採掘には、しばしば産出国政府と企業との闇取引が指摘されており、6つ目のCとして汚職（Corruption）を指摘されることもある。映画の舞台は、内戦下にある1999年の西アフリカのシエラレオネ共和国で、主人公は南アフリカの民間軍事会社の元傭兵でダイヤモンドの密輸で生計を立てているという設定である。当時、「紛争ダイヤモンド」の比率は、原石流通全量の約15％と推定されていたが、現在はコートジボワール共和国産のみで、その比率は1％以下となっている。「紛争ダイヤモンド」だけに問題を限定すれば、映画で紹介されたような事態は概ね改善の方向に向かっている。ただし、アフリカ諸国の鉱物資源経済とグローバル市場との構造的な問題は一向に変わっていない。われわれが次に考えるべきことは、「紛争ダイヤモンド」を醸成した背景とは何かを知

り、将来、こうした問題を再発させないためにはどうすればよいかということである。

「紛争ダイヤモンド」とは何か？ 2001年に国連は、「正当な政府の転覆または打倒を目指す武装勢力の軍事活動の資金源として利用されるダイヤモンド原石」（A/RES/55/56）と定義している。先進諸国の高級宝飾店のショーウィンドウで飾られているダイヤモンドが、アフリカ諸国で展開される血で血を洗う紛争と密接に関連していることは、世界中の人々に衝撃を与えた。1998年に国連安保理がアンゴラ政府にダイヤモンド禁輸措置を発動したあと、翌年にイギリスに本部のある国際NGOであるグローバル・ウィットネス（Global Witness）が中心となって「死に至る取引」（Fatal Transaction）キャンペーンを展開し、「紛争ダイヤモンド」問題は国際的なイシューとなった。アフリカ諸国で採掘されたダイヤモンド原石の収益が、反政府武装勢力による武器購入等の資金源として利用されており、紛争の長期化を導いているという悪循環の象徴的な構図が先進諸国の消費者の意識を変えたのである。アンゴラを端緒とした「紛争ダイヤモンド」対象国は、その後シエラレオネ、コンゴ民主共和国、リベリアへと拡大し、国際社会の圧力が高まるなか、これまでベールに包まれていたダイヤモンド産業界の実態が徐々に明らかとなった。

「紛争ダイヤモンド」取引防止に向けた具体的な解決策として、2000年5月に国連および国際NGOが中心となってキンバリープロセス（Kimberly Process）と呼ばれるダイヤモンド原石の採掘、流通に関する新たな規制枠組みの構築を目指す協議が開始された。その結果、2003年1月から加盟諸国に対する国内規制の強化と査察の受入れ、すべてのダイヤモンド原石に対する原産地国証明付与の義務付けを規定したキンバリープロセス認証制度（Kimberly Process Certification Scheme、以下、KPCS）が実施された。2008年末時点におけるキンバリープロセス加盟諸国はEU（27カ国）を含め75カ国となっている。但し、KPCSの信頼性と効率については、しばしば問題が指摘されている。KPCSはあくまで不正なダイヤモンド取引に規制をかける制度であり、国内流通経路に関する杜撰な政府管理の問題や第三国を経由した密輸、鉱床地域での人権侵害といった当該諸国が抱える構造的な問題を完全に解決するまでには至っていない。内

実を伴ったKPCSの実施には、膨大な時間と資金、そして厳格な監視体制の構築に向けた国際社会の支援のもと、継続的な制度の改善努力が必要である。

2 「貧困のダイヤモンド」を掘り続ける鉱夫たち

2008年、世界で産出されたダイヤモンド原石は、約1億6300万カラットに達し、そのうち約59％がアフリカで産出されている。世界のダイヤモンド産出国23カ国のうち、アフリカ諸国は15カ国を占めており、年間100万カラット以上の原石を産出する国は、2008年の産出量順で、ロシア（年間3693万カラット、以下同じ）、コンゴ民主共和国（3340万）、ボツワナ（3227万）、オーストラリア（1493万）、カナダ（1480万）、南アフリカ（1290万）、アンゴラ（891万）、ギニア（309万）、ナミビア（244万）の9カ国で、うち6カ国がアフリカ諸国である。

ボツワナ、カナダなどの採掘の機械化が進んでいる国を除き、コンゴ民主共和国やアンゴラなどのアフリカ諸国では、いまも鉱夫たちが手作業で採掘作業を続けている。ダイヤモンド採掘に従事する鉱夫の数は、コンゴ民主共和国、アンゴラ、シエラレオネの3カ国だけで約120万人に達するといわれている。コンゴ民主共和国やシエラレオネでは、河川によって運ばれ川床の泥土でダイヤモンド原石がみつかる漂砂鉱床が多数存在しており、小規模零細な採掘人が水

図表1　ダイヤモンド原石の国内流通経路（コンゴ民主共和国の事例）

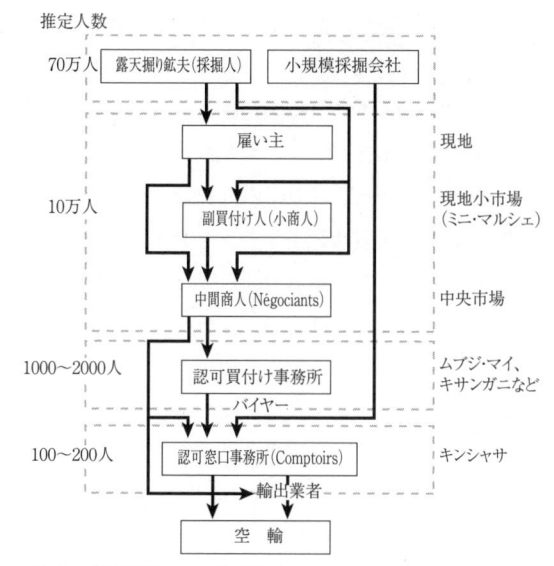

推定人数		
70万人	露天掘り鉱夫（採掘人）／小規模採掘会社	
	↓ 雇い主	現地
10万人	↓ 副買付け人（小商人）	現地小市場（ミニ・マルシェ）
	↓ 中間商人（Négociants）	中央市場
1000～2000人	↓ 認可買付け事務所　バイヤー	ムブジ・マイ、キサンガニなど
100～200人	↓ 認可窓口事務所（Comptoirs）／輸出業者	キンシャサ
	↓ 空輸	

出典：各種資料により筆者作成

V 身に纏うことの〈政治〉

マダガスカル（イラカカ）の採掘現場

の中で比重を利用して分離し、ダイヤモンドを取り出すというごく単純な原理で一般的に採掘をおこなっている（露天採掘法）。このような原始的な方法で露天掘りに従事する鉱夫の呼び名は国によって異なっており、コンゴ民主共和国では「採掘人」（Creuseurs）、アンゴラでは「ガリンペイロ」（Garimpeiro）、シエラレオネでは「掘削人」（diggers）と呼ばれている。他方、南アフリカやボツワナでは、卓上地のキンバーライトと呼ばれる垂直断面が逆円錐形（人参形）の鉱床を、大規模な設備投資を通じた機械による採掘がおこなわれている。キンバーライト鉱床と違い漂砂鉱床での採掘では、地理的専門知識や経験、熟練技術、採掘を開始するにあたっての多額の資本や訓練を必要とせず、露天掘り漂砂鉱床の採掘に必要なのはシャベル、水の吸上げポンプ、バケツ、ふるい、たらいといった極めて基本的な作業用具だけである。大抵の場合、露天掘り鉱夫は週6日、朝8時から夕方の5時まで働き、30分程度の昼食時間には2カップの米が支給される。鉱床によっては24時間採掘可能なシフト制を採用している場合もある。シエラレオネの場合、こうした鉱夫たちの賃金は1日1ドルにも満たない。図表1はダイヤモンド原石の国内流通経路を図式化したものであるが、彼ら露天掘り鉱夫による採掘はダイヤモンドの国内流通経路の最底辺に属している。

　ダイヤモンドの採掘場（pit）では、鉱夫たちは通常2〜50人のチームを形成して、共同作業で採掘をおこなっている。各チームにはリーダーと呼ばれる雇い主が、窃盗などの採掘作業の監視、規律、原石の売買取引などをおこなう。ただし、通常、雇い主と鉱夫たちの関係は正式に雇用契約を交わしているわけではなく、書面による労働条件が規定されているわけではない。さらに各採掘場では雇い主に加え、採掘をはじめるために必要な用具・機材を提供するサポーター（supporters）が存在する。通常、採掘された原石による利益は、サポーター（4割）、雇い主（3割）、残りの3割を鉱夫たちで配当される。採掘された

第14章 ダイヤモンド

ダイヤモンド原石は、サイズ・品質がばらばらな一口としてまとめられ、雇い主は地元の小市場に駐屯している副買付け人か中間商人に売却する。

　露天掘り採掘は、当該政府の統制が及ばないインフォーマル部門に属しており、事実上無秩序な状態でダイヤモンド採掘、売買取引がおこなわれている。その基本的な要因は、漂砂鉱床の場合、鉱床自体が広域にわたっているため敷地管理や警備が非常に難しいこと、もしくは管理体制やインフラ整備に膨大なコストがかかることが挙げられる。また、無数に存在する鉱夫たちや雇い主、中間商人を組織して資金の流れをコントロールすることは容易ではないことから、当該政府はこれまでインフォーマルな露天掘り採掘の現状を事実上容認してきた。こうしたインフォーマル部門を中心とする無秩序な採掘、売買取引の現状が、密輸や汚職、そして「紛争ダイヤモンド」の温床となっており、国際的な関心が高まるとともに透明性や鉱業法の改正等の政府管理体制の整備が政府に要請されるようになった。コンゴ民主共和国では2002年に、アンゴラでは2009年に露天掘り採掘法が制定されているが、ライセンスの所得要件やコスト、依然として未整備な流通経路等を原因として実効性が乏しいのが現状である。

　国内流通経路に再び目を転じてみると、雇い主あるいはサポーターからダイヤモンド原石を買い付けた中間商人は、原石を一定量に取り纏め、認可窓口事務所が雇っているバイヤー（remisiers）に転売する。国内流通過程の最終段階に位置するのが、この認可窓口事務所である。原産国から公式ルートでダイヤモンド原石を国外に輸出しようとすれば、必ずこの認可窓口事務所を経由しなければならず、政府はライセンス料を義務付けるかわりにダイヤモンド輸出権を付与している。国内と国際ダイヤモンド市場を結び付ける機能を担っている認可窓口事務所の経営者のほとんどは外国人商人である。シエラレオネでは、上位5社の窓口事務所は全てレバノン人が経営しており、輸出シェアの約9割を占めている。

　以上のようにダイヤモンド原石の国内流通過程は、数十万人のインフォーマルな露天掘り鉱夫によって採掘されたダイヤモンド原石が数社の外資系認可窓口事務所に集結するというピラミッド構造の特徴を有している。推定によれ

V 身に纏うことの〈政治〉

ば、露天掘り鉱夫、雇い主、副買い付け人といった階層の利益分配率は利益全体の2割（13〜17％）に満たない。国際NGOは、こうした一攫千金を夢見て過酷な労働に従事するコンゴ民主共和国やシエラレオネの経済構造を「一掘経済」（one-crop economy）や「カジノ経済」（casino economy）と呼んでいる。流通経路の末端に属する露天掘り鉱夫たちは、採掘をはじめる際に必要な資金（生活費や家族の扶養費や雑費）、簡易住居、食料、最低限の機材・用具を提供する代わりに「債務奴隷」とされ、実際には貧困の悪循環から抜け出る術は残されていない。米国国際開発局（USAID）によれば、露天掘り鉱夫と雇い主やサポーターとの関係を下記のようにしばしば垂直的な従属関係が存在すると指摘している。「露天掘り鉱夫たちはサポーターに大きく従属している。サポーターはこの従属関係を利用して鉱夫たちを単なるコマとして扱い、博打を打つための奴隷にする。国内のダイヤモンド買付けカルテルと親密な関係を築いているサポーターは鉱夫たちに資本やシャベル、ふるい、米などを提供する。それと引き換えにサポーターは『支援した』露天掘り鉱夫たちが採掘したダイヤモンドの事実上の支配権を握るのである。サポーターと鉱夫間で公平な利益分配がおこなわれることに対する期待は、採掘シーズンが終了した時点で消えてなくなる。このときサポーターの出資費用は、掘り当てたダイヤモンドの対価で相殺されたか、もしくは赤字であったと主張するのである。この申し出により鉱夫たちが債務から脱却する希望はほとんど残されていない」。永遠に1日1ドル以下の絶対貧困下での生活を余儀なくされる露天掘り鉱夫にとって、ダイヤモンドの存在は「貧困のダイヤモンド」（poverty diamonds）でしかない。

〈コラム〉 開発のダイヤモンド

　2005年、国際NGO（Partnership Africa Canada、Global Witness等）が中心となってダイヤモンド開発イニシアティブ（DDI：Diamond Development Initiative）が開始された。DDIでは、漂砂鉱床で産出されるダイヤモンド原石の公正な利益配分の実現や人権侵害改善に向けた制度構築が目指されており、シエラレオネでの地域共同体や政府のダイヤモンド採掘管理の推進に向けたプロジェクトやコンゴ民主共和国では鉱床での児童労働の廃止に向けたプロジェクトが実施されてい

る。

3　ダイヤモンドの国際流通経路──原石がダイヤモンドに変わるまで

　以上でダイヤモンド原石の採掘段階から輸出に至る国内流通過程を概観したが、次に最終消費市場を含むダイヤモンドの国際流通過程を分析し、ダイヤモンド産業全体のなかで原産国アフリカがどのような経済的位置づけを占めているのかについて考えてみたい。

　原産国の認可窓口事務所を経由したダイヤモンド原石は、その８割近くがベルギーのアントワープの取引所に輸出される。さらにダイヤモンド原石は、独自の販売機構を通じて分配され、その大半が発展途上諸国で加工・研磨される。研磨されたダイヤモンドはアントワープへ再輸出されるか、直接宝石商や卸売業者へ渡り、最終的に小売店で消費者へ販売される。この原石採掘から最終消費市場までのダイヤモンドの流通過程は「パイプライン」と呼ばれており、そのサプライチェーン（供給連鎖）は、上流部門の採掘段階から下流部門の原石流通段階、加工・研磨段階、小売販売段階、と４段階を経て終結する。これまでダイヤモンド産業の頂点に位置してきたデビアス社は、この４段階のうち、採掘段階と原石流通段階の支配を確立して、原石供給量とその相場をコントロールしてきた。最盛期におけるデビアス社の実効支配力は、採掘段階では世界全体の46％、原石流通段階では80～85％に及んだ。現在のデビアス社の供給支配力は約４割程度にまで減少しているが、この背景には、「紛争ダイヤモンド」問題の顕在化により企業イメージの悪化を恐れ1999年にアンゴラ、シエラレオネ、コンゴ民主共和国での

デビアス社社屋

V 身に纏うことの〈政治〉

直接買付けを停止したことや、ロシアやカナダでのデビアス社以外のルートを通じた原石産出量が増加したことがある。現在デビアス社は「最後の買い手」(buyer of last resort) という旧来の立場を捨て、小売販売部門に進出する等、新たな企業戦略を開始している。

供給支配力の低下に直面するデビアス社であるが、ダイヤモンド産業を牛耳る立場にあることは変わっていない。ダイヤモンドの原石採掘から最終消費市場に至る国際流通過程は通称「パイプライン」と呼ばれており、ダイヤモンド原石は26〜28カ月かけて先進諸国の市場に到達する。図表2はこのダイヤモンドの国際流通過程を示したものである。

原産国で採掘された原石の約8割は、世界最大のダイヤモンド取引センターであるベルギーのアントワープに輸出される。そして輸出された原石の約4割が、デビアス社傘下のダイヤモンド・トレーディング・カンパニー（DTC：Diamond Trading Company、旧CSO）に集積される。現在DTCに持ち込まれる原石は、デビアス社が直接所有或いは資本参加しているボツワナ、ナミビア、カナダ、南アフリカの4カ国で産出されたダイヤモンドで、2008年の産出高は4813万カラットに達し、原石販売額は59億ドルとなっている。DTCは、世界各地か

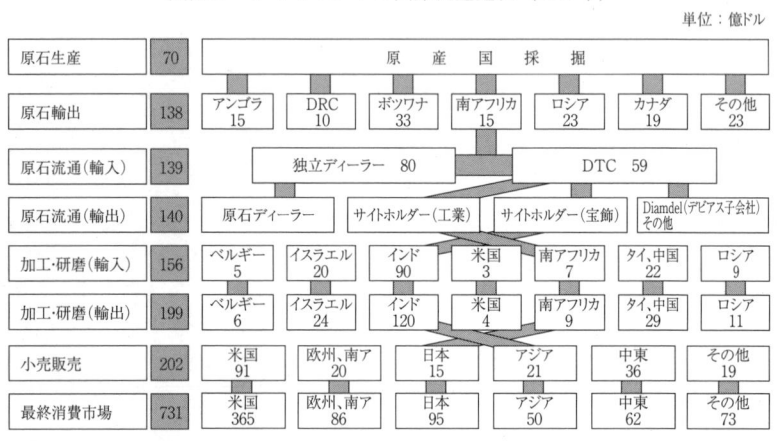

図表2 ダイヤモンドの国際流通過程（2007年）

単位：億ドル

原石生産	70	原産国採掘						
原石輸出	138	アンゴラ 15	DRC 10	ボツワナ 33	南アフリカ 15	ロシア 23	カナダ 19	その他 23
原石流通（輸入）	139	独立ディーラー 80				DTC 59		
原石流通（輸出）	140	原石ディーラー	サイトホルダー（工業）		サイトホルダー（宝飾）		Diamdel（デビアス子会社）その他	
加工・研磨（輸入）	156	ベルギー 5	イスラエル 20	インド 90	米国 3	南アフリカ 7	タイ、中国 22	ロシア 9
加工・研磨（輸出）	199	ベルギー 6	イスラエル 24	インド 120	米国 4	南アフリカ 9	タイ、中国 29	ロシア 11
小売販売	202	米国 91	欧州、南ア 20	日本 15		アジア 21	中東 36	その他 19
最終消費市場	731	米国 365	欧州、南ア 86	日本 95		アジア 50	中東 62	その他 73

出典：PIB, "2007 Diamond pipeline: supply and demand in equilibrium", 2008.を参考にして筆者作成

第14章　ダイヤモンド

ら買付けたダイヤモンド原石を独自の方法で5000種のカテゴリーに分類・選別し、構成内容（原産国・品質）を混在させた一定量の原石を「ボックス」（Boxes）にまとめる。デビアス社は予め「ボックス」毎の価格を決定し、5週間毎（年に10回）に「サイト」（sight）と呼ばれるダイヤモンド買付け取引を開催する。DTCが原石の品位を混在させて「ボックス」を構成するのは、流通網に乗りにくい低品位のダイヤモンドを市場に押し出す目的がある。「サイト」ではデビアス社が指名した世界125社の「サイトホルダー」が招待され、デビアス社が予め設定した固定価格で「ボックス」が販売される。「サイト」はデビアス社との信用取引が原則であり、「ボックス」の研磨業者以外への転売など、モラルに反した「サイトホルダー」は資格を剥奪される。原石を買付けた「サイトホルダー」は、加工・研磨工場へ輸出する。「サイトホルダー」、または独立系ディーラーの手に渡ったダイヤモンド原石は、世界各地にある加工・研磨工場に輸出される（原石は加工（カット）と研磨工程を経てはじめてダイヤモンドの裸石（製品化）となるが、以下では表記上、研磨に統一）。主要な研磨工場は、インド、アントワープ、イスラエル、ニューヨーク等に集積しており、研磨される原石の種類は、各地域によって特徴が異なっている。

　例えば、世界最大の研磨工場の集積地としてはインドが知られており、80万人の豊富な低賃金労働力を利用して大量の小粒低品質ダイヤモンド原石が研磨されている。インドの研磨されたダイヤモンドの輸出額は120億ドルと他国のそれと比較して群を抜いている。タイや中国においても小粒低品質ダイヤモンド原石の研磨が中心であるが、約3万5000人の労働者が従事している。イスラエルでは中粒のダイヤモンドが中心となっており、国内に4500人の専門家と研磨職人が存在する。ニューヨークでは、500人程度の研磨職人が存在し、投資目的の大粒高品質ダイヤモンド原石が研磨される。またアントワープでは中～大粒で高品質のダイヤモンド原石が研磨されている。研磨されたダイヤモンドは小売業者に輸出され、最終的に欧米や日本といった先進諸国市場で販売される。地域別の最終消費市場のシェアは、2007年で米国が約50％、次いで日本が13％、欧州及び南アが12％となっている。川底から発見されたダイヤモンド原石は、世界中を飛び回り、無数の人々の手を経て輝きを増し、その価格は累積

V 身に纏うことの〈政治〉

的に増加していく。

　冒頭で「紛争ダイヤモンド」問題について触れた。冷戦終結後、アフリカの幾つかの諸国はそれまでの超大国による後ろ盾を失うとともに、国家の実効支配能力が大きく弱体化し、経済基盤はずたずたに引き裂かれ、国家が崩壊した。それまで国家が独占的に利益を享受していたダイヤモンド収益を前にして、反政府武装勢力や軍閥は、その「機会」を捕捉することで容易に非合法なダイヤモンドのレント（利潤）獲得に成功し、そのことが紛争の発生リスクを高めたのである。長期化と広域化した1990年代のアフリカの内戦では、膨大な数の人びとが犠牲となった。コンゴ民主共和国で発生した２度の内戦では330万人が戦乱のなかで命を失った。四肢切断や少年兵部隊といった残虐な武装集団が登場したシエラレオネでは50万人が殺害された。こうした「紛争ダイヤモンド」対象国となったアフリカ諸国は、グローバル化経済の重層的変化のなかで生じた均衡バランスの崩れと符号化したかたちで、国際流通における価値増殖プロセスに直接的に結びついてきたのである。その意味で、「紛争ダイヤモンド」問題は、国家の皮膜を失ったインフォーマル部門が、グローバル化の負の側面と符合したひとつの過程であった。

　現在、アフリカでの紛争の多くは終結し、「紛争ダイヤモンド」問題はKPCSの実施により多くの注目を浴びることはなくなっている。しかしながら、ダイヤモンド産業という磁力に引き寄せられた人々で動くグローバル国際市場、先進諸国に対する資源供給基地として垂直統合されているアフリカのダイヤモンド原産国、無数の露天掘り鉱夫で形成されるインフォーマル労働市場を最底辺とした国内流通過程のピラミッド構造、この基本的な経済構造は全く変化しておらず、アフリカ諸国がこの商品連鎖の末端から脱却して国際流通における価値増殖プロセスに参画する可能性は、ほとんど見出すことができない。

〈ファーザーリーディング〉

亀山亮『アフリカ　忘れ去られた戦争』岩波書店、2004年
　シエラレオネ、リベリア、アンゴラの３カ国での撮影を通じてアフリカ社会の深い闇と正面から向き合う写真ドキュメンタリー。

第14章　ダイヤモンド

アンドリュー・コックバーン「ダイヤモンドの知られざる世界」ナショナルジオグラフィック日本版第8巻第3号（2002年3月）36-69頁

世界中のダイヤモンド原石の採掘現場、加工・研磨工場を写真とインタビュー記事を交えてわかりやすく紹介している。

VI 開発することの〈政治〉

ワードマップ

開発と安全保障との結合(security-development nexus)

　国民経済の安定と秩序維持は近代化にとって不可欠な要素であったことから経済開発が優先される。21世紀に入ってからは戦争の主体が変容し、国際犯罪、地域紛争、民族紛争、汚職などの問題が顕在化するにつれて、こうした脅威やリスクから個々人をどのように保護するかを中心とする「人間の安全保障」を国際開発の課題として取り上げるようになった。しかし、こうした新たな開発論が登場してもなお、人間生活の安全を保障する前提にはつねに成長型経済モデルによる「経済の安全」が優先されている。このような形で「人間の安全保障」論が構築されるならば、結局のところ自由貿易が押し付けられ、地域や生態的多様性が喪失されるというジレンマを抱えることになる。

(佐藤幸男)

企業の社会的責任(CSR)

　今や多くの国において、企業は経済利益追求主体としてのみならず、社会的責任主体として活動することが求められている。しかし、CSRの特徴は国や産業によって大きく異なる。資源産業では、地域社会や環境への厳しいガイドラインを自ら課し、開発現場を監視する市民社会に対して、安全性や社会貢献について積極的に公開している。悪いイメージの払拭なしに円滑な開発・操業をすることが困難になってきているからである。

(栗田英幸)

クラスター弾

　大型の弾体の中に複数の子弾を搭載した爆弾。戦闘機等から投下・発射されると子弾が散布され、広範囲の目標に損害を与える。1990年代後半以降、NGOなどにより、非人道的であるとの批判がなされた。2008年にオスロで署名された「ク

ラスター弾に関する条約」は、条約上の「クラスター弾」の定義に該当するタイプのものについて、使用、開発、製造、取得、貯蔵、保持、移譲を禁止している。

(榎本珠良)

先住民／採取産業

先住民族の定義は未だ確定しないが、その多くは、その土地や自然に根ざした独自の社会システムを有する点で共通する。天然資源は先住民族の生活領域に偏在しており、採取（もしくは抽出）産業の歴史は、そのまま先住民族と非先住民族との摩擦の歴史でもあった。2007年に採択された「先住民族の権利に関する国際連合宣言」は、その歴史が略奪と不正義の歴史であったことを認め、先住民族独自の社会システム強化の必要性を訴えている。

(栗田英幸)

戦争の民営化

軍事に関わる業務は国家の専権領域であり、国民に安全保障を提供することは政府の最も本質的な業務の一つとされてきたが、冷戦終結後、軍事業務の公的独占が弱まり、軍事領域に民間企業が介在しはじめた。こうした現象をさす。民間軍事会社の活動や範囲はグローバル化しているが、同時に、国際法における位置づけが未整備であったり、非合法な取引や政治家との癒着、武力紛争への多国籍企業の介在などの問題が顕在化している。

(藤本義彦)

対人地雷

地上または地中に設置され、人の接近や接触により爆発する兵器。冷戦終結後、NGOなどを中心に、非人道的であるとの批判がなされた。1997年にオタワで署名された「対人地雷禁止条約」は、対人地雷の使用、開発、生産、貯蔵、保有、移譲などを禁止している。

(榎本珠良)

破綻国家

2011年のチュニジアの「ジャスミン」革命、エジプト民衆革命、リビア政変など、中東世界を支配してきた強権政治があっけなく市民の「ネット力」によって突き崩される現実を我々は目の当たりにした。統治能力に欠け、国家の自律性を担保しえない国家を破綻国家ないしは脆弱国家と呼ぶ。OECDは貧困削減、開発、国民の安全、人権の保障に必要な基礎的機能を提供する能力、意思を欠いた国家と定義している。いずれの国家も輸入超過と財政赤字を抱えながら対外援助に依存し、名目上の経済発展とは裏腹に、経済配分の不公正さから庶民の一人ひとりが「この世界はおかしい」と異議を申し立て、叫ぶことで政権が転覆するのは、なによりも新自由主義のグローバルな管理のもとで進行する貧困、失業、格差、腐敗、強権政治の監視／抑圧にたいする反抗としての怒りからであり、人間の「生」自体を辱めている「世界」を「変革」しようとする主体的要求だからである。

(佐藤幸男)

パトロン・クライアント関係

社会的な地位が高い個人（パトロン）が低い地位の個人（クライアント）に対して、その影響力や資源を用いて保護や利益を与え、クライアントはパトロンに対して支持と援助で報いるという両者の関係をさす。国家統治における権威や権力の源泉が、フォーマルな法や制度ではなく、パトロン個人に基づく場合、パトロンは資源を私物化して恣意的な国家統治を行うようになり、汚職や縁故主義が蔓延し、国家統治能力が低下するとされている。

（藤本義彦）

武器貿易条約（ATT）

通常兵器の国際移転を許可する際の基準を定める条約（の構想）。1990年代半ばに、NGOなどが条約形成を訴え始め、2003年には条約を求める国際キャンペーンが開始された。2006年の国連総会決議以降は、国連でのプロセスが進展した。2009年の国連総会決議に基づき、2012年に条約交渉会議が開催されることになっており、2010年以降、条約交渉会議に向けた準備委員会での議論が国連で行われている。

（榎本珠良）

ポストコロニアリズム

植民地主義のすさまじい暴力に曝されてきた人々の視点から、西欧近代の歴史を捉えなおし、現在に及ぶその影響について批判的に考察する研究、思考、言説のこと。旧来の植民地主義的な支配・従属構造、とりわけ文化的支配・従属構造は今もなお温存され存続しているとし、新帝国主義的な動きなどを批判的分析の対象とし、現在のポストコロニアルな状況からの脱却の可能性を模索しようとしている。

（藤本義彦）

ロボット革命と21世紀戦争

アメリカは2008年からアフガニスタンにあるアルカイダ拠点を攻撃するために、「プレデター」と呼ばれる無人戦闘機を投入している。米軍の無人兵器の使用はイラク戦争以来急増し、いまでは約5千機もの無人ロボット兵器が準備されている。他方、アルカイダのようなテロ組織は、カラシニコフといった武器を使って戦闘を繰り広げ、その兵器購入費はこの5年間で22％増加している。（佐藤幸男）

第15章

資源開発をめぐる争い
―― コンゴ紛争とあなたのケイタイの関係は？

藤本　義彦

　近代の歴史は西欧みずからが進歩の歴史の先端にたつと嘯きながら、好戦的支配と帝国的な侵略をくりかえす大国の横暴に正統性をあたえ、国際法もまた協働して価値中立的な装いのもと先進国が主導する国際秩序を正当化し、そこから「女性」「民衆」「第三世界」を「他者」として排除することで日常の「偶景」を媒介とした社会的なるものへの関心を欠如させてきたのである。文化人類学者の今福龍太はつねに大国と対極にある市井の民衆の心性に着想したことばを探しつづける異才の一人であるが、その指摘のとおり、みずからの未来を形つくる力をもたない民に身を寄せる必然を強調している。

　歴史を振り返れば、人類は常に資源を求めて争い続けてきた。大航海時代に胡椒や砂糖を求めたヨーロッパの海外進出は、その後の資源をめぐる紛争を象徴するものであった。アフリカやアジア、ラテンアメリカの領土と資源を奪取し搾取しようとするヨーロッパ諸国の帝国主義的野心はあからさまで、アフリカは19世紀末に分割支配されてしまった。植民地支配が強化され、アフリカやアジアは欧米列強への原材料の供給と製品の消費地としての役割が強制され、地域の伝統や産業は壊滅的に破壊されたのである。この時代の紛争は、国家が紛争の中心的行為主体となり、領土や資源などの獲得を目的としていた。戦闘集団も、中世の傭兵制から国民皆兵制へと強化され、国家が国民を動員する総力戦、挙国一致体制などの形態をとり、紛争の制度化が図られてきた。

第15章　資源開発をめぐる争い

1　現代紛争の構造

　第二次世界大戦後の米ソ両国を頂点とする冷戦もまた同じである。その戦後空間は国家が紛争を管理する形態でもあった。冷戦は、資本主義と社会主義という激しいイデオロギー対立が注目されるが、両陣営による戦略的影響力の拡大と死活的な戦略資源の確保をめぐる対立でもあった。特に石油はエネルギー革命の結果、産業や軍事と切り離せない重要性をもつようになっていた。核兵器の存在が両陣営による直接的な武力対決を不可能にしたために、外交政策や経済政策などの非軍事的手段が駆使され、経済や産業は軍部と密接な関連をもち軍産複合体を称されるまでに国家との関係を深めていったことも、天然資源をめぐる対立を激化させる要因になった。

　ノルウェーの歴史家オッド・ウエスタッドは冷戦をつぎのように特徴づけている。第1に、米ソによる第三世界への介入は、第三世界諸国の政治的社会的文化的変化を制約し、国際的国内的な枠組みを決定づけたこと、第2に、第三世界の国家エリート層は、国家主導的な施策を米ソが提示する開発モデルに意識的に対応しながら立案し、そのイデオロギー的忠誠の選択は米ソいずれかの緊密な協力と繋がっていたこと、第3に、ヨーロッパ近代の後継と自認する米ソは、みずからのイデオロギーの普遍妥当性をしめすために世界変革を唱道し、独立間もない諸国のエリートたちは米ソにその競争の場を提供したのであるとしている（O. A. ウェスタッド［2010］佐々木雄太監訳『グローバル冷戦史』名古屋大学出版会）。

　かくして冷戦期の武力紛争は、米ソ共同管理体制による覇権システムのもとで両勢力圏の形成と支配継続のレトリックとして冷戦が利用されたものであり、アジア、中東、アフリカ、ラテンアメリカ諸地域に介入して「共同管理」をすすめるための介入紛争であった。しかもその戦いは国家を中心的な主体として、それに経済や産業が結びつき、国家とそれに対抗する反政府勢力、あるいは国家と国家の対立という構図のもとで、国家が紛争を管理するなかで限定的な武力行動がとられてきた。同時に、多くの人民の命が失われ、絶望的なま

での破壊と内戦に暴力の連鎖を生んできたのである。アフリカ産油国をめぐる資源戦争の歴史は冷戦の本質を見極める好材料である。

1980年代末以降のポスト冷戦期には、こうした構図が大きく変容した。国会外のいわゆる非政府組織や国際機関、さらには民間軍事会社などの多様なアクターのネットワークと連携した「新しい戦争」（ダルフィールド）形態が顕在化した。その背後には紛争を単に政治的現象としてとらえるのではなく、国際経済の自由化、市場主義化、グローバル化にともなう国際経済秩序の変容といった経済的現象と密接な関係が明らかになってきたのである。

ウプサラ大学紛争データプログラムによれば、図表1にしめすように、世界的な紛争の増減傾向を地域ごとに見ることができるが、さらにストックホルム国際平和研究所の『SIPRI年鑑』2010年版では、2009年に世界中で16の国と地域で17の武力紛争が発生し、そのすべてが国家間紛争ではなく国内紛争つまり内戦であったという。国境を超えて争われている紛争は6つに過ぎないという。しかも国家間戦争と異なって戦争の期間は10倍以上に延び、圧倒的多数の民間人が犠牲となってきたのである。1945年以降世界で成功したクーデター総数はコリアーによれば、約357件でうち82件がアフリカで起こっているほか、クーデター未遂が109件、計画段階で未然に防がれたのが145件、これら全てあわせるとアフリカ1ケ国あたり、平均7件のクーデターにあったことになる（ポール・コリアー［2010］甘糟智子訳『民主主義がアフリカ経済を殺す』日経BP社）。内戦とクーデターの連鎖は世界経済の最底辺の10億人の人びとを政治的に悲惨な現実に陥れているのである。

ポスト冷戦期の武力紛争は、国家だけでなく国家以外の主体が武力紛争に関わり、しかも国家間の紛争ではなく、国内内戦の形態をとることが多くなっている。とくに第三世界にその傾向は顕著である。

それは、資源などの規制に関する権威をめぐる国家と非国家（非政府ないし反政府）の競合が極端な形で現われる戦争であり、しかもそこで展開する戦いは、交換のための市場がグローバル経済に統合されているという特徴をもっている点で新しいのである。くわえて、自由主義的な政策の帰結として戦争関与の主体間の多様性にも注目する必要がある。いわゆるウオーロードの出現や

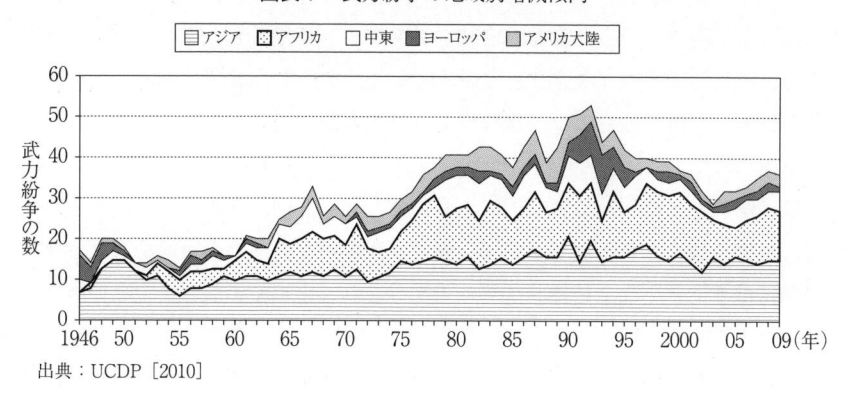

図表1　武力紛争の地域別増減傾向

□アジア　▨アフリカ　□中東　■ヨーロッパ　▨アメリカ大陸

出典：UCDP［2010］

「影の交易」の存在である。

紛争被害の変容

　ポスト冷戦期の武力紛争の特徴の一つに、紛争被害の大きさと深刻化を挙げることができる。図表1は、武力紛争の推移を示している。紛争の多くが第三世界で発生していることを示しているとともに、冷戦が終結した1990年以降、若干の変動はあるものの総じて武力紛争数は減少傾向にあることを示している。それにもかかわらず、紛争の被害は深刻化し残虐なものになっている。国家が主体となって紛争が戦われる場合、国家は国民を保護する義務を負う。しかし国家以外の主体が紛争に関与する場合、その非国家主体がどのような存立基盤をもつかによって保護する対象が規定される。国民すべてを保護する義務を負うようなことはまずない。そのため紛争がいったん起これば、紛争被害が甚大になることが多い。民族浄化という大量殺戮（ジェノサイド）が発生するのも、複数の民族・エスニック集団が存在する国家の中に、特定の集団にのみその存立基盤をもつ集団が権力を掌握しようとする時に、他の集団を排斥し殺戮しようとするからである。

　1994年に起こったルワンダ内戦やコンゴ民主共和国での内戦分析で名高い武内進一は、①多数の民間人が加害者あるいは被害者として紛争に巻き込まれる

VI　開発することの〈政治〉

紛争の多発傾向から、それを紛争の「大衆化」と呼び、②正規軍とともに民兵や民間軍事会社といった新しい武装アクターが戦争で重要な役割を果たすことから、それを紛争の「民営化」と呼んでいる。こうした戦争の頻発、激化、紛争の越境、拡散が独立アフリカで成立した家産制国家のポストコロニアル状況と位置づけている（武内進一［2009］『現代アフリカの紛争と国家』明石書店）。

　家産制国家とは、統治者が国家を私物化し、恣意的に運用する体制をさす。富、地位、契約といったさまざまな資源が支配の上層部から末端の服従者までの間にはり巡らされた利権システムで配分され、支持や忠誠、資金といった交換物が上納されるパトロン・クライアント関係によって成り立っている。このもっとも最新の事例は、コートジボワールの大統領選挙後をめぐる政治混乱とカカオ利権の争奪であろう。また、チュニジアの「ジャスミン革命」とよばれる民主化要求運動がネットを介して近隣の開発独裁国家に飛び火している昨今の政治情勢も象徴的である。

　支配的地位にいる特定の個人が自らの影響力を下位の個人に恣意的に行使するこのパトロン・クライアント関係が独立後国家に構築されると同時に、国際社会が国内統治のための資源を奪取しようとしたために、市民社会の形成が阻害されてしまったのである。独立後のアフリカ国家は1990年代以降急速に解体へと向かい、その結果、紛争は頻発・激化、悲惨化・残忍化するようになった。ジェノサイドやシエラレオネ内戦で見られる子ども兵や肢体切除などの残虐な行為がその好例である。

　「アフリカの年」から半世紀、54番目の独立国家がスーダン南部に誕生するさまは、まさにグローバル化がもたらす国境の脱構築の流れに即応したものであることが明らかである。しかしその道のりは、チュアが指摘するように、貧しい多数派民族と経済的に豊かな少数民族（経済支配的少数民族）が共存しつつも再配分されていないままの第三世界諸国で、先進国ですらかつて実現したことのないような改革、すなわち市場化と民主化を同時に追求するような政策を実施すると、貧しい多数派民族のあいだに民族経済的憎悪が生じやすくなるのも事実である。さらに民主化により発言力を得た多数派による民族的国家主義運動と連なり、最終的に市場破壊的な事態が生じたり、民主化が後退するような事

態が生まれる傾向にあるとしている（Amy Chua [1998] "Market, Democracy and Ethnicity", *The Yale Law Journal*, Vol. 108, No. 1）。

　国家以外の主体が武力紛争の当事者になることで、さらなる武力紛争の変容が起こった。ポスト冷戦期には国家以外に、独自の判断に基づいて独自に行動する主体が台頭してきた。グローバルな公共利益の実現を目指そうとするNGOや、自社の利益の拡大を狙う多国籍企業などはその例である。さらに注目すべきは、宗教組織と民間軍事会社である。

　多国籍企業は資源開発に関わることが多い。資源開発地域には地域独自の生活が住民によって営まれているが、開発によってそうした生活の場は大きく攪乱されてしまい、住民に不満を抱かせることが多い。多国籍企業と住民の間にネガティブな関係が構築されてしまうと、開発への反対運動が起き、それが時として武力紛争に発展していくこともある。ナイジェリアのニジェールデルタ地帯での石油開発は、そうした事例の一つである。

2　天然資源開発を巡る争い

　2009年に発生した武力紛争17件は、そのすべてが天然資源に起因しているわけではないが、天然資源の減少や枯渇や、天然資源の豊かさが武力紛争の発生に関係しているものも多い。天然資源の中でも、石油や天然ガス、ダイヤモンドや金などの貴金属は、武力紛争の発生に深く関わることが多いといわれている。図表2は武力紛争発生国と主要資源を一覧にしたものであるが、鉱物資源、宝石類、木材、麻薬などの天然資源と紛争とのかかわりは明らかであろう。

　ただ天然資源の存在が直接、武力紛争を発生させるわけではない。ホーマーディクソンらによれば、天然資源の減少や枯渇などによって、当該資源を争奪する争いが武力紛争に至る可能性が高くなるとされる。必要とされる資源が減少したり枯渇したりすれば、当該資源に対する需要は相対的に高まり、十分な量を供給することができないこともある。その場合、人口移動や住民の追放、経済生産性の低下や国家機能の衰退などが発生して、直接的あるいは間接的に武力紛争が発生させてしまう可能性を高くしてしまうというのである。

VI 開発することの〈政治〉

図表2　武力紛争発生国と主要資源

武力紛争発生国	主要資源
アフガニスタン	宝石類、アヘン
アンゴラ	石油、ダイヤモンド
カンボジア	宝石類、木材
コロンビア	石油、金、コカ
コンゴ共和国	石油
コンゴ民主共和国	銅、コルタン、ダイヤモンド、金、コバルト
インドネシア（アチェ）	天然ガス
インドネシア（西パプア）	銅、金
リベリア	木材、ダイヤモンド、鉄、椰子油、ココア、コーヒー、マリファナ、ゴム、金
モロッコ	燐酸、石油
ナイジェリア（ビアフラ）	石油
ミャンマー	木材、錫、宝石類、アヘン
パプアニューギニア	銅、金
ペルー	コカ
シエラレオネ	ダイヤモンド
スーダン	石油

出典：松尾雅嗣「資源紛争の再検討」小柏葉子編『資源管理をめぐる紛争の予防と解決』広島大学平和科学研究センター、2005年、11頁より抜粋

また天然資源が地域的に偏在しながら豊富に存在することがかえって武力紛争を引き起こしてしまうと考える議論もある。コリアーらにより主張される「資源の呪い」である。コリアーらは、武力紛争が発生する契機である反政府勢力に着目して、反乱を起こす動機と機会を生み出すものとして反政府勢力がもつ富への「強欲」に焦点を当てる。天然資源は反政府勢力にとって欲望を満たすことのできる重要な富であり、天然資源が豊富であればあるほど、反政府勢力が武力紛争を起こす動機を高めてしまうことになるとする。さらに天然資源の取引から生まれる利益は、反政府勢力の組織化と兵站に必要な人的・物的コストを賄うことを可能とし、武力紛争を起こす機会を提供してしまうことになるという。シエラレオネのダイヤモンド、アンゴラやスーダンの石油などはこれらの具体的事例である。

　いずれにしても、天然資源が武力紛争を引き起こす原因のひとつとなり、いったん武力紛争が起これば、天然資源の取引によって生まれた金銭的な利益が、さらに武力紛争を長期化させてしまうことが指摘されている。武力紛争を発生させ継続していくためには、資金を確保する必要があるので、天然資源の取引から生じる金銭的な利益は、紛争地域において紛争発生と継続の資金となる。天然資源は、武力紛争発生の原因とも、武力紛争が発生した結果ともなる

のである。

　武力紛争の発生原因として、天然資源の枯渇や豊かさだけでなく、国家の弱体化という政治現象に着目した議論もある。

　天然資源が豊富な場合、政府は国民一般に課す税金よりも天然資源の取引によって生じる利益に依存してしまうことがある。紛争が発生する可能性が高い国ではその傾向はいっそう強くなる。天然資源の利益に依存する政府は、その存立基盤を国民ではなく、天然資源の取引におくようになる。政府は国民に対する行政サービスを充実したり、国家の安定と発展を推進しようとする動機を弱めてしまい、官僚機構は非効率的となり、政治制度の質は低下し、国家の統治能力は弱体化してしまうことになる。弱体化した国家は、国民の要望に応えることはできず、国民の不満を増大させてしまうことになる。同時に国家が国民の不満に対応する能力も脆弱化させてしまっているために、結果的に武力紛争を発生させる可能性を高めてしまうことになる。

　国民は、国家から配分されるべきサービスが十分でないと考える時、政府や権力集団に対する不満を募らせていくことになる。政府に対する不満と不信を募らせた国民の中には、政府に代わって権力を握ろうとする個人や集団が出現することもある。そうした人々は、国民や地域住民の支持を集めるために民族、エスニシティや宗教などをシンボルとして利用しながら、実際の紛争を開始したり継続したりするために必要な資金を、地理的に近接した場所に存在する天然資源を確保することで得ようとするようになる。

　このような行為は通常、正統性と実効性をもつ政府が存在する場合、政府によって中止させられてしまうことが多い。しかし正統性と実効性を欠いた統治機構しか存在しない弱い国家の場合、天然資源は事態をより悪化させてしまうことになる。天然資源が、弱い国家の政治構造の矛盾を増幅させ、紛争を発生させ継続させる温床となってしまうことになるのである。

　紛争により疲弊し統治能力を失った弱い国家は、テロリストの活動や大量破壊兵器の拡散の源となり、国際社会の平和と安定にとって重大な脅威となる可能性が高い。国際社会が、弱い国家を源とする脅威を除去するために、紛争を予防したり解決したりする手段として、国際平和維持活動や予防外交や調停な

どの政治的手段だけでなく、紛争後の国づくりも含めた包括的な取り組みが必要であると認識されはじめている。紛争国や紛争後社会への開発援助の役割が重要視されつつある。

3 グローバル化と武力紛争

　資源採取によって発生し継続する武力紛争では、天然資源の取引によって獲得される資金は重要である。つまり天然資源を売買する仕組みとその需要の存在が問題となる。武力紛争が、国家の枠内だけでなく、国家の枠を超えた活動をもつようになっているのはこのためでもある。

　インフォーマルな市場（闇市場）が天然資源の取引に介在することもある。金やダイヤモンドの取引に介在する闇市場は紛争を激化させるものとして問題視され、国際的な管理体制が整備されつつある。かつてアパルトヘイト体制の南アとの金取引を自粛しようとする取り決めがあった。アフリカ人労働者を搾取しアパルトヘイト体制を維持させる資金を途絶えさせる目的だった。しかし南アの金は国際的な闇市場を介して世界中に輸出されていたことを忘れてはならない。

　天然資源の取引には多国籍企業が関わることが多い。石油の探索・採掘・生産・輸送・精製・販売までのすべての過程を寡占的に取り扱う国際石油資本（メジャー）はその典型であろう。かつて石油資源はメジャーによって管理され、メジャーは産油国の政治に大きな影響力をもっていたのである。イランのモサデグ首相による石油国有化政策にメジャーが反対し、メジャーに後押しされたアメリカやイギリスがモサデグ政権を打倒し、新西側路線をとるパーレビ２世によるクーデターを画策したこともある。ホメイニ師によるイラン革命は、アメリカの石油権益を奪うことになり、アメリカはその後イランに敵対的政策を採りつづけている。アメリカの中東政策には、メジャーの利益と自国にとって重要な石油資源の確保という戦略が常に中心に据えられ、中東地域における武力紛争を発生させ激化させる可能性を高めていると考えることはあながち的外れではない。

石油需要は、中国やインド、ブラジルなどの新興国の経済成長が著しいために、急激に高まっている。この石油需要の高まりが、武力紛争の可能性を高めている。スーダンでの石油開発権を巡って、欧米諸国と中国との間では対立が発生し、スーダンにおける緊張を強めてしまった。また新興国の経済成長は、資源関連企業（資源メジャー）の再編を生じさせてもいる。

　紛争国で生産される天然資源の多くは、紛争が発生していない国に暮らす人々の生活のために消費されている。天然資源が直接的あるいは間接的に世界で発生する武力紛争の原因や結果になってしまっている現実を目の当たりにした時、紛争とは一見して無縁に思える先進国の住民の強欲さが武力紛争発生のインセンティブを与えてしまっているということに気付かされる。

〈ファーザーリーディング〉

ポール・コリアー（中谷和男訳）『最底辺の10億人　最も貧しい国々のために本当になすべきことは何か？』日経BP社、2008年
　豊富な実証データに基づいて、世界の経済成長から取り残され貧困の中にいる最底辺10億人の属する国家は、紛争の罠、天然資源の罠、劣悪な隣国に囲まれている内陸国の罠、小国における悪いガバナンスの罠のいずれかに捕らえられているとする。最貧国を救済し貧困を解決するために、新しい形の援助、軍事介入を含む安全保障、法の整備と適正な国際基準や憲章、貿易政策の見直しが必要であるとの政策提言をしている。

マイケル・クレア（斉藤裕一訳）『世界資源戦争』廣済堂出版、2002年
　ポスト冷戦時代における資源紛争、主として石油資源と水資源の紛争について、アメリカの安全保障の観点から議論している。資源の戦略的重要性は高まり、資源を巡る国家間の対立は激化し、資源を巡る摩擦と対立が新たな原因を生み出しいる。

第16章

兵　器
――善と悪の二項対立を超えて

榎本　珠良

1　兵器の国際的規制をめぐって

　兵器をめぐる国際政治は、とかく善と悪の二項対立の物語として描かれがちである。1990年代以降に国際的規制が進展した通常兵器に関しても、これはあてはまる。この分野の規制については、各国利害が対立する安全保障分野の国家間協力は困難とされてきたにもかかわらず、取り組みが進展するようになったとして注目された。また、国家の専管事項に属する安全保障に関わる問題に市民社会が関与する余地は多くないと捉えられてきたにもかかわらず、市民社会の関与のもと、「人道問題」として問題認識された点が指摘されてきた。そして、兵器の開発・製造や売買に関与したり、入手した兵器を濫用したり、経済的・政治的利益や軍事的必要性等を重視し規制に反対したりする人々という「悪」と、彼らに立ち向かい、「人道的」規範を打ち立て、彼らの行動に縛りをかけるべく協働する「善」たる人々という構図でしばしば語られてきた。

　しかしながら、主権国家システム形成後の歴史を振り返ると、この二項対立はつねに自明のものと認識されていたわけではなかった。本章は、近年では図表1のような国々が移転元の上位に並ぶ国際移転に関する規制を中心に、通常兵器の国際的規制の歴史を概観し、19世紀末と現代を比較する作業を通じて、こんにち「善」とされる人々が追求するグローバルな統治の様相とその限界の一端を炙り出そうとするものである。

第16章 兵　　器

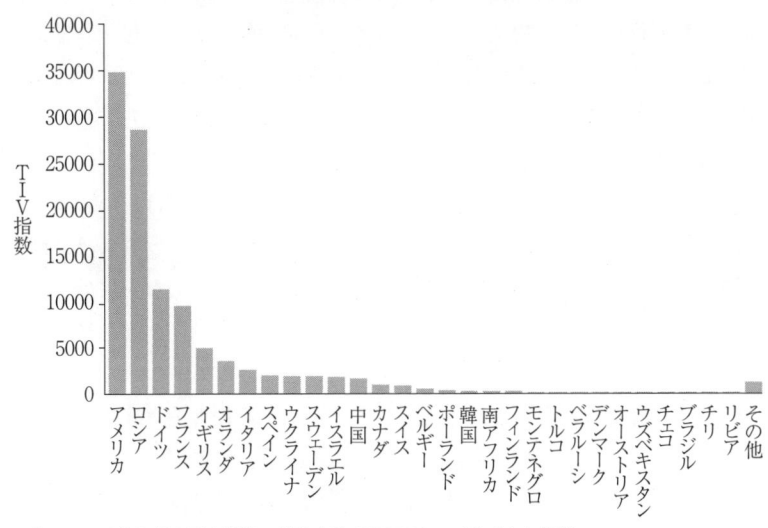

図表1　武器移転元国（2004年-2008年累計）

[図表: TIV指数による武器移転元国の棒グラフ。縦軸は0から40000。国名（左から）：アメリカ、ロシア、ドイツ、フランス、イギリス、オランダ、イタリア、スペイン、ウクライナ、スウェーデン、イスラエル、中国、カナダ、スイス、ベルギー、ポーランド、韓国、南アフリカ、フィンランド、モンテネグロ、トルコ、ベラルーシ、デンマーク、オーストリア、ウズベキスタン、チェコ、ブラジル、チリ、リビア、その他]

注：TIVは移転量を示す指数。算出方法はSIPRIウェブサイトに記載。
出典：SIPRI database（www.sipri.org）

2　通常兵器移転の国際的規制の歴史

　近代主権国家システム成立後の国際的取り組みとして、今日の通常兵器移転規制の雛形と言われるのは、1889年から1890年の「アフリカ奴隷貿易に関するブリュッセル会議」で署名された、いわゆる「ブリュッセル条約」である。1884年から1885年のベルリン会議で基本原則が合意されたアフリカの植民地化は、奴隷貿易を廃止し、アフリカに文明の恵みを与えるという「人道主義」のもとに行われ、その後数十年のうちにアフリカは分割・植民地化された。この会議の約5年後、ベルギーのレオポルド2世が主導し、ブリュッセルで会議が開催された。ここで合意されたブリュッセル条約にも、「アフリカ人奴隷の取引がもたらす犯罪と破壊に終止符を打ち、アフリカの原住民を効果的に保護し、その広大な大陸が平和と文明の恩恵を受けることを確保する確固たる意思」（前文）が述べられた。この条約は、奴隷貿易や「土着部族間の内部紛争」を防ぎ、

VI 開発することの〈政治〉

アフリカの住民を保護するための策として、アフリカの特定地域への高性能の銃器や弾薬の貿易を原則禁止した。そして、列強のアフリカ進出・統治に伴う兵器移転は認めた上で、移転先での貯蔵や個人所有等を規制した。ベルリン会議やブリュッセル会議の結果に対し、奴隷貿易廃止を訴えていた「市民社会」は、会議の前後にも活動し、成果を讃えた。

19世紀後半、アフリカに進出しようとしたヨーロッパ諸国は、いわゆる初期抵抗に悩まされており、抵抗側に兵器が大量流出していた。とりわけ、西アフリカのサモリ帝国をはじめとするイスラム教を掲げる帝国のなかには、奴隷貿易を通じて銃器等の兵器と軍隊を整備したものもあり、欧米列強と激しい戦闘を繰り広げていた。ヨーロッパの人々は、こうしたアフリカでの抵抗について、呪術師や妖術師に率いられ、迷信に支えられた非理性的な後ろ向きの無謀な行動であり、アフリカの後進性の象徴とみなす傾向にあった。イスラム教を掲げた帝国の多くについても、残忍な暴君を擁する奴隷制国家、征服国家であると論じた。そして、そうした人々の手に兵器が渡らないようにし、植民地化によりアフリカの人々に文明の恩恵を与えることは、善良な意思と熱意による「人道的」な行為であるとみなしたのである。

さらに、この条約で移転が規制されたのは銃器や弾薬だけではなかった。この条約は、「蒸留酒の濫用が原住民人口にもたらす道徳的・肉体的帰結に関して正当な懸念」(90条) を共有した上で、銃器や弾薬に加えて蒸留酒の移転も規制した。兵器移転規制による「非理性」や「野蛮」とのたたかいは、蒸留酒によるアフリカの人々の道徳や肉体の堕落を防ぐ試みと同じ枠組みの中で捉えられていた。また、「原住民による酒の入手を禁止することは、彼らが銃器を入手することを防ぐのと同じように必要なことである。我々は彼らが子どもであることを知っているし、彼らは子どもとして扱われなければならない」(Bemister and Learkey, quoted in Justin Willis, *Potent Brews: A Social History of Alcohol in East Africa 1850-1999*, Oxford: James Curry, 2002, p. 95) という宣教師の言葉にあらわされているように、アフリカの人々が蒸留酒や銃器を入手すべきではないとする見方の背景には、彼らは「子ども」であり、自己を律することができる人間ではない、という認識があった。そして、この認識は、彼らには他者による統治

が必要であるという論と結びついていた。実際に、ベルリン会議やブリュッセル会議は、事実上は列強のアフリカ統治とアフリカでの商業活動に関する会議であった。ブリュッセル条約では、奴隷制を根絶するための最良の方策は列強によるアフリカ統治と貿易であるとされ、条約内容の大半は、アフリカでの統治と商業活動推進に関するものである。アフリカ内陸部を各列強が効率的に統治し、道路、鉄道、電信、学校、病院の整備等の開発を行い、貿易会社の活動を推進するとともに、非理性的な「子ども」であるアフリカの人々に兵器や蒸留酒が渡らないようにし、奴隷貿易や土着部族間の内部紛争を防ぎ、アフリカの人々の道徳的・肉体的な堕落を防ぐことは、アフリカに文明をもたらすために欠かせない要素とされたのである。

　第一次世界大戦後、ブリュッセル条約の見直しが試みられたが、新条約は批准が進まず失敗が続いた。背景の一端には、アフリカ等の輸出禁止地域以外への輸出に関しても輸出国が許可する制度や、移転の詳細に関する報告制度が新条約に盛り込まれたために、兵器を製造していない小国が、国家主権と国家安全保障を侵害し、兵器を輸入して軍備を整える能力を削ぐものとして受け取ったことがあった。また、アフリカ以外に輸出禁止地域を拡大しようとした際に、条約交渉に参加していた国々が禁止地域に含められ、反発を呼んだ。第二次世界大戦後になると、通常兵器の移転規制は主に冷戦の文脈で捉えられた。そのため、東西間の兵器移転は規制されたが、他方で、東西双方とも、勢力範囲の維持・拡大のために非同盟諸国への兵器移転を行った。非同盟諸国の側でも、「持たざる国」の軍備を整える能力を削ぎ、国家主権と国家安全保障を侵害するものとして、通常兵器分野の規制に反対する傾向があった。

　しかし、冷戦終結前後から、通常兵器移転の問題が国家や国連機関、非政府組織（NGO）、研究者らに問題視され、多岐にわたる取り組みが行なわれることになった。1990年代以降の通常兵器移転に関する議論では、特定の国や地域への移転の明示的禁止ではなく、紛争を助長したり、国際人権法や人道法の重大な侵害につながる可能性のある場合は移転を控える、といった移転許可基準を設ける必要性が論じられた。初期の具体的な合意文書としては、欧州安全保障協力機構（OSCE）の「通常兵器の移転に関する原則」（1993年）や「小型武器と

軽兵器に関する文書」(2000年)、欧州連合 (EU) の「兵器輸出に関する行動規範」(1998年)、国連安保理常任理事国5箇国の「通常兵器移転ガイドライン」(1991年)、国連軍縮委員会の「国際武器移転に関するガイドライン」(1996年)、ワッセナー・アレンジメントの「小型武器及び軽兵器の輸出に関するベスト・プラクティス・ガイドライン」(2002年) に移転許可基準が含められた。

　1990年代に通常兵器移転規制の議論が活発化した背景としては、まず、兵器製造国数の増加や、旧ソ連・東欧諸国からの余剰兵器等の移転、技術のスピンオフからスピンオンへの変化、軍事・汎用技術開発の国際化、グローバリゼーションの進展やインターネットの普及により、移転ルートが多様化・複雑化したことが挙げられる。次に、冷戦終結に伴い「南」への兵器移転が戦略的価値を失ったことに加え、兵器移転による (主に「南」での) 悪影響が論じられるようになったことが指摘できる。具体的には、湾岸戦争時のイラク軍兵器の多くが欧米諸国から移転されていた問題や、主に「南」における「冷戦後の紛争」が問題視されるなかで、そうした地域に兵器が移転される問題が指摘された。加えて、1990年代半ば以降、通常兵器の移転は、主に「南」での「開発」や「人間の安全保障」を妨げるものとしても議論されるようになった。これら問題群を前に、欧米諸国等の国々やNGO、研究者などは、共産圏諸国封じ込めを目的に構築されたCOCOMを中心とした冷戦型レジームの限界や、不確定な脅威を想定した軍事・汎用物資・技術の移転規制の必要性を認識するようになった。そして、このような背景から、1990年代以降の通常兵器移転規制は、事実上は「南」への移転規制として論じられている側面がある。

　また、1990年代には主に先進諸国による合意が形成されたが、2000年代には先進諸国以外を含めた場で移転許可基準を含む文書を形成する動きが強まった。なかでも、イギリス政府によるトランスファー・コントロール・イニシアティブ (TCI) や、イギリスの大学と国際NGOのプロジェクトの一環として行なわれたコンサルテイティブ・グループ・プロセス (CGP) での議論や、2003年から国際NGOが開始した「コントロール・アームズ」キャンペーンによる武器貿易条約 (ATT) 形成を求める活動は、相互に影響を及ぼしながら展開し、次第にATTの議論に収斂した。ATTに関しては、2006年以降に国連でのプロセス

が進展しており、国際NGO等は、国際人権法や人道法の重大な侵害やジェノサイド、テロ行為につながったり、持続可能な開発に悪影響を与えたりする可能性がある場合等は移転をしない、といった移転許可基準をATTに含めるよう求めている。また、2003年以降は、先進諸国以外の地域において、移転許可基準を含む合意文書が形成された。例えば、大湖地域およびアフリカの角地域においては、「大湖地域およびアフリカの角地域における非合法な小型武器および軽兵器の拡散に関するナイロビ宣言」(2000年)および「大湖地域及びアフリカの角地域における小型武器及び軽兵器の防止・規制・削減に関するナイロビ議定書」(2004年)の履行のために、「ベスト・プラクティス・ガイドライン」(2005年)が作成された。その他の合意としては、「小型武器および軽兵器、弾薬及びその他関連部品に関する西アフリカ諸国経済共同体(ECOWAS)条約」(2006年)や、中米統合機構(SICA)の「武器、弾薬、爆発物、及びその他関連部品の移転に関する行動計画」(2005年)などがある。そして、こうした合意形成には、イギリスなどのATT推進派の国々や国際NGOらが深く関与し、既にEUやOSCEなどの先進諸国を中心にした場での文書と同様の移転規制を合意に盛り込むよう働きかけた。ATTは、通常兵器移転に関する既存の国際法上の国家の義務や、地域単位で散存する既存の移転規制を結晶化させる構想として、1990年代後半から議論され、2003年から国際NGOによるキャンペーンが行われていた。そのため、先進諸国以外の地域での合意に同様の規制が書き込まれれば、近い将来にATTの本格的な交渉をするにあたって有利になるという思惑があった。

　加えて、こうした移転規制は、90年代以降の通常兵器に関する数多くの規制の一部であることを認識する必要がある。例えば1990年代の国連での議論から形成された国連小型武器プロセスでは、2001年に「あらゆる側面における小型武器非合法取引の防止、除去および撲滅のための行動計画」が合意されたが、この文書には非常に多くの取り組みが含まれている（コラムを参照）。

〈コラム〉　2001年の行動計画に含められた取り組みの一例
　　各国内での製造、刻印、所有、貯蔵、ブローカー取引、資金提供等の管理、武装解除・動員解除・社会復帰（DDR）、地域的な法的拘束力ある協定の交渉、製造・

移転に関するモラトリアム等の推奨、国境管理における地域協力、地域での透明性向上の奨励、国連安保理の武器禁輸措置の実施確保、国際刑事警察機構との協力、人々の意識啓発、平和の文化の促進、市民社会とのパートナーシップなど

3　通常兵器移転規制と統治——19世紀末と現代

　19世紀末と1990年代以降の通常兵器移転規制は、どのような比較が可能であろうか。まず指摘できるのは、いわゆる「非人道的兵器」禁止との関係である。近年の通常兵器移転規制やその他の規制は、通常兵器のなかでも「非人道的」とされた対人地雷やクラスター弾の禁止の問題と同様に、「人間の安全保障」、「平和構築」、「人権・人道」といった枠組みで議論されている。関与する研究者や国際NGOにも重複がみられる。これに対し、ブリュッセル条約は、19世紀後半に進展した「非人道的兵器」禁止の議論とは別枠で扱われており、戦場での傷痍兵士保護を中心とした当時の戦時国際法全般の議論ともリンクしていなかった。ブリュッセル条約の背景にも、当時の奴隷解放・奴隷貿易禁止運動やテンペランス（節制）運動の影響はみられるが、「非人道兵器」禁止や戦時国際法形成に関わった赤十字運動や平和運動の影響があったとは言いがたい。

　当時の「非人道的兵器」禁止や傷痍兵士保護等は、「文明国」間の戦闘に関するものであった。アフリカの人々の戦いはそもそも非理性的であり、自らを律することができない「子ども」である彼らには兵器が渡ってはならないとされた。他方、アフリカの人々による「抵抗」を打破して文明の恩恵を与えようとする「文明的で人道的な我々」の兵器所有は正当とされ、「非理性的な抵抗」をするアフリカの人々に対する戦闘においては、「文明的」な戦闘のルールは適用されなかった。アン・ローラ・ストーラーが論じるように、植民地化が進み、植民地の人間の管理が問題になった時期は、本国側でも国民国家の形成が課題となった時期であり、人間の管理と統治は、本国と植民地の双方において直面した問題であった。ブリュッセル条約の背景にあった奴隷貿易・奴隷制反対運動には、本国における啓蒙という側面や本国での労働問題と関連性を持って議

論された側面がある。また、兵器とともに蒸留酒の移転が規制された背景には、「文明」諸国での国境を越えた運動であったテンペランス運動（とりわけイギリスでの運動）の影響があった。本国において、アルコール問題は、労働者の管理の問題でもあり、ブルジョワの道徳の問題でもあった。戦時国際法に関して言えば、看護婦や医師は傷病兵を戦線復帰させる軍事戦略上の役割も担っており、傷痍兵士の保護は、帝国にとって必要な人々、生かされるべき人々を生かすためのものでもあった。また、「文明的」戦闘ルールは、低い階級の人々が徴兵されるようになるに伴い、彼らによる「野蛮」な戦闘が懸念されたために必要視された側面もあった。ただし、ブリュッセル条約が当時の「非人道兵器」禁止や戦時国際法全般と別枠で扱われたという事実からは、自己を律することができず、ゆえに他者による統治が必要な「彼ら」と、自律した個人たりえる「我々」（ないし「我々」の側の一部）という、ある程度明確な区別が見られる。

　そうした区別があったゆえに、19世紀末の移転規制は、誰に兵器を渡してはならないのかが明確であった。冷戦期の規制を見ても、東西両陣営の問題として扱われた背景から、何処に移転してはいけないのかが比較的明確であった。これらに比したとき、近年の移転規制は、不拡散の対象が明確ではない。もちろん、イラクへの兵器移転の問題や「冷戦後の紛争問題」という文脈で規制されてきた背景や、先進国はある程度自国で兵器を開発・生産できることから、事実上は「南」への移転を規制するものとなっている。ただし、近年の移転規制は、少なくとも建前上は先進国・途上国の別なく全ての仕向地への移転を規制するものとして提案されている。対人地雷を禁止したオタワ条約やクラスター弾を禁止したオスロ条約なども、締約国に先進国・途上国の別はない。さらに、2001年の国連行動計画等で合意された取り組み（コラムを参照）に目を向けると、例えば兵器の所持等に関する国内法整備や「平和の文化の促進」のための啓発活動等の取り組みなども、先進国・途上国の別なく行われることになっている。ここには、19世紀末の規制に見られる「非理性的な彼ら」と「自律した人間」という区別がみられるとは言い難い。近年の規制は、「開発」、「平和構築」、「人間の安全保障」等に関する取り組み全般についてヴァネッサ・プ

VI 開発することの〈政治〉

パヴァックが指摘するように、「自律した人間」という近代の人間像が崩れた後の人間像——基本的に誰もが脆弱で自己の統合性が失われるリスクをつねにはらむという人間像——に基づいていると言える。だからこそ、例えばイギリスや日本などでも「平和教育」等によって暴力的な傾向の芽を摘み、兵器の国内での売買や所有等を適切に規制することが必要とみなされる。そのうえで、「リスクが高い」とみなされたアフリカなどの「南」の国々においては、先進諸国や国連、国際NGO等の関与のもとで、「平和教育」や「平和の文化の促進」を通じて「平和的な倫理」を内面化させる試みや、暴力に頼らない生活を可能にするためとされる各種開発プロジェクトなどが行われ、人びとをより安全な存在にすることが追求される。また、兵器の売買や所持等に関する国内法整備、兵器管理や軍・警察制度の見直しなどが国際的な監督と援助の対象になるとともに、そうした国々への移転がとりわけ問題視される。

　こうした点に加えて、条約等に合意する主体の違いもみられる。ブリュッセル条約が「文明国」間で合意されたのに対し、近年の合意はアフリカの国々を含む国家によって合意されており、国連総会決議採択や条約形成等においては、数の多いアフリカの国々の役割が大きい。もちろん、移転規制に関しては1990年代の議論の出処は欧米を中心とした先進諸国や国際NGOであり、主に「南」への兵器移転が問題視されている。そして、そうした先進諸国や国際NGOが、「南」の国々を含めた合意文書形成を模索した背景には、先進諸国が兵器を持つべきではないと判断した国家に対して、先進諸国に代わって他の国々が輸出を行う事態を防ぐとともに、自国の兵器産業が不利にならないようにする、という軍事的・政治的・経済的意図もあった。ただし、合意文書形成のために先進諸国が最初にとりこもうとしたのは、武器の生産・輸出量の少ないアフリカの国々であった。アフリカの国々をとりこむことは、支持国数の獲得により、交渉を前に進め、成功をアピールするために不可欠であった。対人地雷やクラスター弾などの「非人道兵器」禁止条約形成においても、アフリカの国々をいかにとりこむかが禁止条約推進派の重要課題であった。カナダやノルウェーといったそれぞれのプロセスの推進国の存在に並んで、アフリカ諸国をとりこむことも不可欠であった。加えて、移転規制の場合には、いわゆる南北

問題としての側面が強調されることが懸念された。アフリカの国々をとりこむことは、規制推進側の政治的・経済的な意図や南北問題としての側面に焦点を当たらなくし、兵器供給国の「責務」を求める「南」の声、被害国の声、とりわけアフリカの声を反映した「人道的」なものとして移転規制を論じるために必要であった。また、ATTについては、先述のように、地域的合意等として散在している規範を結晶化させるものとして提唱された。よって、本格的な条約交渉が始まる前に、推進派の条約案に近い内容の合意をヨーロッパ以外の地域で形成させ、交渉を有利に進める戦略がとられていた。こうした背景から、移転規制推進派の国々や国際NGOは、議論の初期段階でアフリカの国々の賛同を増やし、条約推進派が求めるATTの内容に近い文言を含む地域的合意がアフリカにおいて形成されるようアフリカの国々に働きかけ、地域会合の開催や合意文書作成のために資金や「専門家」を提供した。そして実際に、推進派は一部を除くアフリカ諸国のとりこみに成功し、アフリカでの地域的合意文書も形成された。

　ブリュッセル条約以降、20世紀に入ると国際的な合意形成が困難となった移転規制が、1990年代以降に進展し、次第に「人道」、「開発」、「人間の安全保障」といった枠組みで語られるようになり、現在もATTに関する交渉プロセスが国連で進展している。そして、これには、アフリカの国々において、国家の専管事項に属するとみなされていたような安全保障に関わる意思決定にまで、国際NGO、国連、先進諸国が影響を及ぼすことが可能になり、なおかつそのような状況においても、数の多いアフリカの国々が国際法上の主権を持つ国家であり、地域的合意を形成したり、条約に署名・批准したり、国連総会での１票をそれぞれ持ったりできることが必要条件であったと思われる。言い換えれば、安全保障に関わるアフリカ諸国の意思決定にまで外部主体が影響を及ぼす余地が大きい状況にあるものの、19世紀末とは異なり、アフリカ諸国が少なくとも形式上は主権を持つ国家であることが、こんにちのグローバルな統治の追求を可能にする要素の一つとなっている。

　ただし、19世紀末のブリュッセル条約も、サモリ帝国などの例外を除いては、「抵抗」するアフリカの人々への兵器流出を防ぐことに失敗したと言われてい

る。こんにちにおいても、実際にATTが形成されたとしても、先進諸国や国際NGOなどの望みどおりの規制を実現することは難しい。中東や南アジアにはATT構想に反対する国々が多く、支持国のなかでも規制の詳細については意見の相違がみられる。また、欧米以外の兵器輸出国のうち、ロシア、中国、中東や南アジアの国々などは、ATTを批准しない可能性も考えられる。とりわけ、厳しい規制を含めた条約を追求した場合には、条約加盟国は、先進諸国や国際NGOが求めるATTの内容に類似する地域的合意が既に存在するヨーロッパやアフリカなどに限定されることが考えられ、結局は現在の状況から大きく変わらないことも想定しうる。さらに、国際人権法や人道法の重大な侵害につながる可能性や、持続可能な開発に悪影響を与える可能性、テロ行為に使用される可能性といった移転許可基準について、個々の事例での判断は意見が分かれることも考えられる。19世紀末とは異なり、例えば中国のように、欧米の国々とは異なる判断をする可能性がある国々も多くの兵器を輸出している。また、インターネットの普及に伴い、兵器の製造技術の移転も規制がより困難になっている。かりに条約が形成されたとしても、国際的な通常兵器の移転について、先進諸国や国際NGOなどの望みどおりの規制が実現するとは限らない。「善」とされる人々が追求するグローバルな統治は、脆弱なものとなる可能性をはらんでいる。

〈ファーザーリーディング〉

Richard Dean Burns (ed.), *Encyclopedia of Arms Control and Disarmament,* New York: Charles Scribner´s Sons, 1993.
　19世紀以前から1990年代初頭までの軍備管理・軍縮に関して幅広く網羅している。

Frederick Cooper and Ann Laura Stoler, *Tensions of Empire: Colonial Cultures in a Bourgeois World,* University of California Press, California, 1997
　人類学や歴史学の研究者による、「帝国」での植民地と本国の統治に関する論文集。

Vanessa Pupavac, "Therapeutic Governance: Psycho-social Intervention and Trauma Risk Management", *Disasters,* 25(4), 2001, pp. 358-372.
　著者は、近年の開発や紛争に関する議論での人間像について多くの論文がある。

第**17**章

鉱 山 開 発
──エコカーから誰が見えますか？

栗田　英幸

1　負の側面としての鉱業

見えない命

「バナナから誰の顔が見えますか？」

私たちにとって最も身近な食を通して、グローバル化した日本人の消費のありようを問うた運動は、鶴見良行による名著『バナナと日本人』（岩波書店、1987年）を契機として、日本全国で展開された。『バナナと日本人』は、バナナが日本人の手に届くまでの地理的な距離と歴史的な期間において、農業労働者や小農園主、そして、先住民族の人たちに与えている影響を明らかにすると同時に、私たち消費者の健康への影響にも目を向けさせるものであった。この運動は、消費者と生産現場の人たちの命をつなぎ、産直運動やフェアトレード運動へとつながっていった。その背後に自分をも含めたさまざまな命を見ることができる食であるからこそ、この運動は社会的影響力を持つにいたったといえよう。

他方、自動車を見て、この金属の塊の背後に命を見ようとする者はほとんどいない。製品として消費者の手元に姿を見せる際には、既に世界各国から産出された金属が混じり合い、生産地を特定することができないからである。

くわえて、鉱山および精錬所は、その環境・人権に対する破壊性の故に、都市から離れた地方で開発・建設せざるを得ない。このため、農漁業に依存していた田舎に突如として、巨大な経済力を持つ企業が出現することとなる。この企業は、そこで企業町を形成するが、そのあまりにも大きな地方経済への貢献

VI 開発することの〈政治〉

と中央政府への影響力の故に、その企業町に「君臨」する。そして、一般の都市とは異なる隔離された地方の企業町は、企業に不具合な情報の外部流出を阻害するのである。

チリにおいて鉱夫が坑道に閉じ込められた事故は我々の記憶に新しい。このように鉱山事故が国内外で注目されることは非常に稀である。このような事故はそれ程めずらしいものではなく、多くの場合、報道はほとんどされない。

鉱山・製錬プロセスの破壊性

採鉱から製錬にかけてのプロセスを含む鉱業は、もっとも社会破壊的な産業のひとつと言われている。第2章で述べた「資源の呪い」が鉱物資源を主な分析対象として整理されたものであると言えば、鉱山開発の破壊性は容易に想像できよう。

また、金属の抽出には膨大なエネルギーと廃棄物を不可避とする。主要金属鉱石の金属含有量は1％前後でしかないものが多く、さらに、鉱石に到達するまでに膨大な土砂を取り除かなければならない。そして、選鉱や製錬過程では、大量の化学薬品を用いた酸化および還元作用により、それらと化合した不純物を廃棄物として処理する。地中の岩石にとどめられていた重金属も外部に露出・流出する。そして、これら過程で排出される有害な廃棄物が、大気や海、地上・地下の河川に分散しようとするのである。

上記廃棄物が適切に管理されるのであれば、もちろん問題ない。しかし、完全な管理は技術的に不可能であり、くわえて、近年でも世界中でずさんな管理が数多くの深刻な環境被害を引き起こしてきている。

さらに、周辺国・地域、企業都市という社会構造が環境被害に油を注ぐ。環境破壊の可能性およびこれまでの深刻な被害記録の故に、鉱山開発や精錬所建設は強力な住民反対運動を生み出すが、軍や警察、私兵等の暴力手段が反対運動への対抗手段として政治家や役人によって積極的に利用されるからである。そして、NGOやメディアからの報道は、後述する社会構造によって調査を阻害されるため、断片的にならざるを得ない。

2 グレーゾーンを暴力へと転換するグローカルネットワーク

あいまいさと暴力

　形式的とはいえ、民主主義制度が一部の国を除いて世界中に普及した現在、あからさまな暴力を用いて、被害を一部の社会的弱者に押しつけるような行為は、それらの国の法律上、許されることではない。企業のみならず、法制度もグローバル化してきている現在では、被害者のいる国のみならず、被害を押しつけている国においても、それは例外ではない。それがまかり通るのは、さまざまなグレーゾーンが、社会的強者によって都合良く利用されるからである。

　先述したように、鉱業は深刻な被害をさまざまなレベルで生じさせる可能性が高く、事実、開発による破壊と暴力手段を通した抵抗運動への破壊が現実化してきた。しかし、物理的距離や地理的状況に加えて、政治経済的エリートに生活の重要な部分を依存するパトロネージ構造や企業町的性格が、情報の流通を妨げる。さらに、法制度のあいまいさや実質的不備が加わる。この結果、問題解決や責任明確化に不可欠な被害状況および被害の因果関係に関して、大きなグレーゾーンが出現する。

　あからさまな被害や暴力行使の情報があいまいになり、民主的な制度の定義もぼかされ、企業から数字という手段によって明確に示される国家・地方財政への経済的貢献や雇用実績等の前に、不明確な被害状況や被害と鉱山・製錬所との因果関係は、不明確なまま放置され、問題解決のための力を持てない。こうして被害の社会的弱者への暴力的な押しつけが、ローカル／ナショナル／グローバルのそれぞれのレベルにおいて、容認されることとなる。

理念レベルでのイメージ

　円滑な市場活動を前提にする限り、非現実的な「持続可能な資源開発（この場合は鉱山開発）」制度が、周辺資源国に押しつけられていること、実質的に開発・市場偏重で執行されてきていることについては、既に第2章で述べた。持続可能な開発がそもそも不可能であると宣言することは、いくらその産業が現

VI 開発することの〈政治〉

在の生活に必要不可欠な産業として機能しているとしても、環境や人権意識の高まっている中心諸国において、その分野の企業の存続を危機にさらすこととなる。「常識」としての持続不可能性（＝破壊性）は、不明瞭な因果関係を第三者のイメージの中で容易に結びつけてしまうため、グレーゾーンが狭まると同時に、グレーゾーンが企業にとって不利に解釈され易くなるからである。したがって、実際に持続不可能であればあるほど、その産業や企業を維持するためには、持続可能性やクリーンなイメージを作り出さなければならない。

そもそもの持続可能性の定義の中に、再生不可能な枯渇資源は含まれない。また、世界中の悲惨な現状を見る限り、鉱業は持続可能性とは対極に位置する。事実、多くの環境や人権、先住民族に関するNGOが、鉱業を最も破壊的な産業として認識し、批判を行ってきた。これに対し、鉱業界や鉱業を支持する政治家・官僚、研究者たちは、市場の持続可能性と将来性を持ち込むことにより、鉱物資源を持続可能な資源として位置づけようとしている。

まず、枯渇化に関しては、市場システムが鉱物資源の希少性を反映させることによって、言い換えるならば、鉱物資源の減少が鉱物資源価格を高騰させることによって、より安価な資源への転換もしくは代替物の開発が生じ、枯渇を免れるものとして説明される。

また、深刻な被害についても、被害情報を隠蔽するか、隠蔽できない場合には、不運な、滅多に生じることのないアクシデントとして処理するか、または、二度と同じ間違いを生じさせない強い意志と改善策を表明することにより、持続可能性のイメージを保持しようとする。ここで登場するのが、企業の自主的な学習としてのベスト・プラクティスである。今はまだ持続可能性を完全に確立させていないが、その経験と情報を関連主体間で共有・学習することを通して、将来的に持続可能な鉱山を実現し得るとする、力強いメッセージを伴う企業の姿勢が、それである。

さらに、ベスト・プラクティスの成果として、部分的な成功事例や一部の受益住民の喜びが、お抱え研究者や国際会議、ウェブサイト等、さまざまな機会を通じて宣伝され、さも被影響地域全体がプロジェクトから得られる利益にあずかり、満足しているかのようにイメージ化される。

第17章　鉱山開発

　これらの結果、鉱山や製錬所に関するイメージでは、部分的な成功が一般状況と化し、大部分の悲惨な現状が部分的アクシデントと化す。この間違ったイメージの流布は、グレーゾーンを広げ、その解釈を開発主体に有利にする。

グローバルからナショナル、そしてローカルへの押しつけ

　鉱業に関する上記イメージは、開発プロジェクトを正当化する根拠として機能するのみならず、批判を根拠なきものと規定し、または、例外化することによって、無力化する。フィリピンでは、1995年、多国籍企業の導入によって大規模鉱山開発を活性化させるべく、鉱業法の改正が行われた。その法律の内容自体が世界銀行をはじめとする国際援助機関や多国籍企業からの強力な、実質的に避けられない要請に基づくものであった。債務危機に陥り、国際援助機関や多国籍企業からの資金流入なしには国の政治経済を支え得ない、言い換えるならば、それらなしには革命すら起こり得る状況の下で、フィリピン政府にとって鉱業法の改正は受入れ可能な条件として映ったのである。

　もちろん、上記のような巨額資金と鉱山受入れとの交換が、実際に鉱山を受け入れなければならない地域住民にとっても好ましい条件であるということを意味しない。鉱業法の改正と同時に、特にルソン島北部およびミンダナオ島では、先住民族の住む土地の大半に多国籍企業の開発申請が殺到し、生活を破壊される恐怖とそれ故の強力な批判がそれら全ての地域の住民組織から発せられ、NGO活動やゲリラ活動の活発化につながっていった。おそらく全ての開発プロジェクトや操業中の鉱山において、深刻な環境被害や民主的手続きの無視、反対への弾圧、補償約束の反故等の被害が生じていたが、そして、一時的には鉱業法や大規模鉱山への批判圧力を増大させることもあったが、長期的には大統領から貧困層までを貫く政治エリートへの従属構造(＝パトロネージ構造)を通して、無視され、例外化、断片化、そして、無力化されている。

パトロネージ構造

　このパトロネージ構造は、バランガイ（村）、モニシパル（町）、プロビンス（州）、そして、国を単位として、その社会的決定がそのそれぞれのレベルの長

215

に大きく依存した一極構造を見せており、たとえば、バランガイはモニシパルの支援なしにさまざまな問題を解決することが困難な状況が作り出されている。したがって、バランガイは町長の個人的裁量に大きく規定されるモニシパルからの支援を得るために、町長の要請を積極的にこなしていかなければならない。同様に、住民はバランガイ・キャプテンに、モニシパルは知事に、プロビンスは国会議員や大統領からの支援に大きく依存しているのである。

　この構造は、恒常的なパトロンによるクライアントへの搾取と危機時のパトロンからクライアントへの一時的支援によって相互に強固に結びついている。この関係が一方向的な要素を強めるのは、この一時的な支援が恒常的に不足していることによる。一人のパトロンからの支援をめぐって無数のクライアント（低位のパトロンを含む）が熾烈な支援獲得競争を繰り広げているからである。

　中心諸国や国際援助機関から実質的に押しつけられた国家プロジェクトとしての鉱山や製錬所は、大統領をトップとするパトロネージ構造の中でローカルに押しつけられていき、他方で、それらプロジェクトへの反対はパトロネージ構造からの排除、ひいてはセーフティネットの喪失と下位の社会的地位への転落を意味する。さらに、鉱山からの利益は、成員の全てが自らの危機を自ら処理できないパトロネージ構造の必然として、積極的な利益獲得努力を生み出すが、それは結果として上位の者による利益独占の強い傾向を作り出す。この利益は、パトロンにとっては、被害のみを受け十分な利益にあずかれない一部のクライアントからの信頼を失う一方で、膨大な利益獲得の機会、ひいては社会的地位の上昇機会として映る。

　他方、押しつけられた直接被害を受ける一部もしくは多くの住民は、バランガイ・キャプテンや町長の限られた能力では救うことのできない恒常的な危機に見舞われるため、セーフティネットを投げ捨てて反対運動を決心する。この反対運動の存在は、バランガイ・キャプテンにとっては町長への、町長にとっては知事や国会議員、ひいては大統領への、努力・能力不足のアピールに他ならない。そして、このことは上位パトロンが与えるセーフティネットの中で周辺へ押しやられる要素となる。これは大統領も例外ではない。国際援助機関や中心諸国、多国籍企業への努力・能力不足のアピールとなり、やはり、それら

の持つセーフティネットの中での周辺化を促しかねないからである。パトロンにとって、プロジェクトの推進こそが大きな利益獲得の機会となり、逆にプロジェクトの遅延や阻害は、失態として周辺化の危機になるのである。これらの結果、大統領からバランガイ・キャプテンまでの全てのパトロンが、利用可能な手段を利用して、プロジェクトを妨げる要素を全力で排除しようとする。

グローカルネットワーク

　鉱業に都合の良いイメージを作り出し、それら破壊的プロセスを周辺地域へ押しつけるのは、中心諸国と鉱業関連多国籍企業、国際援助機関によって作り出されたグローバルなネットワークに他ならない。このグローバルネットワークが、特に国際援助機関の周辺諸国への影響力を利用して、鉱業を周辺諸国へと押しつけ、さらに、周辺諸国では、国家元首をトップとしたナショナルレベルからローカルレベルへと張り巡らされているパトロネージ構造を利用して、鉱業をローカルへと押しつけていくのである。

　上記2つのネットワークは、鉱業を周辺住民へと押しつけることを目的として不可分に結びつき、まさにグローバルからナショナル、そしてローカルへとつながるグローカルネットワークとして機能しているのである。このグローカルネットワーク（GNI）は、中心諸国で機能する民主的なシステムを中心諸国のみに押しとどめ、周辺諸国で権威主義的なシステムを維持することによってのみ、目的を達することができる。そして、中心諸国と周辺諸国との間を切り離すのに、距離的、意識的な距離感に加えて、先述のイメージが果たす役割は大きい。

3　もうひとつのグローカルネットワーク

NGOを媒介とするグローカルネットワーク

　鉱業を周辺住民に押しつけるGNIに対して、地域住民や地域住民の状況を知り、改善しようとする一部の支援者は、完全に無力なわけではない。グローバルに展開するNGOのネットワークが媒介となり、周辺諸国の問題を中心諸国

の問題に結びつけ、結果として中心諸国の民主的なシステムの適応範囲が拡大してきているからである。そもそも、不十分とはいえ、多国籍企業や国際援助機関が厳しい自主ガイドラインを設置し、それを遵守する努力を行うようになってきたのは、NGOと地域住民、そして、無数の人々のつながるグローカルネットワーク（GNⅡ）が、大きな批判圧力として機能しているからに他ならない。その成果は、中心諸国の経済を不安定化させない範囲から飛び出すまでには至っていないが、中心諸国を不安定化させない範囲の拡大（＝問題対処の余地の拡大）には大いに役立っていると言えよう。

　他方で、GNⅡの介入がない地域においては、多国籍企業および国際援助機関の持つ自主規制の改善から生じる利益——かなり不十分ではあるが——に地域住民は与ることができない。GNⅠが支配的となるため、GNⅠの中での鉱業利益への影響力の強さこそが、鉱業利益の分配を規定する唯一の物差しとなる。多くの場合、そして、国家プロジェクトとしての重要な位置づけを有する場合、地域住民は被害に対して泣き寝入りをするか、抵抗してその代償を支払うかの二者択一しかない。

先進鉱業国でも上手くいかない鉱山

　まず、先進鉱業国と認識されているオーストラリアから２つの鉱山の事例を挙げよう。オーストラリア北部準州のカカドゥ国立公園では、関西電力、九州電力、四国電力、伊藤忠も出資を予定していたERA社によるジャビルカ・ウラン鉱山の開発プロジェクトが、先住権保有グループであるミラル・グンジェイミ氏族（以下、ミラル）による強力な反対にもかかわらず、不適切な合意手続きを通して、一度は許可された。しかし、NGOのネットワークを利用したミラルによる強い異議申し立ては、オーストラリア国内のみならず、日本をも含む世界中の人々の支持を受け、2005年にERA社とミラルは、合意の白紙化およびミラルの同意なしに鉱山開発を行わない旨の契約を締結した。

　しかし、一度反対に成功したからといって、地域住民は簡単に安心することができない。豊かな鉱物資源は地下に残り続けるからである。ジャビルカの事例でも、ERA社は将来的なウラン高騰を見越した開発の準備に備え、ミラルや

NGOは、鉱山に依存しない豊かな自然環境を利用した生活手段の創出に力を入れている。

一方、同じ北部準州でもXSTRATA社（スイス籍）によるマッカーサー・リバー鉱山の拡張計画は、環境およびアボリジニへの破壊性において、やはり深刻な状況を見せているが、カカドゥのような世界的に有名な国立公園と異なり、国内および世界からの注目度が低い。さらに地理的条件がNGOの被害地へのアクセスおよび企業本国へのアクセスを困難にしている。そのため、環境を保護するための詳細かつ煩雑な手続きに関する法律は、この拡張計画のために単純化され、アボリジニ代表たちの訴えも無視され、拡張計画が進められている。

フィリピンの揺れ

フィリピンでもジャビルカと同様に鉱山開発の拒否に一度は成功した事例が存在する。ミンダナオ島のタンパカン銅山プロジェクトがそれである。一度はフィリピン政府からの開発許可がWMC社（オーストラリア籍）に出されたものの、オーストラリアのNGOネットワークが介入してフィリピン国内や地域のNGOと結びつき、住民合意の強制と数多くの殺害を含む反対者への抑圧を明らかにし、WMC社の自主的な撤退決定へと導いた。これ以上の開発の強行がフィリピン国内の武力摩擦を激化し、企業や鉱山の破壊的なイメージを本国と世界に発信してしまうのをWMC社が嫌ったからであることは間違いない。

しかし、9・11以降に展開されたフィリピン政府の反テロ政策が状況を一転させることとなった。住民の反対運動を支持する組織や特定の個人をテロ組織やゲリラであるとレッテル張りすることを通して、それらへの抑圧が容易化されたのである。全国各地で、軍や警察が関与したとされる左派NGOや汚職記事に携わる記者への不当な勾留や拷問、失踪や殺害が急増したが、鉱山への反対運動もそのターゲットとして数多くの犠牲者を出している。実際、タンパカンでは、反テロ政策の開始後、鉱山反対運動において決定的な役割を果たしたリーダーたちが次々と殺害された。現在、XSTRATA社が反対運動の空白をぬって本格的な開発の準備を進めている。

Ⅵ 開発することの〈政治〉

エコがニッケル鉱山・製錬所を活性化する

　近年のエコカー・ブームに代表されるニッケル水素電池の需要増大は、同時にニッケル価格の高騰と長期的な高価格予測を作り出した。この結果、ニッケルの鉱山と製錬所が世界中で活性化している。

　フィリピン、ミンダナオ島のタガニートでは、大平洋金属と双日も出資するTMC社のニッケル鉱山が1987年から操業している。その間、そこに住んでいた先住民族マノーボは鉱山によって生活圏を破壊され、鉱山拡張のたびに追い立てられてきたにもかかわらず、合意からも補償からも排除され続けてきた。1997年の先住民族権利法の制定を契機として、2006年になって、ようやく先住民族が補償対象として認められた。しかし、過去への補償はなく、TMC社は、マノーボの法律への知識不足を利用して、法律で定められた金額を遙かに下回る額の合意をマノーボの被害グループと取り付けたに過ぎない。その後、ローカルエリートたちは、補償金の源泉であるマノーボを取り込もうと必死になり、マノーボは権力争いの道具と化した。その結果、補償金額の増大要求をめぐって先住民族の分裂も顕著になってきている。

　一方、ニッケル需要は新たな製錬技術の開発を促し、製錬所の建設ラッシュを生じさせている。2005年、住友金属は、パラワン島に新たな製錬所を建設し、2009年にはその拡張を行った。近隣住民からは異臭や健康被害、農作物被害の苦情があがっているが、住民被害の窓口となっているはずの公聴会では、健康や異臭について、「問題ない」との回答のみ。そして、これら被害が、本当に製錬所を理由とするのか、それとも別の事柄を理由とするのかについて証明する術を地域住民もNGOも持っていない。したがって、地域住民は、被害に苦しみながらも、企業からの説明もしくは無反応を受け入れるしかない。

民主制度を機能させる条件

　周辺諸国に押し込められた鉱業の問題をパトロネージ構造から解き放ち、民主制度を機能させるには、他方で中心諸国に押し込められた民主制度を国境の枠から解き放たなければならない。そのためには、地域住民の声や情報を中心諸国に持ち込み、中心諸国にとって都合の良い間違ったイメージを破壊するた

第17章　鉱山開発

めのネットワークが必要となる。NGOがその役割を積極的に果たすようになっているが、働きかけるべき対象が中心諸国の民主主義制度そのものであるとするならば、それは、その制度の成員である中心諸国の国民全ての意識と態度にもかかっている。

「エコカーから誰が見えますか？」

車からの環境負荷が減ったことによって、さまざまな人たちや動植物の喜んでいるイメージが見えるのみならず、その背後で苦しむ人たちの顔をイメージできるような制度とその制度をひとりひとりの行動へと移し得る精神こそが、作り出されなければならない。そこで気をつけるべきことは、その対応が単なる商品の購入拒否のような問題の切り離しであってはならない点である。周辺地域の人たちの新たな生活手段の創出と密接に結びついた現実的な対応、それを可能とする私たち中心諸国との新たな関係の創出が必要とされるのである。

〈コラム〉　先住民族権利の「柔軟」な履行

　1997年、フィリピンにおいて先住民族権利法が施行された。先住民族コミュニティの資源利用に関する権利が強化されたため、その履行は鉱山開発の著しい遅延と混乱をもたらすものであった。その年、筆者が地球科学局の支局長にインタビューしたところ、以下の答えが返ってきた。「そもそも守るつもりなんてないからね。」

　その後、今度は鉱山法に対して最高裁判所が違憲判決を出した。このことに関して、再びインタビューを行うと、「この違憲判決は覆ることになっているから」との返事。事実、最高裁の違憲判決は一転、合憲となる。

　先住権の譲渡では、やはり財政不足によって権利確定作業が遅々として進まない。その中で早期に権利が確定されていったのは、開発合意を交換条件とする鉱山企業からの資金援助によって手続きを進め得た先住民族コミュニティであった。

〈ファーザーリーディング〉

映画『ジャビルカ　私たちの電気がアボリジニの大地を壊す』ビデオプレス、1998年
　カカドゥ国立公園の中で操業するレンジャー・ウラン鉱山および開発計画が進行して

221

Ⅵ　開発することの〈政治〉

いるジャビルカ・ウラン鉱山の2つのウラン鉱山を題材に、私たちの電気の消費がアボリジニに与える被害、そして、原子力の危険性について訴える。

栗田英幸「開発のディレンマを越えて　大規模資源開発とグローカルネットワーク」郭洋春・戸﨑純・横山正樹編『環境平和学　サブシステンスの危機にどう立ち向かうか』法律文化社、2005年、109-129頁
　鉱山とは異なるが、フィリピン・サンロケダム開発の事例を通して、パトロネージ構造が住民運動を無力化しているメカニズムを明らかにした上で、NGOを媒介としたグローカルネットワークが、交渉の質的な転換を促し、問題の改善に大きな役割を果たすようになってきた近年の変化を描き出している。

Ⅶ 世界を語る〈政治〉

ワードマップ

近代化

「近代化」とは通常、ヨーロッパ近代の社会・技術・思想をモデルに概念される。実際、日本を含めた19〜20世紀の非ヨーロッパ世界にとって、「近代化」は「西洋化」であった。それは単純にヨーロッパの先進性あるいは優位ゆえとは言えず、ヨーロッパの技術や思想を摂取する側の思惑や事情を顧慮する必要があるが、歴史的事象として、西洋を頂点あるいは中核とした近代世界が形成されたことは否めない。　　　　　（徳橋曜）

近代世界システム論

ウォーラーステインの一連の研究から定着した経済史理論で、国民経済や生産形態に力点を置いた従来の経済史に対して、複数の文化体を含みながら、単一の分業体制が展開する地域的まとまり＝世界を経済システムとして想定する。かかるシステムは「世界帝国」と「世界経済」に区分され、前者がローマ帝国の版図となった古代地中海世界のように、政治的にも統合されるのに対し、後者は中心・半周辺・周辺の分業体制を持ちながら、政治的には分かれたままである。近代世界システムはグローバル規模での「世界経済」と捉えられる。　　　（徳橋曜）

グローバルシティとスラム

金融資本の司令塔として大都市が浮上した。グローバルな資本の流れを調整し、管理する場所としてグローバルシティが誕生した。ニューヨーク、東京、ロンドンがその典型であるが、金融業の都市集中、企業向サービス業の地理的集中によって社会階層が再編され、分極化を強めている。しかも、このグローバルシティは、国境を越えて他のグローバル都市と連繫しながら台頭してきている。そのいっぽうでは農村と村落共同体がグローバル経済によって破壊され、膨大な

数の人びとが都市になだれ込んでくる。公的な世界経済から締め出された人びとが地球規模に拡散することで、これまで「都市」がもっていた機能が失われ、10億人を超えるスラム居住者が新たな私的権利をめぐって攻防する世界が生まれようとしている。こうした世界を「スラムの惑星」と称したのがマイク・デイヴィスである。

(佐藤幸男)

国際商業史

局地的な社会・生活圏や政治的領域を超越し、そうした局地的空間を結びつける国際商業の営み、たとえば中世イタリア商人の活動や近現代の華商ネットワークなどは、グローバルヒストリーの基本的視座の一つである。活動のネットワークの在り方、活動の場である各地域の政治権力や社会勢力との関係、さらに商業活動に関わる多文化性などが重要な視点として挙げられよう。

(德橋曜)

国民国家 (nation state)

単一の文化・言語・歴史を共有する民族＝国民という意識の上に成り立つ、19世紀以降の国家形態。実態いかんにかかわらず、民族の単一性（たとえば言語的単一性）と国家の一体性とが強く主張され、ときに言語政策などの形で強制される。また国家と国民が一体視されるため、国家の利害がすなわち国民全体の利害であると意識されがちで、私企業の活動も「国民経済」や「国家戦略」の枠の中で捉えられ、国家と結びついてきた側面を持つ。

(德橋曜)

三角貿易

二つの地域や国家間の貿易において両者の収支均衡を保つことが困難な場合、第三の地域や国家を介在させて、三者間での取引の均衡を図る貿易。18世紀のアフリカ・アメリカ間の奴隷貿易は、イギリスの三角貿易の一部であった。すなわちイギリス本国で製造された綿布が西アフリカへ、その代価の奴隷が西アフリカから西インド諸島へ、そして奴隷を労働力として西インド諸島で生産された綿花や粗糖がイギリスへと、輸出されたのである。

(德橋曜)

児童労働

国際労働機関（ILO）の児童労働に関するグローバル・レポート（2010）によれば、世界には2008年時点で2億人以上の児童労働者がいる。グローバル経済の中での企業の労働コスト低減志向と地域の貧困とが結びつき、安価な商品を求める消費者の行動もこれを助長する。また、大人の指では難しい繊細な作業を子供にさせる必要から、児童労働が求められる場合もある。いずれも、自立できない児童が大人の意思によって不当な条件で働かされること、彼らの勉学の機会が奪われがちなことが人権上の問題とされ、特にカカオ栽培をめぐっては人身売買の存在も指摘されている。

(德橋曜)

市民社会論

近代の市民社会は互いに独立した私的所有者が自由で平等な商品交換を通じて交通する世界を意味していた。それゆえ、この交通関係には生産関係やそれを編成媒介する様式が内在することで社会的分業連関が築かれた。しかし、社会的分業体制は必然的に較差や不平等を担保していることから、私的諸権利を調整する領域が不可避であるという認識からブルジョワ社会と区分された市民社会が創出された。ここでは生産関係を再編するための知的精神的生活の総体としての市民社会が存在し、文化的圏域の基礎をなすことから政治権力の母系とされた。グローバル化した世界において市民社会がより一層重要になるのは、「他者」との平等に加えて、生物の多様性の尊重や国家を超える共生的、民際的共同体へとアイデンティティが重層化し多元化し、共通の問題関心のもとで「連帯」が渇望されるようになったことによる。　（佐藤幸男）

十字軍国家

第1回十字軍（1096～99）が建てたエルサレム王国とその封建所領の総称で、最盛期にはパレスティナからシリア北方に及ぶ広大な地域を支配したが、12世紀末までに大半の領土をイスラーム側に奪回され、残ったわずかな拠点や領土も1291年に消滅した。軍事的には失敗であったが、西欧の商人なかんずくイタリア商人の東地中海地域進出の足がかりとして、地中海商業発展の契機となった。
　（徳橋曜）

接続される歴史（connected history）

異なる文化・地域間の歴史的結びつきに、双方向的な影響と変化を見出そうとする観点で、スブラフマニヤムやグリュシンスキが代表的論者。この議論によれば、近世～近代の世界の一体化についても、ヨーロッパの一方的な拡大ではなく、ヨーロッパ側と非ヨーロッパ側の意思や目的が交錯し、相互に影響した結果と捉えられる。　（徳橋曜）

第三世界

第三世界とは国家群をさすわけでもなく、また「場所」＝地域でもない。それはアジア、アフリカ、ラテンアメリカの民衆が植民地支配にたいするいつ果てるともない闘いのなかで、新しい世界を希求し、夢見たのである。かれらは人間としての尊厳を渇望し、生活に必需な土地、平和、自由を求めた。その願望をもとにインドのネルー、キューバのカストロやエジプトのナーセルらがバンドンで人民の希望を担うことができるイデオロギーと組織を構築したのが第三世界であり、プロジェクトであったのである。その帰結のひとつに「北京コンセンサス」がある。これは新しい世界の再編をめざすバンドン精神の具現化である。
　（佐藤幸男）

多文化主義（multiculturalism）

近代国家はこれまでしばしば「国民国家」を標榜してきたが、均質で単一の「国民」からなる国家は存在し得なかった。いかなる近代国家にしても、国家領域の内部に多様な複数の異質な文化をもった集団、民族、「エスニックグループ」を抱え込んできた。グローバル化の進展によって人びとの移動が活発になり、さまざまな文化的、民族的背景をもった人びとが近接し、交じり合って生活することが常態化することで、多様な人びとの共存、共生する社会をつくるうえで、どの集団も平等に取り扱われるべきであるとする考え方がうまれたのである。

（佐藤幸男）

ディアスポラ論

カーティンによれば、地域間の交易ネットワークで重要なのは、一時的ないし恒久的な移住、政治的亡命、交易拠点形成などの諸事情から複数地域に離散した集団の間で形成される、交易ディアスポラであった。華商や「ディアスポラ」の原義たる離散ユダヤ教徒のネットワークが典型であるが、東インド会社のような企業ネットワークも含まれる。彼らの活動がモノのみならず文化をも交換し、文化の平準化が進むという観点も重要である。

（徳橋曜）

帝国

古代ローマ帝国から現代のアメリカ合衆国まで、「皇帝」の称号の有無によらず、複数地域を政治的に統合する圧倒的支配力を持った政治体は、しばしば「帝国」として論じられる。帝国の領域統治構造の中で、経済的枠組も規定される。ウォーラーステインの「世界帝国」はそうした経済的枠組を概念しており、これに対して帝国という政治的支配力を欠く経済システムが「世界経済」とされた。しかし、ネグリとハートは近年、グローバリズムと結びついた新たな帝国論を提示し、経済・文化のグローバル化が進んで国民国家が意味を失うなか、明確な領土も中心も持たない情報と経済のネットワークが新たな「帝国」になると主張している。

（徳橋曜）

人間安全保障

複雑に絡み合う政治経済・文化社会・生態系の諸要因に縛られて生活する具体的な生活者としての「人間」の不安全に注目して、国家以外による安全と安全保障を認めて、安全と安心に関する政治経済・文化社会的な諸事象を比較し、人間を中心に据えた安全保障を構築しようとする新たな概念。概念に曖昧さが残り、多様な解釈を生み出しているが、複雑極まりないグローバル世界の中で目指すべき方向を示す羅針盤となっている。

（藤本義彦）

BOPビジネス

世界の人口ピラミッドの下層に位置す

る低所得層（BOP：base of the Pyramid）を対象としたビジネスのこと。年間所得3000ドル以下のBOPは世界で約40億人、全人口の約7割に及び、その市場規模は約5兆ドルになる。BOPビジネスは、低所得層固有のニーズを見出し、そのニーズを満たす製品・サービスを提供することで、企業が利益を上げるとともに、貧困削減や貧困社会の抱える問題を解決することに寄与するとして注目されている。

(藤本義彦)

ミレニアム開発目標（MDGs）

2000年に開催された国連ミレニアム・サミットで採択された国連ミレニアム宣言を基礎として、2015年までに世界の貧困を半減しようとしてまとめられた開発目標のこと。貧困の撲滅や初等教育の普及など8つの開発目標を掲げ、その達成に向けた努力をしている。全体に改善の傾向にあるとされるが、目標や地域などによるばらつきも大きく、食糧・エネルギー価格の高騰や気候変動など、新しい問題に対処できていないことが指摘されている。

(藤本義彦)

ランドラッシュ

食料危機を発端として、アフリカやラテンアメリカ、東欧、旧ソ連圏などの農地を、欧米や中国、インド、韓国などの企業が囲い込み争奪しはじめた農地争奪競争のこと。中国やインドなどの新興国での食糧需要の高まりや、バイオ燃料の普及による穀物需要の拡大など複合的な要因を背景として、農業投資や食糧確保のために、外国の農地を確保し、大規模な農業を展開しはじめた。新植民地主義との批判を受けることもある。

(藤本義彦)

第18章

グローバル視界からのアフリカ
―― すべての人は地球上のどこかに住む権利がある

藤本　義彦

　イギリスのアフリカ支配の動機には経済的利益があった。帝国主義下でアフリカはイギリスによって「開発」され、「開発」されたアフリカ社会とアフリカ人がイギリスの自国経済の経済発展にいかなる影響を及ぼしうるかを国際研究する基礎とされてきた。ここには世界を頂点にして、その下に大地域――アジアやアフリカ、アメリカ大陸など――があり、それら領域国家という国家、さらには国のもとの下位地域としての地域（リージョン）があり、最後にはあるいは末端には〈地方＝ローカル〉という地域があるという上下の関係が序列化した空間秩序を前提に理解する思考に飼い馴らされることとなった。

　しかし、グローバリゼーションの現代では、すべての地域空間は円環を構成する単位となり、相互に大小や上下の関係なく、地域関係が多角的なネットワークとして示される。さらには地域空間を構成する単位として海洋や都市といった、これまで国家と直結していなかった地域空間が、人間生活にきわめて大きな役割や影響をもっているという認識を深めさせた。つまり、グローバル化は世界を地球規模で大きくしただけでなく、ローカルをグローバルに直結させ、新たな地域間関係の組む合せをしめすこととなった。これまでの国家は重層し、共有される地域空間のひとつとなったのである（濱下武志［2010］「アジアの近未来と環太平洋沿岸都市連合」『ジョイント』第5号）。

　『黒檀』の著者カプシチンスキは、アフリカとわれわれが呼び慣わす地は、甚だしい単純化であり、便宜上の呼び名にすぎないという。地理学上の名称はそれとしても、アフリカは存在しないのである。アフリカは人知れず、だれも

足を踏み入れられない場所であり、世界のあずかり知らぬままあるいは世界からただ忘れられたままになっている（リシャルト・カプシチンスキ［2010］工藤幸雄・阿部優子・武井摩利訳『黒檀』（池澤夏樹個人編集 世界文学全集Ⅲ-02）河出書房新社）。

1 アフリカの現状

サブサハラ・アフリカ（以下、アフリカ）に関する悲観論は過去のものになりつつある。国連貿易開発会議（UNCTAD）の2010年世界の海外直接投資速報では、全体の53％が途上国向けであり、大きく先進国を上回って1兆3000億ドルであったとしている。

また、フランス『ル・モンド』（2010年9月16日）紙は、いくつかのアフリカ諸国が、40年後BRICs（ブラジル、ロシア、中国、インド）に追いつき、人口1億8千万人のナイジェリアは、韓国を超える経済大国になるだろうと報じている。その要因のひとつには、原材料の爆

図表1　アフリカの有力成長国

	国	人口 （2009年）	GDP （2009年）	資源・ 主要産業
北部 アフリカ	アルジェリア	3497万人	1408億ドル	石油、天然ガス
	エジプト	7670万人	1879億ドル	観光、スエズ運河
	モロッコ	3170万人	908億ドル	農業、鉱業、観光
	チュニジア	1042万人	401億ドル	農業、機械、繊維
サブサハラ・ アフリカ	ガーナ	2310万人	155億ドル	金、カカオ
	ケニア	3588万人	327億ドル	農業、鉱業
	ナイジェリア	1億5187万人	1734億ドル	石油
	タンザニア	4053万人	223億ドル	金、農業、建設
	ザンビア	1197万人	130億ドル	農業、観光
	南アフリカ	4932万人	2872億ドル	貴金属、自動車、金融

注：予想GDP成長率・インフレ率等のIMF公表データなどを基に『日経ヴェリタス』が独自に選んだ。
出典：2010年6月6日付『日経ヴェリタス』4ページ

Ⅶ　世界を語る〈政治〉

発的増大の結果、外国からの投資増加と、社会的人口動態的な変化によって労働市場が拡大し、都市化が進み、中産階級が創出されるという。アフリカは植民地として搾取され、独立後も政治的に混乱し紛争が絶えず、飢餓や病気が蔓延して経済的な貧困が蔓延している、というアフリカへのネガティブなイメージを覆す状況がアフリカに見られるようになった。21世紀アフリカは急速に変貌しつつある（**図表1**）。

　世界銀行の小林隼人によれば、アフリカは豊かな大陸であり、天然資源に恵まれた大地なのである（http://blog.livedoor.jp/dev_africa_network）。

　アフリカ経済も急速に改善し、継続的な経済成長を達成している。図表2はアフリカ経済の成長率と世界経済の成長率とを比較したものだが、2000年を境にアフリカが世界平均を上回るペースで経済成長しはじめている。2000年以降の経済成長率は年率約5.5％に達し、世界の平均成長率3.6％を上回っている。成長する経済は投資を増大させ、産業構造も変容させつつある。アフリカには可能性が広がりつつある。2010年日本で公開されたベナン映画『アフリカ・パラダイス』は、たんなるパロディと笑いおくことはできない。それによれば、2033年世界の南北の構図が逆転し、ひとつになったアフリカ合衆国が繁栄を極めるいっぽう、北のヨーロッパは統合が崩れて紛争が絶えず、失業者に溢れ、南の「楽園」への移住をめざす人びとにビザは容易にお

図表2　アフリカ（サブサハラ・アフリカ）の実質GDP成長率の推移

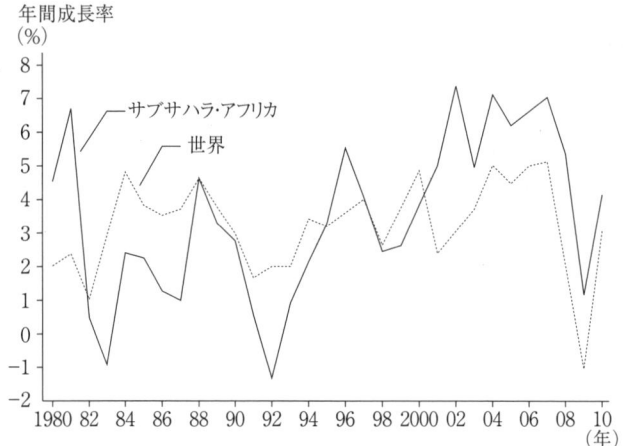

注：IMF調べ
出典：JETRO資料

図表3 アフリカ諸国が産出する主な天然資源

国	資源	06年世界シェア
ナイジェリア	石油	3.0%
ガーナ	マンガン鉱石	5.5%
ニジェール	ウラン鉱石	6.0%
ギニア	ボーキサイト	10.1%
ガボン	マンガン鉱石	9.9%
ザンビア	コバルト地金	8.6%
ジンバブエ	クロム鉱石	3.8%
ナミビア	ウラン鉱石	8.0%
南アフリカ共和国	プラチナ鉱石	80.2%

出典:『資源で成長を模索するアフリカ』三井物産戦略研究所

図表4 アフリカの世界に占める鉱物資源埋蔵量の割合

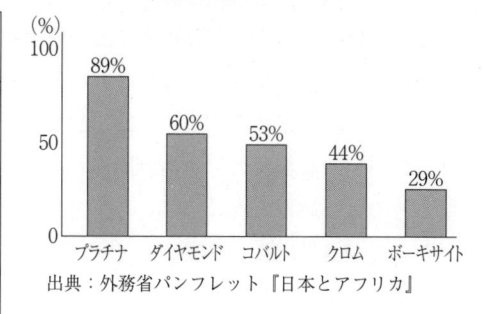

- プラチナ 89%
- ダイヤモンド 60%
- コバルト 53%
- クロム 44%
- ボーキサイト 29%

出典:外務省パンフレット『日本とアフリカ』

りず、白人移民にあてがわれるのは単純労働ばかりといった具合である。

事実、21世紀の「最初の10年」はサブサハラの成長率はEUの3倍となり、年6％を上回っているのである。そして、この先20年間に増加する世界生産年齢人口（15〜64歳）9億人のうち、アフリカは3億人を占めようとしているのである。マンパワーの増加はアフリカの発展を予期させる。

アフリカは世界有数の資源産出地域であり、金、ダイヤモンド、コバルト、レアメタルといった金属資源のほか、マンガンやプラチナといった資源の埋蔵量の世界全体の80％を占めている。またミネラルベルトと呼ばれる鉱業セクターは近年の金属価格高騰の恩恵から取り残されているとはいえ、その可能性は大きい。ましてや中東の影に隠れがちであるが、化石燃料も豊富であり、OPEC加盟国13カ国のうち4カ国がアフリカ（ナイジェリア、リビア、アルジェリア、アンゴラ）である。世界原油埋蔵量の10％がアフリカに存在している。

2 最後の巨大市場・アフリカ

20世紀までのアフリカは、国際社会に翻弄されつづけてきた。奴隷貿易、植民地支配、独立闘争、政府の主導権を争う内戦、経済危機、構造調整による混

VII 世界を語る〈政治〉

乱、そして民主化とそれの反動として暴動の多発。アフリカからネガティブなイメージを拭い去ることは難しい。アフリカの植民地が独立した1960年、アフリカには輝かしい未来が到来すると予感させたが、その期待はすぐに萎んでしまっていた。独立が安定と発展に直接的に結びつかなかったからだ。アフリカは独立後も、旧宗主国によって政治的にも経済的にも管理され統制され、アフリカの内発的な発展の可能性が阻害されてきたと考えることはあながち的外れなことではないだろう。

ところが21世紀になり突如として、アフリカ経済は急速に成長しはじめた。アフリカ経済の反転成長が、アフリカに存在する豊富な天然資源によるものであることに異論はない。図表5はアフリカに賦存する天然資源を記している。金、ダイヤモンドなどの貴金属や、石油や天然ガス、さらにはプラチナ、ニッケル、クロム、コバルトなどのレアメタルが豊富に賦存している。ただアフリカに資源が豊富に賦存するというだけで、アフリカ経済が急速に成長したと考えることはできない。アフリカを取り巻くさまざまな構造や環境の変化も関連しているのである。

アフリカ経済が成長する第二の要因は、一次産品価格の上昇である。鉱物性資源価格高騰は特に重要だ。カカオ、メイズ、コーヒー、砂糖などの一次産品の価格も2000年代になってほぼ全般的に上昇したため、アフリカの交易条件は好転した。多くのアフリカ諸国の主要産業は、農林水産業と鉱業であるため、一次産品価格の上昇は、

図表5　アフリカのミネラルベルト

ダイヤモンド、金
石油
金、ダイヤモンド、レアメタル等

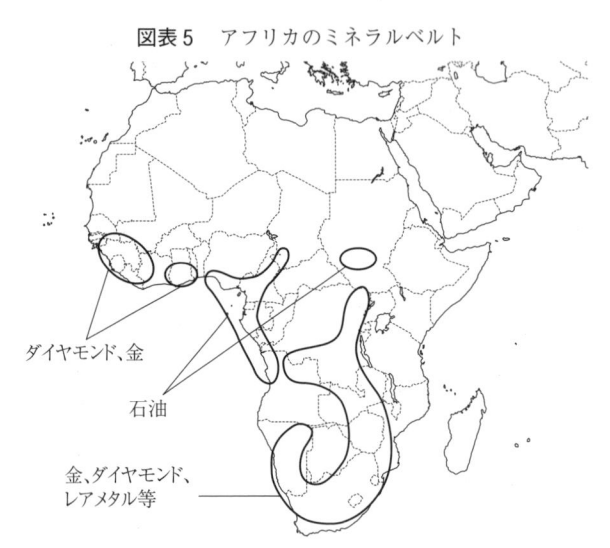

アフリカ諸国の経済環境を劇的に好転させることになった。天然鉱物資源の比較優位に立つアフリカが世界需要の増大という機会に乗じて、資源輸出国に転じようとしているのである。これまでの一次産品理論にあった余剰掛け口論やオランダ病などの諸説を超えて成長利益の分配が貧困削減の効果的な政策となる。

　2003年以降の石油価格の高騰は、アフリカ経済が急速に成長しはじめる契機となった。アフリカ経済は石油価格の動向に大きな影響を受ける傾向をもち、石油価格の高騰がアフリカ経済の規模を拡大させることになったのである。ナイジェリア、コンゴ共和国などに加え、アンゴラ、赤道ギニア、チャド、スーダンなどが新たに産油国となり、驚異的な経済成長を遂げることになった。

　石油価格の高騰は、BRICs諸国と呼ばれるブラジル、ロシア、インド、中国が、21世紀になってから高度経済成長を続け、その資源需要が拡大することが予測されるために引き起こされたものである。BRICs諸国は、広大な国土と豊富な天然資源そして膨大な人口をもち、経済規模が大きいために他国に与える影響も大きい。アフリカでは中国のプレゼンスが急速に強まり、経済進出も顕著だ。中国はエチオピア、ナイジェリア、スーダンでの油田開発や、銅や金などの鉱物資源の開発などを進めている。中国政府も中国企業のアフリカ進出を奨励し、2006年には北京で中国アフリカサミットを開催して、中国とアフリカ諸国との多角的複層的な関係を構築しようとしている。

　アフリカ大陸には石油や天然ガスをはじめ、鉄鉱石、マンガン、銅、クローム、コバルト、プラチナ、金など、多様で豊富な鉱物性資源が賦存しているが、先進諸国の談合的な政策誘導で資源価格は安価に抑えられてきた。またアフリカでは採掘コストが高いために、鉱物性資源の開発はあまり進められてこなかった。拡大する資源需要によって資源価格が高騰したことが、アフリカの鉱物性資源開発への投資を可能としたのである。

　アフリカ経済が成長する第三の要因は、海外直接投資（FDI）の増大である。資源価格が上昇する前後から、アフリカへの新規投資が増加し、それに伴いアフリカ域内の生産量も増大していた。アフリカでは、1990年代後半から主として石油採掘に関する投資が入り始めた。アンゴラ、ナイジェリア、赤道ギニア

などに、石油開発投資が向かうようになった。

　ナイジェリアはアフリカ最大の産油国である。イギリス植民地統治下にあった1956年にニジェール川デルタ地帯で油田が発見され、1958年にはイギリスへの輸出が開始された。油田開発はその後も進み、1996年にはナイジェリアの沖合い120kmでボンガ油田が発見されるなど、大規模な油田の発見が相次ぎ、2000年以降もFDIは急増した。2007年時点で、原油はGDPの約3割、輸出の約9割、政府歳入の約8割を占めるまでになっている。

　アンゴラは現在、アフリカではナイジェリアに次ぐ産油国だ。ポルトガルの植民地支配下にあった1955年に原油が発見され、石油採掘が始められた。1975年の独立から2002年の停戦合意まで継続する内戦では、アンゴラ解放人民運動（MPLA）政権が石油の採掘地を支配下に収め、反政府勢力のアンゴラ全面独立民族同盟（UNITA）との内戦継続の資金源としてきた。UNITAは支配地域で採掘されるダイヤモンドを資金源としていた。内戦中の1997年には、アンゴラ沖合いの大西洋での深海油田の操業が始まっている。2002年の内戦終結後は特に、南アや欧米諸国から石油だけでなく、鉱業や農業など多様な分野に活発にFDIが行われるようになった。2004年以降は、中国も石油開発に積極的に参入するようになっている。

　赤道ギニアは人口66万人の小国である。1992年にビオコ島沖合いで油田が発見されるまで、カカオとコーヒーを主要産品としていた。独裁体制が続き政治的不安定要因があるものの、油田発見以後、アメリカのモービル社が原油生産を開始し、現在に至るまで急速な経済成長を遂げている。

　アフリカへの投資国は、歴史的に関係の深い欧米諸国だけではない。1994年の民主化以後は南アの企業も積極的にアフリカ諸国へのFDIを開始している。また中国のアフリカへの進出は目覚しい。石油・天然ガスなどの資源を中心にFDIが積極的に行われ、家電、自動二輪車などの分野への投資も盛んに行われはじめている。

3 アフリカでの消費拡大

　アフリカの急速な経済成長は、アフリカの国内需要の急速な拡大を引き起こした。経済成長が国内需要を増大させ、それがさらに経済成長をもたらす経済の拡大再生産の循環が成立するようになってきた。
　南アでは1994年の民主化以後、アフリカ人の経済的地位を改善しようと黒人経済エンパワーメント政策（BEE）が実施され、アフリカ人の富裕層や新中間層が台頭し、消費を拡大させている。2003年以降の高成長は消費市場をいっそう拡大させ、企業は積極的にアフリカ人を消費者に取り込もうとしはじめた。アフリカ人の中高所得層の台頭は目覚しく、特に中所得層は「ブラック・ダイヤモンド」と呼ばれ、消費を牽引する重要な存在になっている。例えば中所得層のアフリカ人は、交通インフラが未整備のため多少無理をしてでも自動車を購入しようとする。フォルクスワーゲンのシティーゴルフやトヨタのヤリス（日本での車名はヴィッツ）など、低価格帯の車種の人気が高く、リーマンショック以後も、自動車の販売台数は増加している。
　ナイジェリアでは、原油が経済の動向に大きな影響を持ち、近年の原油価格高騰の結果、2005年から2008年までの年平均実質GDP成長率は6％を越える高い数値を記録している。ラゴス市内のショッピングモールにはボウリング場が現れ、市内には寿司レストランやファーストフード店が店舗数を増やしているように、レジャーや娯楽に対して支出する中間層が出現し、サービス業も多角化が図られるようになった。
　ケニアは、南アやナイジェリアに次ぐ規模をもつ市場である。ケニアには相対的に厚い高所得層が存在する。国連や在外公館などの外国政府関係者、多国籍企業の駐在員、ケニア政府高官、多国籍企業や地元企業の地元出身管理者や専門職員、インド人コミュニティがそれである。好景気で、企業は事業を拡大させ、外国政府や援助機関の活動も拡大しているために、給与所得者が急増し、中所得層が形成されはじめている。安定した収入のため、銀行などからの借り入れが可能となり、住宅や自家用車を購入するなど消費を活発化させている。

Ⅶ　世界を語る〈政治〉

　独立後のアフリカ社会の多くは、ごく少数の高所得層と大多数の低所得層とで構成されていた。21世紀の経済成長では新たな中所得層が形成されるようになった。一定の安定した所得収入をもつ中所得層が形成されることで、購買力が向上し、一定規模の消費市場が形成されるようになっている。そのため企業は、新しい市場開拓戦略をとることが可能になっている。

　ただ急速な中所得層の出現は、国内における経済格差を拡大させているという点を無視してはならない。所得分配の不平等度合いを測るジニ係数は、南アが57.8（2000年）、ナイジェリアが42.9（2004年）、アンゴラが58.6（2000年）などとなっている（世界銀行、2009年）。この数値は、東南アジア諸国と比較して相対的に高い数値であり、多くのアフリカ諸国には所得格差が存在している。アフリカ大陸全体での所得別人口は、高所得層が約5000万〜1億5000万人（構成比5〜15％）、中所得層が約3億5000万〜5億人（同35〜50％）、低所得層が5億〜6億人（同50〜60％）とも推計されている（ヴィジャイ・マハジャン［2009］松本裕訳『アフリカ　動きだす9億人市場』英治出版、94ページ）。

　多くのアフリカ人は低所得に甘んじているものの、決して絶望し自滅しかけている人たちではない。与えられた厳しい環境の中でもたくましく生き抜く智慧と行動力をもつ人たちである。アフリカ人口の約半数を占める日々の暮らしに困窮する低所得層でも購買力はあり、企業が「少量でできるだけ低価格」な商品を提供することさえできれば大きなビジネス機会になりうる。所得ピラミッドの最下層BOP（Base Of the economic Pyramid）に焦点を当てたビジネス（BOPビジネス）では、まず可能な限り低い価格を設定して、そこからその価格で売ることのできる商品を考えていけば、企業の社会的責任（CSR）の一環としてのビジネスから、大きな可能性のあるビジネスになりうる。アフリカは人口規模が約9億人と、13億人の中国や11億人のインドと引けを取らない。さらに人口構造も若い。経済に占めるウェイトは低いが活発な消費行動を見せはじめている低所得層は、BOPビジネスの可能性を拡げていると言えよう。

　アフリカで急速に進行している都市化の問題は無視できない。そもそもアフリカの都市化には、2類型があるといわれている。ひとつは植民地化以前に交易を通じて成立した都市（北アフリカや西アフリカ内陸部）であり、いまひとつは

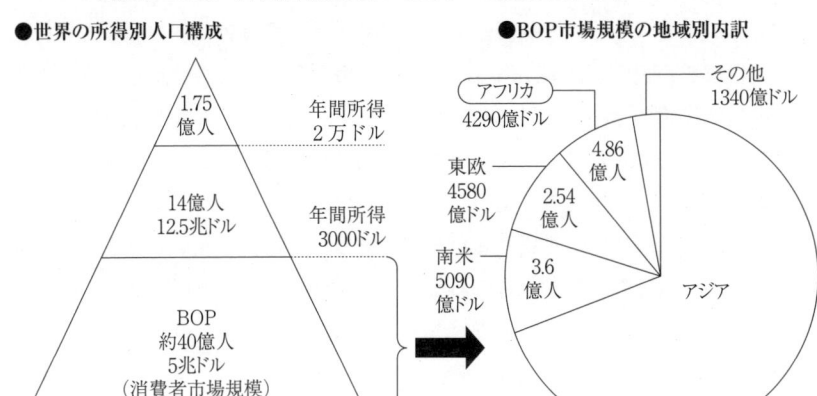

図表6　BOP（年間所得3000ドル以下）の最底辺人口が多いアフリカ

●世界の所得別人口構成

- 1.75億人：年間所得2万ドル
- 14億人 12.5兆ドル：年間所得3000ドル
- BOP 約40億人 5兆ドル（消費者市場規模）

●BOP市場規模の地域別内訳

- アフリカ 4290億ドル（4.86億人）
- 東欧 4580億ドル（2.54億人）
- 南米 5090億ドル（3.6億人）
- その他 1340億ドル
- アジア

●人口分布を見ると…　BOP支出と人口（BOP総支出に占める割合）

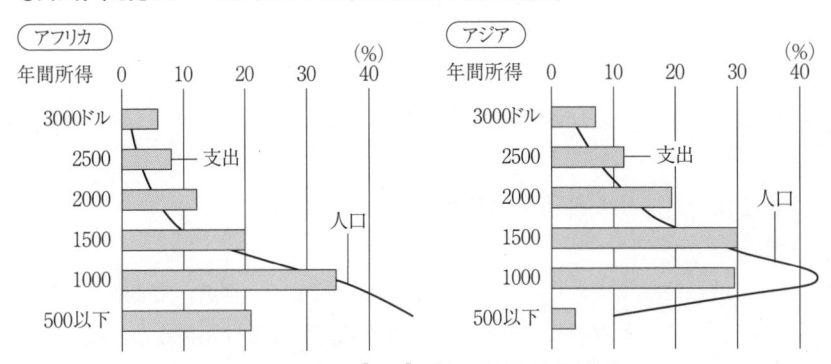

アフリカ／アジア：年間所得 3000ドル、2500、2000、1500、1000、500以下　支出・人口（％：0〜40）

出典：IFC & World Resources Institute [2007] *THE NEXT 4 BILLION*

植民地行政都市や鉱山都市を基礎に成立した都市（西アフリカ沿岸部や中部・南部アフリカ）である。それらが点在してきたのである。

とくに、都市文化の担い手としての商人、職人、知識人などの都市民が中核層をなすことが多い都市部での人口変動が顕著である。都市部に新たに農村部から流入してきた人びとの多くは低所得層を構成することになる。それは都市部を中心に拡大する経済が農村から人を引き寄せているという側面があるから

である。しかしそれ以上に、農村が荒廃し悲惨な生活を余儀なくされた人々が都市部へ逃れてきたという側面が強い。アフリカの指導者の多くに都市部を重視し農村部を軽視する傾向があることや、内戦などの政治的混乱や旱魃や飢饉などの自然災害のために農村部が荒廃し、都市へ逃れてくる人々が急増している。アフリカでは20年以内に人口の大半が都市部に暮らすことになると推計され、独立以降のツケがここに集中しているかのようだ。

アフリカで低所得層を対象にしたビジネスとして無視できなくなっているものの一つが、携帯電話ビジネスである。アフリカにおける携帯電話は、中所得層以上を対象にしていたが、BOPビジネスとして重要になりつつある。携帯電話が単なる通信ツールから、金融業の役割を担いつつあり、プリペイド式携帯電話を活用して通話時間分の料金を、通貨のように電話から電話に送る送金システムが構築され利用されている。南アの携帯電話会社MTNがスタンダード銀行と提携してはじめたMTNバンキングや、ケニアの携帯電話会社サファリコム（ケニア政府とイギリスのボーダフォンの合弁会社）がはじめた送金サービス「M-Pesa」などは、都市部で働く労働者がより安全にかつ安価にそして頻繁に送金することを可能としている。

4　アフリカ経済の課題と展望

アフリカは急速に成長し活力ある市場へと変貌しているが、産業構造には脆弱な部分が今もなお残されている。アフリカの主要産業は現在もなお鉱業と農林水産業であり、製造業の発展は遅れている。消費の拡大によって小売業などのサービス業は拡大しているが、アフリカで販売されているモノの多くは、先進国や中国、インドなどから輸入されたものである。南アなど、進出企業に現地生産を促す関税政策などを採っている国もあるが、現時点では経済を成長させるほどの原動力にはなっていない。今後、発展していくことが期待されている。

従来のアフリカの企業は、欧米の資本との関係をもつ大企業と、現地資本の零細企業とで構成され、両者を仲介する中規模の企業（中小企業）はごく限られ

てきた。アフリカの人々が日常的に接する雑貨商や露天商などは、インフォーマル部門、つまり公的な経済制度や法的機関が規制する経済の枠組みから外れた経済活動とみなされてきた。アフリカではこのインフォーマル部門が意外と大きく、インフォーマル部門はGDPの42％を占めているとの調査もある。インフォーマル部門が成長するには、グラミン銀行のようなマイクロファイナンスが有効であるといわれるが、アフリカでも近年、活性化している低所得層の消費拡大を背景にマイクロファイナンスビジネスが拡大しつつある。これまで脆弱でありつづけた部門にも、アフリカ経済の成長の恩恵が波及しつつある。

経済発展にとって政治的安定は重要だ。アフリカでは武力紛争が頻発し、政府の多くが汚職にまみれ腐敗して統治する能力を欠如させてきた。そこに旧宗主国を中心とした先進諸国の利害が加わり、アフリカの住民を取り巻く政治環境はアフリカ人の自立性を著しく阻害するものになっていた。独裁化した政府、軍事的戦略的配慮のみを重視する先進諸国を象徴する事例として、モブツ政権のザイール（現コンゴ民主共和国）やアミン政権のウガンダはその典型だ。

政治的安定を脅かす地理的要因として国境線を挙げなければならない。アフリカ諸国の国境線は、ベルリン会議によって強制された植民地の境界線でもある。一カ国の中に複数の民族を混在させ、政治的混乱をもたらす原因の一つになっているが、この国境線が変更される事例は少ない。1991年にエチオピアから独立したエリトリアが唯一の事例であった。2011年、スーダンで実施されたスーダン南部の分離独立に関わる住民投票の結果、スーダン南部の分離独立が２つ目の事例となった。スーダンでは、北部のアラブ系住民と南部のアフリカ系住民とが、石油利権をめぐり対立し内戦を繰り返してきた。2005年の包括的和平合意によって実施された住民投票の結果、アフリカ大陸に54番目の独立国家が誕生することが合意された。アフリカによる植民地支配の呪縛からの解放という意味があると考えられる。

近年の食糧危機に端を発して、アフリカなどにある農地を多国籍企業が囲い込む「ランドラッシュ」と呼ばれる農地争奪が激化している。今後予想される人口爆発に対処し、穀物などの食糧を確保しようとするものだが、新植民地主義とに批判を招き、進出国と現地住民の間には対立も生じている。マダガスカ

ルでは、政府が広大な農地を韓国企業に提供しようとしたことなどを契機にして、暴動が発生し、政権が転覆する事態まで起きてしまった。

　紛争国に政治的安定をもたらすためには、経済発展を達成し、それまでの期間は国連などの国際機関が中心となって平和維持活動を展開すべきだとの議論もある。NATO軍によるコソヴォ空爆を正統化した人道的介入論を想起させるものでもあり、こうした議論に最も欠けているのは、現地の市民が政府に対してもつ正統性の視点である。各国はそれぞれに歴史をもち、それぞれに独自の社会や文化を有している。これを無視した政策は、理論的にいかに優れたものであっても、安定した政治や経済を実現することは難しい。現在、南アで政権与党となっているアフリカ民族会議（ANC）は、反アパルトヘイト運動を闘いつづけてきたという歴史をもつ。それが、南ア社会にどのような問題があろうともANCの政権政党としての信頼と信用を担保し、政府の正統性を維持することになっている。アフリカの政治的安定に向けて示唆するものであろう。

　世界経済の全体の消費を膨張させてきた先進国の功罪が問われている。それは多くの貧しい人びとを作り出し、寿命を短くし、教育への参加を阻害してきたからである。問題の原点は「すべての人は地球上のどこかに住む権利がある」ことを再審することである。

〈ファーザーリーディング〉

高橋基樹『開発と国家　アフリカ政治経済論序説』勁草書房、2010年
　開発理論が射程とするものと、地域研究が目撃する開発現場の現実との間にはしばしば乖離が存在する。本書では社会科学で常識とされてきていたことを問い直し、地域研究が開発研究に果たすべき役割や、開発研究の手法の問題などを議論し、両者の接合を目指す独創的な国家論を議論している。

平野克己『アフリカ問題　開発と援助の世界史』日本評論社、2009年
　アフリカの問題を、政策提言を視野に入れつつ、開発論と援助論の視点から議論している。アフリカ経済の基幹である農業部門の停滞が、製造業などアフリカ経済全般に影響を及ぼしているとする。アフリカ経済の反転成長は、中国の高度経済成長など外部要因によるものであり、農業部門や製造業部門の内発的要因によるものではないとする。アフリカ経済の低成長と貧困の問題を、統計データを駆使して議論している。

第18章　グローバル視界からのアフリカ

ヴィジャイ・マハジャン（松本裕訳）『アフリカ　動きだす９億人市場』英治出版、2009年
　マーケティングの視点から、アフリカ経済の現場を観察してその活力を見出し、多種多様な困難にも負けず成長し、変貌し、進歩しているアフリカ経済の可能性を論じている。9億を越える消費者と、無数の起業家やビジネスリーダーの存在が経済成長の原動力であるとし、アフリカでのBOPビジネスの可能性を指摘する。アフリカの新たなビジネスと経済の姿を描き出している。

ポール・コリアー（甘糟智子訳）『民主主義がアフリカ経済を殺す　最底辺の10億人の国で起きている真実』日経BP社、2010年
　経済的な繁栄を実現するためには政治的な安定が前提条件となる。世界の最貧国ではその政治的安定がなく、民主主義を成立させる社会的基盤に欠けている。最貧国に政治的安定をもたらし社会基盤をもたらすための方策を提起している。膨大な統計データを基に、大胆な提案をしている。

第19章

歴史学のグローバル化
―― グローバルヒストリーをめぐって

徳橋　曜

1　モノと歴史

　近年の歴史学においてグローバルヒストリーという観点は、目新しいものではなくなっている。歴史学は基本的に各地域固有の状況をテーマとし、特に近代史研究に関しては当然ながら、国民国家という枠組みが重要である。そうした地域史研究や一国史研究の意義は現在も薄れてはいないが、一方、一国単位では捉えきれない世界的動向、なかんずく世界経済の展開に関する視座の必要が認識された結果、グローバルヒストリーが着目されるようになった。

　従属学派の研究、特に I. ウォーラーステインの近代世界システム論はこうした要請によく応えるものであり、日本では1980年代に川北稔らによって本格的に紹介された。現代社会のグローバリゼーションと並行して、「一体としての世界」を意識した歴史学に関心が高まったのである。「グローバルヒストリー」という片仮名表記には、一国史の集積になりがちだった従来の「世界史」との差別化の意図もあろう。この「世界史」という概念は日本の歴史教育に独自の視点であり、地域史を統合する形で理解するものとして発展してきたが、専門的な実証研究のディシプリンとして「世界史」という分野が存在しないこともあって、「世界史」は一国史・地域史の並列になりがちであった。ようやく1990年代末になって、高校世界史の教科書でも世界の連関や一体性を意識した構成が工夫されるようになったのは、上述のような日本の歴史学界の問題意識を反映したものと言えよう。

このようなグローバルヒストリーとして容易にイメージされるのは、近代世界の歴史であるが、必ずしもそれだけに限られるものではない。グローバルヒストリーの明確な定義はないが、世界的な規模での経済的・政治的・文化的な連関を射程に入れた歴史把握を、グローバルヒストリーと捉えることは可能であろう。ここではそうした広義のグローバルヒストリーを取り上げる。

世界システム論のインパクト

16世紀以降の世界を、西欧を中心とした単一の地域間分業が形成されていく経済システムの形成・発展と捉え、読み解いていくウォーラーステインの視座は、極めて魅力的であったが、同じ従属理論の論者であったA.グンター・フランクからの批判を含め、様々な議論も呼んだ。そうした議論の結果として、現在、世界システム論はかつてほどの影響力を持たないように思う。しかし、その反面、歴史的思考の一つの枠組みとして定着した感があり、グローバルヒストリーへの関心という潮流の中での重要な部分を占めている。とりわけ、その議論の過程で「地域世界」あるいは「海域世界」という単位での歴史が論じられるようになったことは、歴史学を変えてきた。

言うまでもなく、地域あるいは海域を「世界」として一体に捉えて論じた先駆的研究は、ウォーラーステインにも影響を与えたF.ブローデルの『フェリペ2世時代の地中海と地中海世界』（邦訳『地中海』）であるが、現在の研究状況においてはむしろアジアの海域世界に対する関心が高く、そこから興味深い成果が上げられている。これらのアジア研究においてアジアの相対的自立性がときに強調されるのは、ウォーラーステイン的な世界システム論への批判的意識によるものであろう。ウォーラーステインによれば、16世紀ヨーロッパに近代世界経済が登場し、そこで覇権を握った勢力（ヘゲモニー国家）が世界帝国に転じることのないまま、グローバルな資本主義経済を展開していく。そして、その過程で世界は中心・半周辺・周辺に分けられ、資本主義世界の分業の構造ができあがったという。この仮説には確かに、フランクが厳しく批判したように、近代ヨーロッパの優位・中心性をアプリオリに受け入れている側面がある。1450年以前のヨーロッパの後進性が否定される訳ではないものの、その後の

ヨーロッパが先進化し、アジアやアフリカを周辺化していくことが世界システム形成の前提とされているからである。

フランクは『リオリエント』で、ヨーロッパ人によるアメリカ大陸の「発見」の世界史的な重要性、特に世界規模での銀の流通においてアメリカ銀が占めた位置を指摘しつつ、その数世紀前からアジアとヨーロッパの間には世界規模での結びつきが存在し、それによってヨーロッパの後進的経済が商工業に適した生産システムへと進展することになったと論じた。また、そのフランクも参照しているJ.L.アブー=ルゴドの『ヨーロッパ覇権以前』は、13世紀中葉にアジアを中心とする世界システムが形成されていたことを論証し、そのシステムの衰退が、ヨーロッパによる新たなシステムの形成を促進したと指摘している。

ディアスポラとネットワーク

地域／海域間ネットワーク論の進展もまた、グローバルヒストリーへの視点に貢献した。注目すべきはディアスポラ論であろう。F.カーティンが1984年に『世界史における異文化間交易』(邦訳『異文化間交易の世界史』)で提起した「交易ディアスポラ」(trade diaspora/trading diaspora)の観点は、様々な示唆を歴史学に与えてきた。日本では深沢克己がディアスポラ論に着目しつつ、優れた実証研究を積み重ねている。

地域間の交易のネットワークは交易ニーズの差異によって生じ、拡大する。その交易関係が進展すると同質化が起こり、交易ニーズが減少するため、ネットワーク機能は減少し、最終的には消滅する。カーティンによれば、そのネットワークを動かすのは「交易ディアスポラ(離散共同体)」であり、ネットワークの生成・拡大・同質化・機能減少・消滅に伴い、彼らも離散・相互依存・存在意義の低下に至る。文化そのものも、交易ディアスポラが地域間を結ぶことで異文化間の交流関係が促進されて、文化の相互依存と平準化が進み、共通文化の拡散が生じる。この観点に従えば、同書邦訳の解題で山影進が指摘しているように、現代の多国籍企業をディアスポラと捉えることも可能であろう。

日本においても特にアジア研究において、こうしたネットワーク論を生かした実証研究が進んでいる。例えば、濱下武志はグローバル／リージョナル／

第19章　歴史学のグローバル化

ローカルの重層構造で、19世紀アジアの金融市場を論じる。その濱下も参加した《地域の世界史》の第9巻『市場の地域史』（山川出版社）は、地域経済と広域ネットワークとの連関に目を向け、歴史学研究会編《港町の世界史》の第1巻『港町と海域世界』（青木書店）も広域ネットワークをテーマとしている。また家島彦一は、グローバルヒストリーへの観点を土台にしつつ、緻密な実証によってユーラシア大陸の東西をむすぶネットワークを描き出している。

モノが生み出す地域連関

　広域に及ぶ交易ネットワークを考えるとき、モノ・資源は必須の要素となる。各地域における固有の資源や特産品の存在によってこそ、地域間の差異が生じ、交易ニーズが生み出されるからである。しかし、その差異が必ずしも平準化の道を辿るわけではない。確かに文化が同質化され、より広域の文化圏が成立する傾向は常に指摘できよう。そして、域圏あるいは世界としてのまとまりができれば、その中の地域間を結ぶ交易ディアスポラの必要性は薄れる。交易対象となるモノ自体、しばしば模倣あるいは移植される。歴史的に見れば、ある地域固有の動植物が他地域で養殖・生産されたり（ジャガイモ、カカオ、コーヒー、タバコ等）、特定地域の商品が別の地域でコピーされ、後者独自の商品に転化したりした（例えば、中国産の磁器はヨーロッパで模倣され、マイセンやヘレンド等の独自の価値を持ったブランドとなった）例は、枚挙にいとまがない。そうした中で、原産地では商品の差別化を工夫し、交易価値を減じない努力が続けられるが、文化的には平準化が進行すると捉えられる。

　しかしながら、文化的平準化・同一化が進行する一方で、交易対象となるモノの生産・採取地域が地理的に限定されれば、それはより大きな需要と交易活動を生み出す。鉱物資源や海産物資源はその生産・採取における地理的制約が大きく、地域間の差異が縮小しにくい。農産物・植物資源にしても、ジャガイモやトマト、トウモロコシのようなアメリカ大陸原産の作物に典型的に見られるように、多少の生育条件の相違を克服して世界各地に広まった農産物もあれば、香辛料類や茶、コーヒー、カカオのようにヨーロッパ諸国が原産地と類似した環境の植民地を得ることで移植が可能になったものもある。後者の場合に

245

は生産地は拡大するものの、新たに植民地から本国への輸送が必要となる。その輸送の主体もしばしばディアスポラ(例えば東インド会社)である。こうしてモノは、近代以前から常に異なる地域・域圏間を結びつけてきたと言える。

2 前近代におけるモノと交易ネットワーク

グローバルヒストリーは概して、一国史に対置されるものとして扱われる。ウォーラーステインの近代世界システム論は、「ヘゲモニー国家」を核概念としつつ、そのヘゲモニーの下で複数の地域にまたがるシステムを想定し、これが「世界システム」となっていく有様を描き出してみせた。しかし、「グローバル」は常に「ナショナル」と対置されるものではない。近代的国民国家の成立を見る以前、モノや資源はより小さな単位あるいは大きな単位で動かされていた。

前近代の「世界システム」

そもそも前近代の国家は「帝国」といえども、交易主体となってこれを管理することなどなかった。ウォーラーステインは不安定な「世界経済」がしばしば「世界帝国」に転化するものとし、中国や古代ローマ帝国を例に挙げている。帝国の支配領域＝一つの世界(地中海世界、東アジア世界等)が、商業ネットワークの発達した広域経済圏として機能するのである。カーティンもまた漢帝国やローマ帝国、あるいはその後の唐とアッバース朝の存在を安定した交易活動と結びつけている。しかし、これら「帝国」が仮に一円的な世界支配や交易ネットワークの制御の理念を有していたとしても、実態として商業活動の管理を徹底できたわけではないことは、漢代以来の中国の朝貢システムを考えれば容易に理解できる。14〜15世紀になって明朝が、海禁という形でこのシステムの再構築と管理徹底を図った時も、結局は失敗した。

他方、ユーラシア大陸の各域圏内の人やモノの往来は、既に紀元前1000年期に盛んに行なわれていた形跡がある。例えば、少なくとも紀元前16世紀まで、地中海のクレタ島や本土のペロポンネソス半島は、メソポタミア向けの森林資源の供給地であったと考えられる。

その地中海の東部地域にローマが進出する頃までには、バルカン半島南部からエジプト、メソポタミア、インダス西岸、アフガニスタンにまで及ぶ地域が、アレクサンドロス大王の遠征によって結びつけられていた。歴史学がヘレニズム世界と名付けたこの一体性は、ギリシャ系住民を各地のエリート層の一部に組み込み、あるいは置換しながら進行した。これもまた一種のディアスポラである。これによって、各地の土着文化の上に広く薄くギリシャ文化が載る形になったが、経済的には、インド洋海域世界と地中海海域世界が結びついたことが重要であった。これ以前にも、東南アジアや南インドの香辛料は東地中海地域に細々ともたらされていたようであるが、それが大量かつ恒常的に地中海海域世界へ供給される環境が生まれたからである。

インド洋と地中海

周知のように、地中海を囲む帝国を作り上げたローマ人は、東方からもたらされる香辛料、特にコショウを愛用した。紀元後1世紀にプリニウスは『博物誌』の中で、インドからアラビアで産する様々な植物について記述しており、コショウをはじめとする香辛料が地中海世界に知られていたことが、そこからうかがえる。「コショウを使うのがこれほど好まれるようになったのは驚くべきことである」と彼は言う。「ただ刺激の強い、ぴりっとした辛みのために好まれ、しかもこれをインドにまで求めに行くとは……（中略）……コショウもショウガも両方とも原産地では自生するのに、それにもかかわらず、こういうものを金や銀のように秤で計って売買している」。

この高価なコショウをイタリアに移植する試みは成功しなかった。プリニウスによれば、「コショウの木は今ではイタリアにもある」が、「インドの干したコショウのあの熟成した風味がなく、したがって色やしわの様子も似ていない」のである（以上、大槻真一郎編『プリニウス博物誌　植物篇』、八坂書房、1994、I-29による）。香辛料はまさしく資源であり、その生育は地理的・自然的条件に制約される。結局、これら熱帯性の植物から得られる香辛料を入手するには交易によるほかはなく、そこからネットワークが生まれた。『博物誌』や、同じく紀元後1世紀に記された著者不詳の『エリュトラー海案内記』は、古代にお

けるインド洋交易路（海の道）の重要性を示唆し、これを裏付けるように、南インドからローマ金貨が大量に出土している。

　このインド洋を介したネットワークは、西アジアにイスラームの広まる7世紀以降も活発に機能した。ユーラシアの東西は交易を通じて、経済的にも文化的にも緩やかに結びついていたのである。西欧世界（西方キリスト教世界）も、西ローマ帝国解体後は相対的に東方と疎遠になったものの、接触が断たれたわけではなく、さらに十字軍運動を契機として、12世紀以降、ヨーロッパの商人達が、なかんずくイタリア諸都市とカタルーニャの商人達が、再び積極的に地中海商業に参入して来た。13世紀にモンゴル勢力が西方へ拡大し、中東にイル・ハン国、黒海東方にキプチャク・ハン国ができると、そのいわゆる「モンゴルの平和」の下でユーラシア東西の交易は安定した状態となる。当初こそ、西欧キリスト教世界は対イスラーム共闘の期待をモンゴル人にかけるが、次第に実態を認識するようになった。その過程で教皇やフランス王の派遣した使節を通じて、西ヨーロッパは東方に目を向け、ユーラシア東部の状況の一端を多少とも知るようになった。

香辛料と毛織物

　その商業活動において、香辛料や染料（インド産のスオウや藍）や砂糖は、西欧が東方から得る最も重要な商品の一つであった。例えば、1347年11月にアレクサンドリアからヴェネツィアに送られた商品価格情報リストには、コショウ、メッカ産ショウガ、シナモン、ナツメグ、クローヴ、砂糖、藍等が挙げられている。これに対して西欧が商品として輸出したのは、北西ヨーロッパの毛皮や瑪瑙、フランドルやイタリアの毛織物である。

　イタリア、特にフィレンツェの毛織物は、ある意味で地域連関的な性格を有している。ここで生産される毛織物のうち、最高級品はスカルレッタと呼ばれた深紅色の羅紗であるが、これには原材料としてイングランド産の羊毛が、染料として東地中海地域にのみ生息するケルメス（カイガラムシの一種）が用いられた。こうして出来上がった高級毛織物の大半はイタリア・西欧内部で消費される一方、一部はオスマン帝国やマムルーク朝の支配する東地中海域世界に輸出

された。さらに15世紀以降は、ガルボと呼ばれる比較的安価で低質の毛織物が多く輸出されたことも、星野秀利の優れた実証研究から判っている。織物の在り方もまた資源の地域性に規定されたのであり、それゆえに諸地域を結びつけるものとなった。こうして、15世紀までのヨーロッパもまた、ユーラシア東西をわたって連関する複数の経済圏の西端にあって、その一部として機能していた。

3　域圏の連関としてのグローバルヒストリー

前近代の「世界システム」とサブシステム

このように複数の域圏からなる一種の「世界システム」は、アブー＝ルゴドによれば、13世紀に確立したものである。彼女はこのシステムを論じる上で、ヨーロッパ・中東・アジアという枠組みの中に文化・政治体制によって規定される 8 つのサブシステムを想定している。即ち、ヨーロッパでは、大市の開かれたシャンパーニュ諸都市、織物生産地であるフランドル（特にブルッヘとヘント）、イタリア諸都市（特にジェノヴァとヴェネツィア）を軸とする一つのサブシステムが成立しており、これに、イタリア諸都市と西アジアとを結ぶ地中海のサブシステムが接していた。その東には「モンゴルの平和」の下、黒海地方と中国とを結びつけた中央ユーラシアのサブシステム、バグダードを中心として地中海東岸と中央アジア及びペルシャ湾を結ぶサブシステム、エジプトとインド洋を紅海経由で結びつけるサブシステムが存在する。そして、アラブ世界はインド洋サブシステムによってインド西部と結びつき、さらにインド南東部とマラッカ海峡地域、マラッカ海峡地域と中国も、それぞれ異なる回路によって結ばれていた。

これらのサブシステムにおいて、交易は対等な力関係にある多くの従事者によって行われ、多様な経済・文化システムが共存・協力していたことをアブー＝ルゴドは強調する。無論、それぞれのサブシステムにおいて、関係諸勢力が常に対等に且つ平和に共存した訳ではない。16世紀までのユーラシア東西の経済的連関において、アラビア半島以西で重要な役割を果たしたのはイタリア諸都

市、なかんずく海港都市ヴェネツィアとジェノヴァ（13世紀まではここにピサも加わっている）であったが、これらの都市は地中海東部での商業活動の覇権を競っていたし、十字軍国家を通じてより東方へと影響力を拡大することも図った。しかし、それがグローバルな規模になることはなく、このことが両都市の経済発展の大きな阻害要因にもならなかった。ユーラシアをつなぐ単一の「世界システム」は実質的に存在せず、複数のサブシステムが連動していた。これらのサブシステムを「域圏」と言い換えてもよかろう。域圏が連動しながら、より大きなシステムを形成したのである。

近代世界のシステム

16世紀以降、ヨーロッパを中心として世界各地の域圏が結びつけられていく。それはアブー＝ルゴドの主張するように、13世紀に出来上がったシステムが衰退し、機能しなくなった後の空白を埋める形で作られていったものであるのか、あるいはウォーラーステインが想定するように、ユーラシアの各地の域圏的まとまりを圧倒・凌駕して広がっていったのか。歴史学としてその点を徹底的に議論することの意義はさておき、16世紀以降、アメリカ大陸を含む世界各地を経済的に結びつけていくうえで、ヨーロッパが中核的な役割を担った（あるいはヨーロッパに好都合な近代世界が作り上げられた）ことは否定できまい。例えば、16世紀から17世紀の銀の流通を見るならば、スペイン・ポルトガル・オランダ等のヨーロッパ諸勢力が、アメリカ大陸からヨーロッパへもたらされた銀を、中国や日本の銀の流通サイクルに結びつけたことは容易に看取される。それはヨーロッパの優位の問題ではなく、国家単位での積極性とでも呼ぶべきものの在り方の問題である。

15世紀以前にもそうした意図や努力はあった。先に触れたように、ヴェネツィアとジェノヴァは競合しつつ、東方へと自国の勢力圏を広げることに努めた。所期の目的がどうあれ、2世紀にわたる十字軍運動は海上商業都市国家としてのヴェネツィアとジェノヴァの領土的・経済的野心を掻き立てたのである。そこには、香辛料をはじめとする貴重な資源の取引を自分達が掌握する意図があった。しかし結局、その目的は達成されなかった。十字軍国家は実質を失っ

ていき、ヴェネツィアの関与でコンスタンティノープルに建てられたラテン帝国も、60年足らずで滅亡した。最終的に、ヴェネツィアもジェノヴァも、エーゲ海と黒海地方に多少の領土と商業拠点を有するに止まり、ビザンツ帝国やレヴァント・エジプトのイスラーム権力と折り合いをつけて、商業利益を確保するよりほかはなかった。各地域既存の「帝国」的勢力を凌駕あるいは駆逐するだけの政治・軍事・経済力を、小規模なイタリアの都市国家は持ち得なかったのである。

近世アジアの経済圏とオランダ東インド会社

　16世紀以降、スペインとポルトガルのアメリカ大陸・アジア進出を皮切りに、ヨーロッパ人は世界各地に展開し、初めは経済的に、そして植民地化という形で次第に政治的にも各地域を結びつけていった。とは言っても、近世のヨーロッパ諸勢力が単純に、圧倒的な力で非ヨーロッパ世界をねじ伏せたわけではないことは、例えば、17～18世紀のアジア域圏における銀と銅の貿易を考えれば、容易に理解される。島田竜登「18世紀における国際銅貿易の比較分析」(『早稲田政治經濟學雜誌』362号、2006年）によれば、18世紀中葉までオランダ東インド会社は日本で大量の銅を購入し（幕府の価格統制の下で、銅の輸出価格は低く設定されていた）、これをバタヴィア経由で南アジア（特にコロマンデル・ベンガル・スーラト）へ輸出していた。その対価は、日本へ輸入したアジア地域の産品で相殺されている。1700年代初頭、銅の年平均輸出量は3842トンと算定され、これは日本国内の年平均生産量の約7割に上った。そのうちの912トンがオランダ東インド会社の輸出分だったのである（残りは中国商人達が輸出した分である）。

　一方、17世紀後半までは、銀も日本から大量に輸出されており、オランダ東インド会社もこれに関わっていた。17世紀の中国に輸入された銀のうち、メキシコ銀よりも日本銀が多くを占めるようになったことも指摘されている。しかし、国内の銀産出量が減少したため、1671年に幕府は銀の輸出を停止した。その約1世紀後、日本はオランダ東インド会社や中国商人から銀を輸入する政策へと転換し、東インド会社は銅を含む産品を日本から輸出する対価として、本国のドゥカトゥン銀貨を支払うことになった。このようにオランダ東インド会

社はアジア域内の経済構造の中に組み込まれ、域内各地域間の交易の仲介者として機能していた。その観点では、カーティンがオランダ東インド会社を「ディアスポラ」のうちに数えているのも、うなずける。

　無論、オランダがバタヴィアを拠点として、インドネシアを植民地化していったことも確かであり、東インド会社がアジア域内交易を仲介しただけではない。17世紀の世界経済におけるオランダの覇権は、中継貿易に依存したわけではなかった。しかし、オランダ東インド会社（経済史的にはしばしば、非効率的で硬直した経営であったと批判的に論じられるが）が、ヨーロッパを中心とした圧倒的な一つのシステムの構築というよりも、既存の域圏システム同士の結合という役割を果たしえたのは、その形態が当時のオランダ東インド会社の特徴であると同時に、アジア諸地域の社会・権力——たとえば徳川幕府や南インドの在地権力——が、様々な事情からこれを受け入れたからである。このように、異なる社会の間の経済的あるいは文化的結びつきは、必ずしもどちらかが一方的に作り上げるものではなく、双方向的に形成され、また影響を与え合うものであった。これを「接続される歴史」として捉える議論は、近年、注目されるものの一つである。他方、オランダとアジアにおいて競合していたイギリスは、東インド会社によってインドに地歩を築きつつ、イギリス本国に軸足を置いたヨーロッパ・南アジア・中国間の交易を展開していた。スブラフマニヤムによれば、そこにもまたイギリスの思惑とは別にインドの在地社会の側の様々な意図が影響していたのであり、イギリスが一方的に経済的・軍事的・政治的優位を押し付けていったわけではない。しかしながら、その「接続」にインド側も主体的に関わっていたにせよ、19世紀末までにイギリスは圧倒的な優位を確立し、インドを含めた世界各地での経済的・政治的影響力をもって、「世界経済」のヘゲモニーを握ったのであった。そして、19世紀末までにそのイギリスの覇権の下に、より一体化した「世界システム」が形成されるのである。

モノの移動と人の移動

　上で触れたアジアとヨーロッパ間の貿易と並んで、イギリスは大西洋域圏（ヨーロッパ・アフリカ・アメリカ）で三角貿易を確立した。そこで重要な資源＝

商品であったのが、黒人奴隷である。アメリカにおけるプランテーションや鉱山の労働力として、遠隔のアフリカから恒常的・組織的に調達された奴隷は、まさしくモノであった。既に16世紀から、スペインやポルトガルによって黒人奴隷がアメリカに連れてこられていたが、17世紀にイギリスが西インド諸島に植民地を獲得した後、奴隷貿易は急速に拡大した。イギリスがジャマイカやバルバドスなどに砂糖プランテーションを展開し、その労働力として多数の黒人奴隷を導入したからである。

　第2節で触れたように、中世の西ヨーロッパにとって、砂糖は地中海商業を通じてもたらされる重要な商品であった。南太平洋から東南アジアを経てインドへ伝わったとされるサトウキビは、7世紀頃にアラブ人によって中東に伝播・定着したが、西ヨーロッパでは栽培が不可能だったからである。しかし、15世紀末にスペインがカナリア諸島でサトウキビ栽培を開始し、さらにクリストバル・コロン（コロンブス）が、カナリア諸島産のサトウキビを西インド諸島のヒスパニョーラ島に移植した。ここからアメリカでの砂糖生産が広まるが、それは当初から黒人奴隷の労働力に依存していた。イギリスはここへ参入し、19世紀中葉まで西インド諸島のプランテーションにおける砂糖生産に特権を認めつつ、豊富で安価な砂糖の供給を実現させていった。

　こうした生産コストの削減には安価な労働力が必要であり、モノとして極限まで搾取できる奴隷を労働力として利用するのが好都合であった。これに応じて、アフリカは奴隷の供給源と位置づけられ、アフリカ・アメリカ間の奴隷貿易が定着したのである。19世紀には西欧諸国で奴隷制度への批判が高まり、奴隷貿易は廃止されたが、アフリカの黒人達は奴隷としてアメリカへ連れて行かれる代わりに、列強がアフリカに得た植民地で酷使されるようになった。例えば、西アフリカに導入されたカカオ栽培は、こうした労働力に依存していたのである。現在、植民地のプランテーションはなくなったが、低賃金労働や児童労働が問題視されているアフリカのカカオの生産を見る限り、コスト削減を生産現場の労働者に負わせる構造は変わっていないようである。

Ⅶ　世界を語る〈政治〉

多核的なグローバルヒストリー

　近代世界において特徴的であったのは、国家という枠組とそのエゴであった。なかんずく19世紀以降の国民国家においては、国家の存在と国益という大義名分が経済活動を規定し、世界経済の在り方にも影響した。近現代のグローバルヒストリーというものを考える場合には、そうした国家の存在あるいは特定の国家の覇権というものを想定しないわけにはいかない。

　他方、国民国家の存在しない時代から、地球上にはいくつもの地域的・海域的まとまり――域圏があって、交易を通じて相互に連関していた。確かに各域圏には中核となる存在ないし「帝国」があったが、それが圧倒的優位をもって他を従属せしめることはなかった。その中で様々な集団が相対的に対等な立場でモノの交易に携わっていたのである。

　モノを介して考えると、複数の域圏が緩やかにつながる多核的なグローバルヒストリーがイメージしやすい。世界システム的なものを想定する場合も、一つの覇権国家を中心とするシステムに限定する必然性はなかろう。そして、その多核的なるイメージは、我々が――これは歴史学の域を越えるが――現代世界のグローバリゼーションを捉えるうえでも必要かもしれない。

〈ファーザーリーディング〉

ジャネット・L. アブー＝ルゴド（佐藤次高・斯波義信・高山博・三浦徹訳）『ヨーロッパ覇権以前　もうひとつの世界システム（上・下）』岩波書店、2001年
　　多数の「中核」の共存という視点で13世紀の「世界システム」を論じる。

フィリップ・カーティン（田中愛理・中堂幸政・山影進訳）『異文化間交易の世界史』NTT出版、2002年
　　ディアスポラ論の発端となった書物。

松田武・秋田茂編『ヘゲモニー国家と世界システム　20世紀をふりかえって』山川出版社、2002年
　　世界システム論の核となる「ヘゲモニー国家」をテーマとする論集で、グローバルヒストリーという観点からの最近の研究に手軽に触れられる。

家島彦一『海域から見た歴史　インド洋と地中海を結ぶ交流史』名古屋大学出版会、2006年

文献史料や現地調査の結果を駆使して、ユーラシア大陸とアフリカの多様な地域を結ぶネットワークを論じた労作。

深沢克己『商人と更紗　近世フランス=レヴァント貿易史研究』東京大学出版会、2007年
国際商業史の第一人者である著者の自選論文集。ディアスポラ論を射程に入れながら、近世の国際商業に関する実証研究を知るのに適した著作である。

索　引

あ行

アーレント, H.	79
ICCAT	110
IUU漁業	110
アウトソーシング	82
足立眞理子	18
新しい戦争	192
アパドゥライ, A.	7
アパレル	154
アブー=ルゴド	249
アフリカ経済	232
『アフリカゾウ報告書』	166
アフリカの年	194
アフリカ民族会議（ANC）	240
アボリジニ代表	219
アメリカエネルギー省（DOE）エネルギー情報局（EIA）	70
アロヨ政権	129
アントワープ	183
EITI++	77
ERA社	218
イギリス・オランダ共同裁判所	44, 45
一掘経済	180
一次産品・南北問題	101
E・D・エフマン	143
今福龍太	190
移民の世紀	35, 52, 53, 55
衣類貿易	159
岩井克人	7
インド洋交易路（海の道）	248
インド洋世界	52
インフォーマル部門	151, 184, 239
ヴァンダーミーヤ, J. H.	20
ウエスタッド, オッド	191
ウォーロード	192
ウォーラーステイン, I.	14, 242
「裏ハラ」ブランド	163
映画『アメイジング・グレイス』	35
英領インド	52
エコ・テロリズム	20
エコカー	220
エコカー化	87
エコロジカルフットプリント	12
エネルギー政策保護法	80
FLEG	95
遠隔地移動	55
欧州安全保障協力機構（OSCE）	203
オーナシップ	25
オールドグロース	92
岡野内正	20
オタワ条約	207
OPRT（社団法人責任あるマグロ漁業推進機構）	112
OPEC（Organization of the Petroleum Exporting Countries）	65
OPEC諸国	70
オランダ東インド会社	252
オランダ病	70, 72
オリエンタリズム	1

か行

カーティン, F.	244
開発と安全保障との結合（security-development nexus）	187
開発倫理	20
海洋ネットワーク	6
価格カルテル	144
学習効果	24
家産制国家	194
カジノ経済	180
仮想水（バーチャルウォーター）	118
ガバナンス	17, 101
カプシチンスキ, R.	228
川北稔	242
環境影響評価	1
企業の社会的責任（CSR）	187, 236
規制科学	15

索　引

北川勝彦	6	国連開発計画（UNDP）	70, 120
キリマンジャロ	145	国連環境開発会議（地球サミット）	95
近代化	223	国連食糧農業機関（FAO）	112
近代性の構造	1	国連貿易開発会議（UNCTAD）	138
近代世界システム	157	国連水の権利宣言	102
近代世界システム論	223	国連ミレニアム開発目標（MDGs=Millennium Development Goals）	2
キンバリープロセス	176		
クラスター弾	187	COCOM	204
クラスター弾を禁止したオスロ条約	207	コスモポリタニズム	2, 20, 21
クレイス, ジム	18	コックス, ロバート	15, 16
グローカルネットワーク	217	小林隼人	230
グローバリゼーション	6, 7, 18, 228	ゴールドマン, マイケル	14
グローバル・ウィットネス	75, 176	コンサルテイティブ・グループ・プロセス（CGP）	204
グローバル・シティ	9		
グローバルシティとスラム	223	**さ　行**	
グローバル・バリュ・チェーン	11		
グローバル資本主義	8	採掘産業透明性イニシアティブ（EITI）	76
グローバル帝国	51	サイト	183
グローバルな正義	20	債務危機	215
グローバルヒストリー	242	債務奴隷	151, 180
交易ディアスポラ（離散共同体）	244	サマック政権	136
鉱山開発制度	213	三角貿易	224, 252
鉱山開発の破壊性	212	産業構造調整	151
構造調整政策	101, 144	産消共生	146
ケネス・ポメランツの「大分岐」（great divergence）	2	産油国	69, 71
		ジェンダー再配置、再定義化	18
コーヒー危機	142, 148	資源産業	24
コーヒー先物市場	142	資源の呪い	22, 71
COP10	65	市場原理主義	19
COP15	65	持続可能な森林経営	66, 94
コモンズの思想	66	シチズンシップ	21
コーンウォリス, C.	56	児童労働	224
国際コーヒー機関（ICO）	139	ジニ係数	236
国際商業史	224	資本主義	156
国際商品	2	島田竜登	251
国際商品協定・国際コーヒー協定	102	市民社会論	225
国際人権法	203	社会運動としての移民	36
国際制度	151	ジャスト・イン・タイム方式（JIT方式）	67, 82
国際標準	2	十字軍国家	225, 250
国際労働力移動	35	囚人労働者	51, 54
黒人奴隷	48, 253	自由貿易原則	60
国民国家（nation state）	224	シュミット, カール	8

257

シュルター	143		ゾウ取引情報システム（ETIS）	170
植民地責任論	36		空色旗の袋米	131
食料自給率と日本の農業	102		ゾンビー・エコノミックス	2
シルテマ, ファン	45			

た 行

植民地主義	148		第三世界	19, 225
新自由主義	9		対人地雷	188
人種主義（レイシズム）	13		大西洋奴隷貿易	36
人種主義、人種差別、排外主義、および関連する不寛容に反対する世界会議	36		ダイヤモンド	175
			ダイヤモンド産業とユダヤ人	152
人身取引	36		大量殺戮（ジェノサイド）	193
新大陸発見	39		竹内雅俊	18
森林原則声明	95		多国籍企業	144
森林認証制度	95, 97		タタ自動車	89
森林破壊	92, 94		棚ボタ収入	72
ストーラー, アン・ローラ	206		WTI	68
スリナム植民地	47		WTO体制	152
セーフティネットの喪失	216		多文化主義（multiculturalism）	226
『生物多様性<喪失>の真実』	20		タンザニア	144
世界経済	246		地域漁業管理機関	103, 110
世界公益	20		蓄養マグロ	114
世界米市場	127		知識共同体	16
世界システム論	242		知的財産権（TRIPS）	2, 17
世界資本主義システム	29		チュア, A.	194
世界商品化	152		中 国	160
世界食糧危機	127		中米統合機構（SICA）	205
世界都市	9		通常兵器移転の問題	203
世界農地争奪	102		ツナ缶	105
世界貿易機関（WTO）	14, 88, 158		ディアスポラ論	226, 244
世界水パートナーシップ（GWP）	122		帝 国	6, 226, 246
関壙野	12		低賃金（婦女子）労働	152
石 油	68		底辺に向けた競争（底辺への競争）	152
石油依存国家	71		出稼ぎ労働者	53
石油資源	198		デビアス社	153, 181, 183
石油ショック	80		テンペランス運動	207
セキュリティー問題	86		天然資源と内戦	3
接続される歴史（connected history）	225, 252		東方専制主義	56
ゼネラルモーターズ（GM）	82		都市化の問題	236
繊維貿易（衣類と糸・織物等の輸出入総額）	158		トヨタ	82
			トヨティズム（Toyotism）	66
先住民／採取産業	188		トランスナショナルな管理階級	3
戦争の民営化	188			
象牙	165			

258

索　引

トランスファー・コントロール・イニシアティブ（TCI）	204
奴隷制廃止	38
奴隷貿易	38
奴隷貿易の主役	39
奴隷密貿易	42

な　行

中村敏子	13
ナショナリズム	21
南南問題	141
南北問題	138, 208
南北問題解消	148
ニコラス, ステファン	51
日　本	91
ニューヨーク先物価格	145
人間安全保障	226
人間開発指数（HDI）	70
『人間開発報告書』	120
ネオ・フォーディズム（Neo-Fordism）	66
ノイマン	144
農産物先物取引市場（The Agricultural Futures Exchange of Thailand：AFET）	131
農産物輸出と地球環境問題	103

は　行

ハイドロポリティクス	103
バウト, J.C.	47
覇権（ヘゲモニー）国家	37
バターフ共和国	42
バターワース規定	58
破綻国家	188
パトロネージ構造	213, 215
パトロネージ政治	24
パトロン・クライアント関係	189, 194
ハマー（Hummer：GM）	85
ハーマン・デイリーの3原則	3
濱下武志	244
反アパルトヘイト運動	240
反奴隷主義	43
BOP	236
BOPビジネス	226
貧困のダイヤモンド	180
ファーカル, R	57
ファストファッション	153
ファンド	77
フィリピン国家食糧庁（National Food Authority：NFA）	129
フィンランド	91
フード・ウォーズ	12
フェアトレード	148
フェアトレード組織	147
『フェリペ2世時代の地中海と地中海世界』	243
フォーディズム（Fordism）	66
フォード	82
深沢克己	244
武器貿易条約（ATT）	189
ププァヴァック, ヴァネッサ	208
普遍主義	13
「ブラッド・ダイヤモンド」	25, 175
フランク, A. グンター	243
BRICs	229
ブリュッセル条約	201
ブルー・ゴールド	103, 119
ブレア首相	76
ブレント先物	68
ブローデル, F.	243
文化の国際移転	155
紛争（の）ダイヤモンド	25, 175
紛争の「民営化」	194
文明化計画	56
米国国際開発局（USAID）	180
ヘースティングス, W.	56
ヘゲモニー	15
ヘッジファンド	136
ペルファクト, I.	20
便宜置籍	103
便宜置籍国	109
ベンクーレン規定	58
貿易依存度	13
ホーネガー, B.	12
保護貿易主義	60
ポスト開発論	3

259

ポストコロニアリズム	189	モンゴルの平和	249
ポスト冷戦期	192	**や 行**	
「ボストン」システム	157		
ボルカフェ	143	家島彦一	245
ま 行		輸出割当制度	148
		米本昌平	15
マイクロファイナンスビジネス	239	**ら 行**	
埋蔵量	67		
マグロ	105	ライト・トラック	83, 84, 85, 86
マグロ市場	108	ライト・トラック・ブランド	89
マッカーサー・リバー鉱山	219	ラトゥーシュ, セルジュ	20
マノーボ	220	ランドラッシュ	227, 239
マルクス, K.	11	リース, ジョージ	61
水	116	リーバイ・ストラウス社	162
水ストレスの状態	117	累積債務	30
水野和夫	8	流刑囚	51
水のガバナンス	121	ルワンダ内戦	193
緑の革命	104	レアアース（希土類）問題	88
ミネラルウォーター	120	レイク, J.C.	47
宮本隆史	58	レント（石油収入）	75
ミラル・グンジェイミ氏族	218	レント（利潤）獲得	184
ミレニアム開発目標（MDGs）	19	レント収入	73
ミンクワン商業大臣	130	ロボット革命と21世紀戦争	189
民族・エスニック集団	193	ロンドン条約	42
民族浄化	193	**わ 行**	
メジャー	67		
メジャーズ	30	ワシントン条約	153, 167
モカ	145	ワシントン条約締約国会議	153, 169
モノカルチャー	133	湾岸協力会議	67
モラル・エコノミー	4		

執筆者紹介（執筆順、＊は編者）

＊佐藤　幸男（さとう　ゆきお）	富山大学人間発達科学部教授	第1章
栗田　英幸（くりた　ひでゆき）	愛媛大学法文学部准教授	第2・17章
大西　吉之（おおにし　よしゆき）	富山大学経済学部准教授	第3章
川村　朋貴（かわむら　ともたか）	富山大学人文学部准教授	第4章
妹尾　裕彦（せお　やすひこ）	千葉大学教育学部准教授	第5章
前田　幸男（まえだ　ゆきお）	大阪経済法科大学法学部准教授	第6章
山口　治男（やまぐち　はるお）	神戸大学大学院国際協力研究科博士後期課程	第7章
伊沢あらた（いざわ　あらた）	アミタ持続可能経済研究所上級研究員	第8章
千葉　尚子（ちば　なおこ）	国際基督教大学社会科学研究所助手・研究員	第9章
宮田　敏之（みやた　としゆき）	東京外国語大学外国語学部タイ語専攻准教授	第10章
辻村　英之（つじむら　ひでゆき）	京都大学大学院農学研究科准教授	第11章
根岸　秀行（ねぎし　ひでゆき）	富山大学人間発達科学部教授	第12章
清野比咲子（きよの　ひさこ）	WWFジャパン企画調整室長	第13章
石原　明子（いしはら　あきこ）	トラフィックイーストアジアジャパン代表	第13章
吉田　敦（よしだ　あつし）	明治大学商学部助教	第14章
藤本　義彦（ふじもと　よしひこ）	広島大学法学部非常勤講師	第15・18章
榎本　珠良（えのもと　たまら）	東京大学大学院総合文化研究科国際社会科学博士課程	第16章
徳橋　曜（とくはし　よう）	富山大学人間発達科学部教授	第19章

Horitsu Bunka Sha

2011年7月25日　初版第1刷発行

国際政治モノ語り
―グローバル政治経済学入門―

編　者　佐藤幸男
　　　　（さとう　ゆきお）

発行者　田靡純子

発行所　株式会社　法律文化社
〒603-8053　京都市北区上賀茂岩ヶ垣内町71
電話 075 (791) 7131　FAX 075 (721) 8400
URL:http://www.hou-bun.com/

Ⓒ 2011 Yukio Sato　Printed in Japan
印刷：西濃印刷㈱／製本：㈱藤沢製本
装幀　仁井谷伴子
ISBN 978-4-589-03342-0

小林 誠・熊谷圭知・三浦徹編	**グローバル文化学** ―文化を越えた協働― A5判・210頁・2415円	グローバル化と異文化共生について多角的・学際的かつ実践的に学ぶための入門書。地域研究、多文化交流、国際協力などの局面で協力・共存していくための視座と思考を提示する。
初瀬龍平著	**国 際 関 係 論** ―日常性で考える― A5判・296頁・2940円	国際関係に関わる「安全」「人権」「平和」「移動」を、人々の日常性から考察する。既存の国家中心ではない、人間の視点から国際関係を捉え直した本書は、もう一つの国際関係像を提示する。
初瀬龍平・野田岳人編	**日本で学ぶ国際関係論** A5判・194頁・2625円	「日本で学ぶ」という視点で国際関係を考えるユニークな教養テキスト。政治学の基本からグローバル時代の今後の国際関係まで幅広くカバー。やさしい記述とルビつきの文章で外国人学生にもわかりやすい書。
佐道明広・古川浩司・小坂田裕子・小山佳枝共編著	**資料で学ぶ国際関係** A5判・238頁・3045円	大航海時代から現代にいたる国際社会の成り立ちと仕組みを学ぶうえで必須の資料を所収。難解な資料には注で補い、年表、図表、条文、外交文書などの関係を把握しやすいように工夫した一冊。
毛利聡子著	**NGOから見る国際関係** ―グローバル市民社会への視座― A5判・234頁・2415円	国家からではなく市民の視点から捉えなおしたもう一つの国際関係論。地球規模の問題を解決するにあたって、NGOや市民社会がグローバルな規範形成能力を持つことを実証的に考察する。
中谷義和編	**グローバル化理論の視座** ―プロブレマティーク&パースペクティブ― A5判・270頁・3360円	「グローバル化」状況の動態とインパクトを理論的・実証的に解明するとともに、「グローバル民主政」をめぐる課題と展望を考察する。グローバル化理論の代表的論者たちが、理論的到達点と新しい地平を拓くための視座を提起。

― 法律文化社 ―

表示価格は定価（税込価格）です